다매체 시대의 국어교육과 문화교육

다매체 시대의 국어교육과 문화교육

정 현 선

도서출판 역락

저자소개

정현선   서울대학교 대학원 국어교육과 박사과정을 수료한 후 런던대학교
교육연구소에서 미디어교육 전공으로 철학박사 학위를 받았다. 현
재 서울대학교 국어교육연구소 선임연구원으로 '하이퍼미디어시대의 언
어문화교육 연구' 과제를 수행하면서 서강대학교와 경인교육대학교에서 강
의하고 있다. 주요 논저로는 <현대시교육론>(시와시학사, 1996), <현대시
교육의 쟁점과 전망>(월인, 2001), <지금, 왜, 청소년? 하자센터가 만들어
지기까지>(또하나의문화, 2002), <지식의 사회, 문화의 시대>(경북대출판
부, 2004), <미디어교육과 사귐>(월인, 2004), <Media Education in Asia>
(Hong Kong University Press, 근간)에 실린 글을 비롯해 다수가 있고, 번역
서로 <전자매체 시대의 아이들: 미디어교육과 문화정책에 대한 전망>(우
리교육, 2004)이 있다.

다매체 시대의 국어교육과 문화교육

인 쇄 2004년 05월 22일
발 행 2004년 05월 28일
저 자 정 현 선
펴낸이 이 대 현
편 집 박 윤 정
펴낸곳 도서출판 역락 / 서울 성동구 성수2가 3동 301-80
        (주)지시코별관 3층(우 133-835)
TEL 대표·영업 3409-2058 편집부 3409-2060 FAX 3409-2059
E-MAIL youkrack@hanmail.net / yk3888@kornet.net
등 록 1999년 4월 19일 제2-2803호
ISBN   89-5556-306-X-93710

정가 13,000원

* 잘못된 책은 교환해 드립니다.

　이 책은 문화교육의 관점에서 대중문화와 미디어의 국어교육적 수용에 대해 탐색해 온 필자의 글들을 모은 첫 번째 기록이다. 외람되게도 나는 석사학위 논문을 준비하고 있던 10여 년 전에 '문화교육'이라는 용어를 쓰기 시작하면서, 당시로서는 낯설게만 여겨지던 대중문화에 대한 관심과 문화이론의 시각을 국어교육학계에 도입하는 첫걸음을 내디뎠다. 이 책에 담긴 여러 편의 글들은 지난 10여 년 간 서울과 런던을 오가며 탐색해 온 문화교육에 대한 고민을 담은 것으로, 다매체 다문화 시대의 의사소통교육이라는 보다 넓은 틀 안에서 국어교육의 방향을 모색하는 과정에서 나온 산물들이다. 여러 학술지와 보고서를 통해 발표되었던 글들을 모아 순서를 정하고 내용을 다듬었고, 전체적인 통일성을 고려하여 제목을 바꾸어 달기도 했다.

　문화교육의 시각에서 국어교육을 고민하기 시작하던 초기에 내가 우선적으로 관심을 가졌던 바는 문학적 글쓰기를 다양한 사회적 행위 속에 위치 지워 그 문화적 의미를 따져 보는 사회 미학적 시각이었다. 나의 석사학위논문을 다듬은 제 1장 '모더니즘 시에 대한 문화교육적

머리말

접근'과 <현대시교육론>(김은전 외, 1996)에 수록되었던 제 2장 '문화론적 시각에서 본 시적 언어의 교육'은 이러한 문제의식을 담은 글들로, 당시 국어교육학이 허용했던 연구 범위 내에서는 가장 현대적인 글쓰기로 간주된 이상과 김수영의 모더니즘 시 텍스트를 대상으로, 문학적 글쓰기 교육의 필요성과 방안을 탐색하고자 한 것이다.

이러한 시도는 당시 시 교육의 주류적 접근이었던 형식주의적, 구조주의적 교육방법, 즉 시의 언어를 읽어낼 수 있는 특정한 종류의 기술을 터득하기만 하면 어떤 시든 이해할 수 있다는 암묵적 가정에 대한 문제 제기였다고 할 수 있다. 한편으로는 이러한 문제제기가 작가론적 시각으로 회귀하려는 의도로 받아들여질 수 있음을 경계하면서, 나는 이상과 김수영이라는 시인을 전근대와 근대의 경험이 교차하는 문화적 식민지 시대의 근대적 인간으로 보고, 이들의 모더니즘적 시 쓰기 행위를 문화적 저항의 한 형식인 '언어 장르'에 대한 구성으로 바라보는 문화론적 해석을 시도했다.

이처럼 나는 대중문화에 대한 직접적 관심의 표명이나 언어문화의

머리말

매체적 존재 방식에 대한 탐색으로 곧장 나아가기보다는, 기존의 문학 연구에서 '정전(canon)'으로 간주될 만큼 높은 문학적 성취를 보인 텍스트들의 교육적 가치를 '글쓰기 행위의 문화적 의미'라는 새로운 시각에서 찾아보는 데서 출발했다. 이러한 일종의 우회로 설정을 통해 나는 문학교육의 정당성이란 기존의 교육적 관습에 의해 저절로 확보되는 것이 아니라, 사회적 의사소통행위의 하나인 문학적 글쓰기를 통해 어떤 문화적 가치를 배울 수 있는가를 규명하는 가운데 성립할 수 있음을 보이고 싶었다.

이러한 모색의 단계를 거쳐 나는 미디어 연구, 문화 연구, 교육인류학 등 다양한 인접 학문을 넘나들면서 다매체 시대 국어교육의 존재 조건과 의미에 대해 탐색하기 시작했고, 대중문화와 미디어 텍스트를 국어교육에 끌어들이기 위한 이론적 근거를 모색하면서 다문화 시대 리터러시 교육을 위한 국어교육의 시각 전환에 관심을 두었다. 인쇄 매체에 바탕을 둔 문학 텍스트의 교육은 어떤 평가를 염두에 두고 이루어져야 하는가?(제 3장), 그리고 모든 이들이 자명한 것으로 여겼던

머리말

어린이들의 동화 읽기에는 어떠한 사회문화적 과정이 내재되어 있는
가?(제 4장)와 같은 문제의식을 거쳐 대중문화와 미디어 텍스트의 국어
교육적 수용에 대한 이론적 정당화(제 5장)에 이르는 다양한 글쓰기를
통해, 나는 인쇄매체를 포함한 다양한 미디어에 의해 '매개되는' 문화
적 텍스트에 대한 비판적, 창의적 의사소통의 학습으로 국어교육을 재
개념화하는데 일조하고자 했다.

　미디어 리터러시의 국어교육적 수용에 대한 탐색이 본격화된 이후
씌어진 글인 '미디어 리터러시의 국어교육적 수용'(제 6장)은 능동적이
고 비판적인 의미 생산자로서의 독자에 대한 인식을 바탕으로, 학습자
의 일상적 문화 속에 깊숙이 자리한 미디어 문화의 경험을 국어교육
안에 적극적으로 수용하려는 이론적 시도였다. 집필 시기상으로는 제
6장보다 먼저 씌어진 '문화적 담론으로서의 국어교육 교재 구성'(제 7
장)은 제 1부에서 논의된 사회적 행위로서의 언어와 문학에 대한 시각
을 바탕으로 다양한 미디어 텍스트를 수용하고 있는 영국의 자국어교
육 교재 사례를 통해 국어교육 교재의 구성 원칙과 방안을 논의한 것

이다.

영국, 캐나다, 호주 등 세계 여러 나라의 사례를 통해 볼 수 있듯이 미디어교육은 대체로 자국어교육과 밀접한 연관 하에 발전해 왔는데, 이는 국어교과의 성격 자체가 의사소통의 내용과 형식 모두의 측면에서 미디어를 중시할 수밖에 없는 교과이기 때문일 것이다. 즉, 국어교과는 다양한 매체를 통해 존재하는 언어를 학습의 내용으로 하며, 이를 가르치는 방법 또한 언어를 주요 매체로 한다. 이처럼 국어교과는 교육의 내용과 방법 두 가지 측면 모두가 미디어와 관련되어 있기 때문에, 다른 어떤 교과에서보다도 '미디어를 활용한 교육'과 '미디어에 대한 교육'이 복잡한 관계를 맺게 된다. 제 8장 '미디어를 활용한 국어교육과 미디어교육으로서의 국어교육'은 이 두 개념 간의 구분을 명확히 하는 가운데 연결 지점을 모색하려는 시도라 할 수 있다.

제 9장 '국어교육 수업문화 탐구를 위한 사회과학적 연구방법론'은 국어교육이라는 사회적 현상을 들여다보기 위해 동원될 수 있는 연구방법론 중 특히 질적 연구방법론에 관해 논의한 것이다. 텍스트 비평

머리말

적 연구방법을 위주로 한 기존의 문학교육 연구방법만으로는 사회 현상으로서의 문학 수업 장면에 대한 연구가 불가능하다. 이러한 관점에서 이 글은 언어, 문학, 미디어, 문화 현상에 대한 다양한 담론 주체들의 상충되는 해석이 교차하는 대화로서의 수업 언어를 사회적 상호작용과정으로 이해하기 위해서는 질적 연구방법이 반드시 필요하다고 주장한다.

제 10장 '비판적 미디어 읽기를 위한 기호학적 방법론과 수업 담화'는 나의 박사학위 논문의 일부인 미디어 문화에 대한 세 가지 사례 연구 중 하나를 소개한 것이다. 이 글에서는 미디어 텍스트에 대한 비판적 읽기 방법으로 중요하게 논의되는 롤랑 바르트(Roland Barthes)의 기호학적 분석 방법론을 다루었는데, 이러한 분석법이 미디어 수용자이자 의미생산자로서의 학생들의 해석을 이끌어 내는데 있어 어떤 점에서 문제적일 수 있는지를 논의했다. 이는 제 9장에서 논의한 질적 연구방법을 미디어 수업 문화에 대한 연구에 적용한 예로서, 미디어 문화를 매개로 한 교사와 학생 간의 보다 생산적 대화를 이끌어내기 위

머리말

해 국어교육이 고려해야 할 방법론상의 문제를 살펴본 것이다.

부록에 수록된 내용은 미디어 리터러시의 국어교육적 수용에 대해 탐색하면서 참고했던 영국 미디어교육의 역사와 현황에 대한 글로, 한국언론학회 미디어교육연구회에서 2003년 가을에 발간한 <한국 및 세계 미디어교육 현황 보고서>에 수록되었던 것이다. 이 글에서는 자국어교육에서 이루어지는 미디어교육 뿐 아니라 미디어 현상에 대해 보다 종합적으로 다루는 독립 교과와 학교 밖 사회교육 차원에서 이루어지고 있는 미디어교육에 대해서도 함께 소개했다. 이는 미디어교육의 전체적인 모습 속에서 자국어교육과 미디어 리터러시의 관계에 대해 고려하는 데 있어 시사하는 바가 있다고 생각한다.

지금까지 살펴본 각각의 글에 대한 설명에서 짐작할 수 있는 바와 같이, 이 책에 쓰인 문화교육이라는 개념은 나의 언어, 문학, 미디어에 대한 시각과 교육적 관점이 형성되어 온 지난 10여 년 간의 학문적 성장 과정을 반영한 것으로 집필 당시의 주요 관심사에 따라 강조의 초점이 다소 다르다. 문학교육에 문화연구의 시각을 도입하는 데 관심

머 리 말

을 두었던 초기에는 사회적 행위(social act)로서의 글쓰기라는 관점을 통해 언어와 문학 모두를 언어 장르의 하나로 보는 시각을 강조하였고, 따라서 이 때 문화교육이라는 용어는 언어교육과 문학교육 간 구분을 강조하기보다는 리터러시 교육이라는 포괄적 영역 속에서 글쓰기를 바라보는 문화적 시각에 초점을 맞추었다.

한편, 미디어 리터러시를 국어교육에 본격적으로 도입하려는 단계에 이르러서는, 다양한 미디어를 통해 '매개된 의사소통(mediated communication)'의 학습으로 국어교육을 위치 지우려는 의미에서 문화교육을 강조했다. 여기서 문화교육이란 용어는 국어교육의 학습 내용에 포괄되어야 할 미디어의 가짓수를 늘리는 것 뿐 아니라, 전통적으로 국어교육에 포함되어 왔던 인쇄매체 기반의 언어 행위에 대해서조차 그 사회문화적 의미와 매체적 존재조건을 이해하는 것이 중요하다는 관점을 강조하고 있다. 그러나 이러한 차이에도 불구하고 전체적으로 이 책에 나타난 문화교육이라는 용어는 다양한 문화 텍스트를 의사소통의 관점에서 국어교육의 영역에 포함하려는 나의 시각을 반영하고 있다.

머리말

나의 학문적 여정이 지속되는 동안 국어교육의 이론적 논의 및 실천적 양상도 변화해왔다. 이 과정에서 제 7차 교육과정은 문학의 수용과 창작을 동시에 강조하는 등 텍스트 감상 중심의 문학교육에서 한 걸음 더 나아갔는데, 이와 같은 변화 발전 속에서 내가 제기했던 형식주의적, 구조주의적 문학교육의 한계는 어느 정도 해소되었다고 본다. 그런 점에서 이 책에 포함된 글의 내용 중 일부는 그간의 변화에 비추어 볼 때 다소 시의성이 떨어지는 것으로 여겨질 수 있다. 그럼에도 불구하고 가능한 한 발표 당시의 글 그대로를 수록하고자 한 것은 나의 문화교육에 대한 관점이 형성되어 온 경로를 전체적으로 드러내고 싶었기 때문이다. 한 연구자의 글쓰기를 통해 국어과 교육과정의 방향 전환에 있어 고려되었음직한 문학교육과 문화교육의 이론적 논의를 드러내는 것 또한 의미가 있다고 생각되었기 때문이기도 하다. 한편, 국어교육의 이러한 전반적 변화 발전에도 불구하고 문학교육의 실천적 영역에서는 여전히 '공인된' 문학의 텍스트적 가치가 수용자의 의미 생산을 포함한 의사소통의 교육보다 우선시 된다는 점에서 나의 문제

머리말

의식은 여전히 유효하다고 본다. 한 예로, 최근에 나는 국어 시간에 문학 감상 능력의 수행평가를 위해 학생들에게 소설 신문을 만들어 보라고 했었다는 어느 국어 교사와 대화를 나눌 기회가 있었는데, 이 교사는 인터넷 소설을 제재로 선택해도 되느냐는 학생들의 질문에 잠시 망설이다가 안 된다고 대답했다고 한다. 학생들에게 제시한 이유는 '인터넷 소설은 아직 문학적 가치를 인정받지 못했기 때문'이었다고 하는데, 대답을 해 놓고 스스로도 이 답변이 궁색하게 여겨졌다고 했다. 이 일화가 과연 단지 한 교사만의 개인적 고민을 드러내는 것일까? 혹은 문학적 가치를 공인 받은 작품만이 국어과에서 학습 대상으로 다루어질 수 있다는 오랜 인식, 그리고 문학 텍스트의 의미란 텍스트 안에 저장된 것으로 그것은 독자에게 일방적으로 영향을 미친다는 텍스트 중심적 인식을 반영하고 있는 것일까?

국어교육의 일상적 장면에서 이러한 고민에 맞닥뜨리게 된다는 여러 교사들을 만나면서, 나는 십여년 전에 시작된 문화교육의 문제의식이 여전히 유효한 것이 아닐까 생각하게 된다. 이 문제에 대한 나의 생

머 리 말

각은 현실의 문학 제도에 비추어 볼 때 문학적 완성도가 다소 떨어지는 텍스트라 하더라도, 글쓰기 행위의 사회적 의미에 대한 탐구라는 측면에서 혹은 다양한 미디어를 통한 문화적 텍스트의 소통 현상이라는 측면에서 국어교육이 이를 포용해야 한다는 것이다. 그럴 때에만 우리는 비로소 인터넷이라는 새로운 미디어에 의해 매개되는 의사소통 내지 언어문화 현상으로서의 인터넷 소설이라는 언어 장르를 국어교육의 영역에서 다룰 수 있을 것이며, 더 나아가 영상미디어에 의해 매개되는 이미지와 이야기의 소통 방식에 대해서도 다룰 수 있을 것이기 때문이다. 그러나 이러한 문제에 대해서 아직까지 국어교육학계는 합의된 답을 갖고 있지 못하다. 그런 점에서 이 책에 실린 글들은 아직 끝나지 않은 논의를 지속하고 있는 셈이다.

이 책을 내기까지 많은 분들의 도움을 받았다. 학문적 여정을 처음 시작하는 길에서 많은 지도와 격려를 아끼지 않으신 김은전 선생님, 박사학위 논문을 지도해 주신 스승이자 역할 모델이기도 한 데이비드

머리말

버킹엄(David Buckingham) 선생님, 미디어교육에 대한 이론적 논의를 국어교육학계에 도입하여 길을 열어주신 김대행 선생님과 최병우 선생님, 미디어교육에 대한 논의를 독려하고 지켜봐 주시는 박인기 선생님, '매체언어와 국어교육'이라는 강의를 할 수 있도록 기회를 주신 윤여탁 선생님, 국어교육의 제반 논의에 대해 늘 자상한 조언을 아끼지 않으시는 윤희원 선생님께 우선 감사드리고 싶다. 또, 미디어 문화와 국어교육의 연계에 대해 다양한 강의를 통해 실천적으로 고민할 수 있게 해 주신 김창원 선생님과 정재찬 선생님, 국어교육 바깥에서 미디어교육을 하고 있는 다양한 이들을 언론대학원 강의를 통해 만날 수 있게 해 주신 나은영 선생님께도 감사드린다. 그리고 국어교육연구소에서 연구 프로젝트를 함께 진행한 연구소 동료이자 선배인 김정자 선생님과 보조연구원인 정내필, 김현정 선생님께도 격려와 조언에 대한 고마움을 말을 전하고 싶다. 마지막으로 늘 실천의 현장에서 새로운 자극을 주시는 서울경기국어교사모임 매체연구부의 홍완선, 이영발, 권혜령, 김언동, 임세희, 권영미 선생님과 이 책의 출판에 기꺼이 동의해

머리말

준 역락출판사의 이대현 사장님께도 감사의 말씀을 드린다.

의사소통의 문화적 과정에 대한 보다 폭넓은 리터러시 교육을 위해 미디어교육을 국어교육 속에 어떻게 수용할 것인가에 관한 문제는 앞으로 보다 구체적인 논의를 통해 지속되어야 할 숙제로 나에게 남아있다. 이 책이 그러한 생산적 논의에 조금이라도 보탬이 되기를 바라며 부족한 글들을 세상에 내 놓는다.

차 례

제 **1** 부

문학교육에서 문화교육으로

1. 모더니즘 시에 대한 문화교육적 접근
2. 문화론적 시각에서 본 시적 언어의 교육
3. 문학교육 평가에 대한 질적 접근과 문화적 인식
4. 동화 읽기 교육에 대한 여성주의적 접근
5. 대중문화와 미디어의 국어교육적 수용

제 1 장
모더니즘 시에 대한 문화교육적 접근

┃1┃ 인문주의적, 구조주의적 문학교육관에 대한 비판

　문화를 향유하고 소비하는 방식이 다양해진 이 시대에 문학은 어떻게 존재하는가, 그리고 이에 대한 교육은 어떤 방식으로 이루어져야 하는가? 이른바 문학의 '위기'에 대한 이러한 문제의식에 관해, 그리고 이와 관련한 문학교육의 새로운 방향 설정에 관해 그간 많은 토론이 이루어져왔다. 그 대체적인 논점은 두 가지 정도로 요약될 수 있는데, 첫째는 문학교육이 과거에 지녔던 본래 모습을 회복해야 한다는 주장이고, 둘째는 문학교육이 '문화교육'이라는 보다 넓은 영역으로 확장되어야 한다는 주장이다.

　문학교육의 본래 모습을 회복해야 한다는 주장은 주로 인문주의 정신의 회복에 초점을 두고 있다.[1] 대체로 기존 문학자 집단의 대응 방

---

[1] 이는 <세계의 문학> 제 72호 특집 '위기의 인문주의', <현대비평과 이론> 제 3호의 '문학교육 특집' 및 제 8호의 '인문학 특집', 그리고 서울대 인문과학연구소의 <고전읽기 활성화 방안 연구> 등에 실린 글에서 찾아볼 수 있다.

식으로 볼 수 있는 이러한 논의들에서는 인류의 축적된 경험을 담은 것으로 간주되는 고전적 문학작품의 교육을 강조한다. 이러한 주장의 기반이 되는 것은 인간다움에 대한 끊임없는 반성이란 문학작품의 독서를 통해 가능하다고 주장한 매슈 아놀드(Mathew Arnold)의 사상이다.

┃중요한 것은┃

　제도로서의 가르치는 행위에 대해 우리는 어떠한 태도를 견지해야 하는가 하는 일이다. 왜냐하면 대학생들에게 어떤 작품들을 읽히고자 하는가 하는 선정 작업을 통해 우리는 어떤 가치관과 교육적 원칙 하에 무슨 목표를 눈앞에 그리며 교육에 임하는가를 천명하기 때문이다. 비평의 기능에 관한 매슈 아놀드의 유명한 정의- "이제껏 세상에 알려지고 생각된 것 중 가장 훌륭한 것을 식별해 내고 이것을 전파하는 일"-는 물론 아직도 타당성을 갖는다.

■ ■ ■ (이성원, 1993: 3)

사실 이처럼 해묵은 논의가 도구적 합리성에 대한 반발을 앞세워 계속해서 등장하는 것은 인문학 전반의 위기를 타결하려는 데서 비롯된 것으로 보인다. 그러나 인문주의의 회복 내지 강화를 통해 문학교육의 위기를 타개하겠다는 생각은 문학교육의 위기가 발생한 원인에 대한 깊은 성찰에서 나온 것이라기보다는 기존의 문학교육 체제를 보다 견고히 고수함으로써 위기를 막아보려는 생각의 발로이다. 이러한 주장을 하는 이들은 스스로 사실상 이보다 나은 대안이 없다고 고백하기도 하는데(유종호, 1994: 23), 이는 위기의 근원에 대한 보다 깊이 있는 고민의 부족을 드러내는 듯하다.

그런데 한동안은 문학교육 연구의 흐름 역시 이러한 인문주의적 관점에서 크게 벗어나지 않았었다. 특히 시 교육으로 논의를 좁혀 보면 작품의 구조적 차원에 근거하여 작품 해석의 틀을 고안하는 데 치중하는 이론적 접근들이 많았다. 물론 이러한 방식은 문학교육론에서 반드시 해결되어야 할 텍스트 해석 방법을 다룬다는 점에서 매우 중요한 접근이다. 그러나 이러한 연구들은 작품 해석의 기반이 되는 문학 형식의 생산에 실제적으로 개입되어 있는 사회 문화적 맥락에 대한 설명을 결여하고 있는 경우가 많다. 구조주의적 해석 틀이 지나치게 강조되면, 학생들은 이러한 형식적 요건들이 마치 좋은 문학 작품이라면 반드시 가지고 있어야 하는 고정된 문학성의 요소인 양 생각하게 될 것이다. 그러나 문학의 학습에 있어 더욱 중요한 것은 특정한 문학 형식이 생겨나게 된 문화적 과정과 맥락에 대한 이해이며, 이를 위해서는 작가의 글쓰기를 일종의 문화적 행위로 바라볼 필요가 있다고 생각한다.

이런 점에서 볼 때 현대 문학의 교육이 염두에 두어야 할 목표는 해당 시대의 문학적 소통 방식에 대해 학생들로 하여금 비판적으로 이해하고 당대의 문화에 창의적으로 참여하도록 하는 것이어야 한다고 본다. 이 글은 그 목표에 도달하기 위한 작업의 일환으로, 문학적 글쓰기를 행하는 작가라는 '사회적 행위자'에 대한 새로운 이해에 초점을 두고자 한다. 문학에 대한 이러한 이해 방식은 문학 작품 생산의 필연성을 특정 작가의 전기적 사실로부터 이끌어 내는 기존의 작가론적 관점과는 달리, 모더니즘 시라고 불리는 특정한 담론의 생산에 관계되어 있는 문화 행위에 관심을 갖는다. 기존의 작가론의 관점이 문학 작품의 생산을 한 개인의 창조성에 의한 것으로 보았던 것과는 달리, 이는 문학 작품의 생산을 한 개인의 차원을 넘어선 담론 생산 과정으로 보는 것이다.

사회 구조(social structure)와 개인의 창조성(individual creativity)을 대립된 개념으로 파악했던 기존의 예술과 문화사회학에서는 작품을 사회적으로 결정되는 것으로 보는 이론과 작가의 창조적 행위로 보는 이론이 날카롭게 대립되었었다. 이는 사회 현상의 설명에 있어 사회 구조의 결정성을 강조하는 이론과 인간의 행위를 강조하는 이론이 팽팽히 맞서 온 것과 맥락을 같이 한다. 그러나 이 두 이론 모두 상대편의 이론을 완전히 배제하고서는 인간과 사회의 관계에 대한 온당한 설명을 할 수 없다는 인식이 점차 보편화됨에 따라, 그것들을 비판적으로 결합하려는 노력들이 나타나게 되었다. 이런 맥락에서, 예술을 사회적 생산물로 간주하여 문학예술 생산에 관련된 제반 제도에 관해 연구한 자넷 월프(Janet Wolff)는 문학을 서로 다른 사회적 배경을 지닌 여러 글쓰기 행위들의 집합으로 본다(Wolff, 1986: 13-40).

한편, 1990년대 중반부터 한국 사회에 활발히 소개되기 시작한 문화 연구(Cultural Studies)에서는 문학 자체의 논리에만 충실할 것을 주장하는 문학의 자율성 테제를 거부하는데, 따라서 정전 텍스트의 해석을 중심으로 이루어져온 문학교육의 관행에 대한 비판적 관점을 제공해 준다. 여기서는 무엇이 문학이고 무엇이 문학이 아닌가에 대한 구분에 관심을 갖기보다는, '의미화 실천'에 해당하는 모든 행위에 대해 연구할 필요가 있다고 본다(Easthope, 1994b: 13-17). 기존의 문학 및 문화에 대한 관점이 특정한 관점의 일반화·보편화에 기여해왔다고 보기 때문이다. 이 때문에 최근에 이루어진 문화 연구는 그간 문학 연구에서 상대적으로 소홀히 다루어져왔던 대중 문학을 주로 그 연구 대상으로 하고 있다.

나는 이러한 문화연구의 관점에 충분히 공감한다. 그러나 단순히 연구 대상을 '정통 문학'에서 '대중 문학'으로 바꾸는 것만으로는 앞서 설명한 바와 같은 문화 행위에 대한 문화 연구의 관점이 갖는 의미를 충분히 살릴 수 없다고 본다. 따라서 이 글에서는 기존에 '정통 문학'으로 취급받아온 문학 작품에 문화 연구의 관점을 적용해, 모더니즘 시 쓰기를 사회문화적 행위인 글쓰기로 보고 그 의미를 탐구하려 한다.

구체적으로 이 글에서 대상으로 삼은 시는 모더니즘 시인인 이상과 김수영의 시들이다. 이글에서는 이상과 김수영이 보여주는 모더니즘 작가로서의 시 쓰기 행위를 각각의 시인들이 살았던 사회의 근대성에 대한 통찰을 바탕으로 한 문학적 개입 행위이자 예술적 실천으로 보려는 시도를 했다. 물론 한국 현대시사에는 이 두 시인 외에도 모더니즘 시인으로 분류되는 이들이 있다. 예를 들어 1930년대의 김기림, 김광균, 정지용 등이 있고, 1950년대에는 후반기 동인들을 비롯한 이들이 있었다. 그러나 이들의 모더니즘 시는 대체로 현대 문명의 수용이나 비판을 내용적 측면에서 다루고 있는 것으로, 이 글에서 다루고자 하는 근대적 주체의 글쓰기 행위라는 측면에서 새로운 문학 형식의 창조로 나아가는 모더니즘 시와는 근본적으로 다르다고 본다. 이상과 김수영의 시 쓰기는 글쓰기에 있어 질적으로 구분되는 담론의 변화를 수반하는 근대적 주체의 사회적 행위라는 것이 나의 생각인데, 이에 대해서는 앞으로 더 자세히 논의하고자 한다.

█2█ 모더니즘 시의 글쓰기 방식에 대한 문화적 접근

(1) '낭비적' 글쓰기를 통한 '생산적' 일상에 대한 저항

현대인들은 글쓰기라는 환경에 둘러싸여 살고 있다고 말할 수 있다. 각종 규칙, 법률, 담화문, 문서, 보고서, 그리고 심지어 교사가 작성하는 생활기록부에 이르기까지, 이미 행해진 글쓰기나 앞으로 수행되어야 하는 수많은 글쓰기들이 우리들을 둘러싸고 있다. 이렇게 많은 글쓰기는 무엇인가를 생산해내기 위해서 행해지는 것이다. 예를 들어 무수히 많은 회사들에서 무수히 많이 작성되고 있는 문서들은 각 회사의 이익 산출에 도움이 되는 무엇인가를 생산하는 일과 직접적으로 관련되어 있다. 이러한 '생산성'이야말로 바로 일반적인 글쓰기가 행해지는 원리이며, 학교에서 일반적으로 행해지는 글쓰기 교육은 사실상 이와 같은 업무 수행 능력의 신장과 관련되어 있다. 이는 다음의 두 글을 통해 이를 확인할 수 있다.

> 정보화 사회로 특징지어지는 앞으로의 고도 산업 사회에서 자라나는 학생들이 보다 인간적이고, 창조적인 생활을 영위할 수 있도록 하기 위해서는 학교 교육을 통하여 쓰기 능력을 충분히 신장시켜 주어야 한다. 그럼에도 불구하고 지금까지의 학교 교육에서는 쓰기 기능 신장을 위한 교육 활동이 소홀히 다루어져 왔으며, 대학을 졸업하고도 자신의 생각을 잘 조직하여 효과적으로 표현할 줄 모르는 사람들이 많다는 현실에 대하여 많은 사람들이 우려해 오고 있다.
>
> ■ ■ ■ (노명완 외, 1988: 352)

> 나는 종종 11년간의 의무 교육을 받고 난 후 직업을 구하는 많은 졸업생들이 쉽고 명쾌하게 그리고 별다른 실수 없이 글을 쓸 수가 없다는 고용주들의 불평을 듣습니다.
>
> ■ ■ ■ (Fairclough, 1989: 236, 재인용-)[2]

이 두 인용문은 모국어 교육을 받은 학생들이 일정하게 도달해야 할 쓰기 능력상의 표준을 공통적으로 강조하고 있다. 그 표준이란 국가가

---

2) 영국 교육부장관이었던 Kenneth Baker의 1986년 11월 연설문 일부.

필요로 하는 인재의 양성에 관련될 것인 바, 위의 인용문은 '인간적이고 창조적인 생활의 영위'가 그 사회적 가치의 측면에서는 산업 사회에의 적응력, 다시 말해 사회적 생산성과 관련되어 있음을 보여준다. 문제는 본래적 의미에서의 '인간적이고 창조적인 생활의 영위'란 이와 같은 산업적 측면에서의 생산성을 강조하거나 논리적 표현만을 강조하는 글쓰기만으로 이루어질 수 있는 것이 아니라는 점에 있다.

근대화가 진행되기 시작한 이래로 문학적 글쓰기는 근대화의 이면에서 근대적 일상에 대해 반성하는 계기로 작용해왔다. 이른바 '생산성(productivity)'에 대립되는 '낭비적(squandering)' 활동이 생겨난 것이다.[3] 일기를 쓰는 것을 그 예로 들 수 있다. 일기를 쓰는 일은 일상적 현실과 거리를 두는 내면세계를 확보하기 위한 행위, 즉 일상에 대해 반성을 행하는 행위이다. 일기를 쓰는 일은 '자본주의 문명의 객관화된 시간, 측정 가능한 시간에서 벗어난 개인적이고 주관적인 자아의 전개에 의해 창조된 사적 시간'에서 이루어진다(Calinescu, 1993: 3). 물론 일기를 쓰는 일이 곧 문학 행위인 것은 아니다. 문학이란 하나의 제도화된 담론으로서, 이는 글을 써서 발표하는 일을 업으로 삼는 사람이라는 뜻으로서의 '작가' 개념을 필요로 한다. 일기를 쓰는 일은 앞서 보았던

---

3) 낭비란 사회인류학자 모스(Mauss)가 포틀랫치(potlatch)라는 북미 서해안 인디언들의 관습에 관해 언급한 데서 비롯된 개념이다. 보통의 선물이 주는 것과 받는 것으로 이루어지는 활동, 다시 말해 무엇인가가 자신에게 다시 돌아올 것을 기대하는 생산적인 활동임에 비해, 포틀랫치에서의 선물은 되돌려 받는 것 없이 주기만 하는 상실로서의 선물만이다. 그래서 가장 완벽한 포틀랫치는 상대방이 갚을 엄두도 못내는 거창한 선물을 하는 것이다. 조르쥬 바타이유(Georges Bataille)는 이를 생산 양식에 대비되는 상실 양식으로 간주해, 어떤 사회에서는 사회운영이 부의 생산과 습득보다는 부의 파괴, 상실로써 이루어진다는 결론을 내리고, 이를 인간의 활동 전반으로 확장했다. 문학도 사회의 지배적 가치와 부합되는 문학과, 그렇지 않은 문학으로 나눌 수 있을 것인데, 전근대 사회에서는 전자가 문학의 주류를 이루었다면(예를 들어 양반들의 시조나 가사), 근대 이후의 사회에서는 후자가 주류를 이룬다고 본다(강내희, 1993: 30-31).

생산성 모델의 글쓰기와는 거리가 멀지만, 대부분의 경우 개인의 책상 서랍 깊숙한 곳을 빠져나오는 일이 없다는 점에서 문학적 관습을 충족시킨다고는 볼 수 없다. 그러나 일기의 주된 형식을 이루는 고백은 끊임없이 무엇인가를 생산할 것을 강요하는 자본주의적 근대의 일상적 삶에 대한 저항의 형식, 즉 일상에서 소외를 경험하는 주체들이 행하는 '낭비적' 글쓰기로 근대 문학의 주된 형식을 이루고 있다.

(2) '고백적' 글쓰기와 '반(反)고백적' 글쓰기

고백이란 주체가 구성되는 언어 형식, 즉 주체가 스스로를 자각하게 되는 형식이다. 고백하는 이는 자신의 편에 서서 그 내용을 들어주고 인정해 주는 청자 혹은 독자 앞에서 자신의 진실을 말함으로써 내면세계의 동일성, 즉 정체성을 확인하게 된다. 사회적 제도로서의 고백은 중세 가톨릭교회의 고해 성사로부터 그 유래를 찾아볼 수 있는데, 중세 시대는 신을 중심으로 인간과 세계가 유기적 조화를 이루고 있다고 믿던 시대였다. 이러한 중세 시대 가톨릭교회에서 행해진 고해 성사의 고백은 신을 중심으로 한 세계의 질서를 따르는 인간이 신앙인으로서의 정체성을 확인하는 사회적 기제였다고 할 수 있다(Foucault, M., 1990: 75).

그러나 근대 사회에 오면 신을 중심으로 한 인간과 세계의 조화는 깨어지고 만다. 근대세계를 지배하는 것은 더 이상 신의 질서가 아니라 자본주의적 생산 메커니즘이 되었다. 이러한 근대에는 일상의 세계 질서에 충실할수록 소외를 경험하게 된다. 내가 곧 세계의 조화로운 일부라는 믿음이 자아와 세계의 조화를 담보해 주었던 중세와는 달리, 신의 질서가 생산의 질서로 대체된 시대의 근대적 인간은 내가 곧 세계가 될 수 없음을 깨닫게 되기 때문이다.

따라서 소외의 시대에 세계의 질서를 그대로 따르지 않고 이와 대립하는 자아의 내면을 형성하고자 하는 것은 그 자체로 세계에 대한 저항이 된다. 낭만주의 시에서 볼 수 있는 것과 같이 '타락한' 현실 세계에 대항하는 자아의 진정성을 추구하는 고백은 그 예이다. 그런데 내면세계의 고백이 세계 질서에 대한 저항이 되려면 고백하는 주체가 내면세계의 동일성을 확보하고 있어야 한다. 외부 세계의 질서와 대립하는 내면세계의 동일성은 개인주의적 사고의 바탕이 된다. 이처럼 낭만주의 시가 인간의 의식을 안정되고 연속적인 것으로 보는 데 비해, 이 글에서 살펴볼 모더니즘 시에서는 글쓰기 주체는 불안정하고 불연속적인 의식을 그려낸다. 이 점에서 낭만주의 시와 모더니즘 시는 감수성 측면에서 큰 차이가 있는데(Bradbury & Macfarlane, 1976: 46-47), 이러한 글쓰기 방식의 차이는 세계관의 차이로 설명될 수 있다.

19세기의 낭만주의 문학과 사실주의 문학에서는 개개의 인물들이 고도로 구조화된 인격체로 제시되었고 사회화의 상호 관계적 삶을 통해 그들의 개별성을 발전시킬 수 있는 존재로 묘사되었다. 반면에 모더니즘 문학에 나오는 인물들은 일관되고 해명 가능하며 구조적으로 파악할 수 있는 전체가 아니라 심리적인 갈등을 겪는 존재, 해결될 수 없는 수수께끼와도 같은 존재, 또는 이성보다는 감각에 따르는 존재로 그려진다(Lunn, 1988: 49). 낭만주의 문학에서는 훼손된 세계가 궁극적으로 회복될 수 있다고 믿으며, 그러한 세계 회복을 가능하게 하는 일종의 진지 구실을 하는 수단으로 글쓰기 주체의 자아의 동일성을 상정한다. 반면에 모더니즘 문학에서는 훼손된 세계의 실상에 대해 보다 관심을 기울이면서 그 회복 가능성에 대해 회의한다. 그리고 이처럼 훼손된 세계의 실상을 들여다보는 주체의 내면세계 역시 동일성을 확보하지 못한다.

앞으로 살펴보겠지만, 낭만주의 시와는 달리 이상과 김수영으로 대표되는 모더니즘 시가 고백의 형식을 취하지 않는 것은 내적 동일성을 가진 개인을 부정하는 모더니즘적 사고 때문이다. 자아의 진정성을 믿지 않기 때문에 이를 바탕으로 성립하는 고백을 거부한다는 것, 즉 근대적 개인주의를 거부하는 것이야말로 모더니즘 시의 '반(反)고백' 형식을 문화적으로 이해할 수 있는 메커니즘이라 할 수 있다. 이상 문학의 수사학과 담론을 포스트모더니즘이나 탈근대 담론과 연관하여 설명하려는 시도가 생겨나는 것은 이 때문이다(문홍술, 1991; 박현수, 2003).

자아의 내면 고백 대신 모더니즘 시에서는 담론의 다가성(多價性)을 이용하는 다양한 방식의 글쓰기가 행해진다. 미셸 푸코(Foucault)는 근대의 지배적 담론을 자유주의의 기초를 이루는 개인주의로 파악하고, 이 개인주의로부터 벗어나려는 시도를 저항으로 보았다. 자유주의적 개인주의에서는 개인 한 사람 한 사람을 독자적인 존재로 생각하는데, 가치의 문제는 개인적 선택과 결단을 통해 이루어진다고 본다. 그런데 여기서 가치의 선택과 결단은 언제나 합리적이어야 하는 것으로 간주된다. 이렇게 해서 자유주의적 개인주의에서 말하는 개인은 사회의 보편적 질서에 부합하는 개인으로 되고 만다. 따라서 푸코는 근대의 자율적 주체란 이미 권력에 대한 복종의 산물이라고 보았고, 이에 대한 저항은 극단적 '자발성'에 의해서 가능한 것이라고 주장했다(이병재, 1992: 78-79).

푸코는 이러한 저항이 '담론의 전술적 다가성(多價性)'을 통해 이루어진다고 보았다. 담론의 전술적 다가성이란 똑같은 언어를 가지고도 지배적인 담론의 효과와는 다른 새로운 효과를 창출할 수 있는 담론 자체의 원리를 말한다.[4) 모더니즘 문학의 글쓰기는 바로 이러한 담론의 전술적 다가성을 활용하여 저항하는 글쓰기로 볼 수 있다. 이상이 '조감도(鳥瞰圖)'를 '오감도(烏瞰圖)'로 바꾸어 놓는 것이나, 김수영이 어리고 순진한 자식들마저 '도적'이라고 규정해버리는 것은 바로 이러한 원리와 관련된다. 푸코가 말하는 저항의 개념은 사회 전체의 변혁을 목표로 하는 저항 이론과는 다른 것인데, 이러한 '지역적이고 즉각적인 저항'은 문학적 글쓰기를 통해 할 수 있는 일상에 대한 최대의 저항이 아닐까 한다(전해자, 1990: 85-86).

낭만주의 시인들과는 달리 이상과 김수영은 내면세계의 동일성을 부정한다. '19세기식 사고를 갖고 20세기를 살아가고 있는' 이상이나, '내 안에 적을 갖고 살아가는' 김수영은 훼손된 세계에 저항할 만한 튼튼한 내면의 진지를 구축할 수 없었던 모더니스트들이었다. 만약 이들이 분열된 자아의 내면을 고백하는 글쓰기를 했다면 그것은 현실에 저항하는 형식이 아니라 현실을 인정하고 이에 굴복하는 형식이 되었을 것이다. 분열된 주체의 내면 자체에 저항하고자 했던 이들에게는 그러한 내면의 고백이 저항의 형식이 될 수 없었던 것이다.

이는 김수영의 시 쓰기가 초기의 고백 형식에서 후기의 '반(反)고백' 형식으로 변화하는 이유와도 관련된다. 비교적 시 쓰기의 기간이 짧고 일관성을 보였던 이상과는 달리, 김수영은 시 쓰기의 기간이 길었던 만큼이나 몇 차례의 변모를 보였다. 처음에 그는 모더니즘 운동에 동

---

4) "담론의 세계를 받아들여진 담론과 배제된 담론 또는 지배하는 담론과 지배되는 담론에 의해 분할된 것으로가 아니라, 다양한 전략에서 작용할 수 있는 많은 담론적 요소들로 생각해야 한다. 우리가 재구성해야 할 것은 바로 이러한 배분이며, 이와 더불어 그것이 포함하는 말해진 것과 감춰진 것, 필요한 언표행위와 금지된 그것이고; 말하는 자, 권력 관계에서의 그의 위치, 그가 처해 있는 제도적 맥락에 따라 변하며 그 배분이 전제로 하는 변이형과 갖가지 효과이며; 또한 그것이 포괄하는 대립적인 목적들을 위한 똑같은 표현 방식의 변환 및 재활용이다."(Foucault, 1976: 114)

참하면서 한동안 이른바 '난해시'를 썼었다. 그러나 그것이 한갓 '포즈'에 지나지 않음을 깨닫고는 한동안 자신의 불안정한 내면세계를 고백하는 방식으로 시 쓰기에 변화를 보인다. 익히 알려져 있는 '달나라의 장난', '바뀌어진 지평선', '구름의 파수병' 등의 시들은 모두 이 시기의 것들이다. 여기에서 그가 고백하는 내용이란, 한편으로는 세속적 가치에 거리를 두려고 하지만 또 한편으로는 그러한 세속적 가치에 굴복하고 마는 자신의 두 모습이다. 후자에 대해 그는 '뮤즈'에게, 그리고 '독자'에게 용서를 구하고자 한다. 그러나 이러한 내면의 고백은 엄밀히 말해 방황하는 자신을 드러내 보이는 것일 뿐 분열된 현실과 자신에 대한 저항으로 보기 어렵다. 그것은 방황할 수밖에 없는 자신의 모습 그대로를 인정해 달라는 것일 뿐이며 그 혼란상에서 스스로 헤어 나올 수 없음에 대한 고백일 뿐이기 때문이다.

기존의 시각에서는 이 시기의 김수영의 시가 소시민성을 보여주는 것이며 4·19를 계기로 이러한 경향이 극복되면서 이후에는 적극적인 '참여시'를 쓰는 방식으로 변화한다고 본다.(김현, 1983; 유재천, 1986) 그러나 내가 보기에 4·19 이전의 시기와 이후의 시기는 동전의 양면과 같은 것이 아닌가 한다. 내면세계의 갈등을 고백하는 것과 그 갈등을 강한 현실 의식으로 극복하고자 하는 것은 시의 내용적 측면에 있어 외적 현실이 보다 적게 드러나는가 많이 드러나는가의 차이는 있을지언정, 갈등하는 자아의 모습을 독자에게 고백함으로써 위안을 삼으려는 글쓰기 주체의 태도 측면에서는 아무런 차이가 없다고 보기 때문이다. 결국 갈등하는 내면세계에 대해 글쓰기를 통해 저항하고자 하는 모더니즘 시인에게는 고백이 아닌 다른 글쓰기 형식이 필요했던 셈이다.

모더니즘이란 하나의 단일한 장르적 양식이 아니라 매우 개인적인 의미에서의 양식을 찾으려는 노력과 결부되어 있다는 점을 고려할 때 (Bradbury & Macfarlane, 1976: 29), 그 개별적 글쓰기 방식을 일일이 찾아 내기란 불가능할 것이다. 이런 한계를 인정하면서 이 글에서는 고백에 '반(反)'하는 행위라는 의미에서 이를 '반(反)고백'이라는 용어로 부르는 데에 우선 만족하고자 한다. 이상이 '기호 놀이'의 방법을 택한 것이나 김수영의 후기 시가 내면의 '고백'이 아닌 '고발'의 방법을 택하는 것을 통틀어 '반(反)고백'을 통한 문학적 저항으로 보려는 것이다.

그런데 이상과 김수영의 모더니즘 시는 근대적 글쓰기 방식인 고백에 '반(反)'함으로써 난해하게 된다. 자신의 내면을 고백하는 낭만주의적 시의 형식은 시인에게 자아의 동일성에 대한 믿음, 개인주의에 대한 믿음이 있을 때 저항의 형식이 될 수 있다. 그러나 자아의 동일성에 대한 믿음이 없다면 그러한 자신의 고백을 통해 저항은 가능하지 않게 된다. 따라서 모더니즘 시의 작가는 다른 방식의 저항을 모색하게 된 것이고 그것이 바로 고백을 하지 않는 방법이었던 것이다. 이것은 자신의 분열된 자아를 독자에게 그대로 드러내지 않으려는 위장의 전략인데, 이 때문에 시가 난해하게 여겨지게 되는 것이다.

▌3▐ 이상의 모더니즘 시 쓰기 :
진정성이 훼손된 시대의 '반(反)고백'적 글쓰기

이상의 모더니즘 시가 처음 발표되었을 당시 대부분의 독자에게 난해하게 여겨졌던 것은 자신의 분열된 자아를 그대로 드러내지 않으려는 저항의 형식이 낯설게 여겨졌기 때문이다. 이상의 시 '오감도'가 처음 발표되었을 당시 독자들이 보인 격렬한 반응도 이와 관계된다. 그런데 사실 이상의 모든 시가 난해했던 것은 아니며, 또 그의 모든 시가 '반(反)고백'으로만 일관한 것도 아니었다. 이상의 글 중에는 자신의 신변에서 일어난 일들을 비교적 담담하고 솔직하게 고백한 글들이 많았는데, 다만 이 글들은 대개 일본어로 적혀 있었고 생전에는 발표되지 않았었다.

이상의 일본어 텍스트와 한글 텍스트의 공통점과 차이점에 주목했던 문흥술의 연구에 의하면, 전자가 뉴톤 물리학과 유클리드 기하학으로 대표되는 근대 과학적 지식을 비판 대상으로 삼음에 비해, 후자는 열악한 도시적 삶과 관련된 제반 요소들을 비판의 대상으로 삼고 있었다. 그러나 두 텍스트가 이 같은 차이를 보임에도 불구하고 모두 근대 이성적 주체로서의 인간에 대해 비판하고 있다는 공통점이 있다(문흥술, 1991: 124-125). 이러한 시각을 토대로 보면 이상의 일본어 텍스트는 한글 텍스트에 비해 '문학적 완성' 측면에서 뒤떨어진다고 볼 수 있고, 따라서 작가의 입장에서 볼 때 이러한 일본어 텍스트는 문학적으로 좀더 다듬어진 후에라야 발표할 수 있었을 것이라는 가정, 말하자면 일본어 텍스트가 한글 텍스트의 초고 역할을 했을 것이라는 가정을 해 볼 수 있다. 사실 이상의 일본어 텍스트들이 세상에 알려진 것은 이상의 사후에 그의 작품을 정리하면서, 혹은 그의 다른 작품들을 이해하기 위해 주변 인물들과 연구자들에 의해 발굴되면서였다. 이 글들은 본래 일반 독자를 대상으로 발표된 글이 아니라 자기 자신을 위해 씌어진 글이었던 셈이다. 이런 점을 고려하면서 다음의 글 몇 가지를 비교하여 분석하는 가운데 이상의 모더니즘적 글쓰기 행위의 문화적 의미를 논의하고자 한다.

(a)

　나는 팔짱을 끼고 오랫동안 잊어버렸던 우두 자국을 만져 보았읍니다. 우리 어머니도 우리 아버지도 다 얽으셨읍니다. 그분들은 다 마음이 착하십니다. 우리 아버지는 손톱이 일곱밖에 없읍니다. 宮內部 活版所에 다니실 적에 손가락 셋을 두번에 잘리우셨읍니다. 우리 어머니는 生日도 이름도 모르십니다. (---) 나는 그분들께 돈을 갖다 드린 일도 없고 엿을 사다 드린 일도 없고 또 한번도 절을 해 본 일도 없읍니다. 그분들이 내게 經濟靴를 사 주시면 나는 그것을 신고 그분들이 모르는 골목길로만 다녀서 다 해뜨려 버렸읍니다. 그분들이 月謝金을 주시면 나는 그분들이 못 알아보시는 글字만을 골라서 배웠읍니다. 그랬건만 한 번도 나를 사살하신 일이 없읍니다. 젖 떨어져서 나갔다가 二十三年만에 돌아와 보았더니 如前히 가난하게들 사십디다. (---) 그렇건만 나는 돈을 벌 줄 모릅니다. 어떻게 하면 돈을 버나요 못 법니다. 못 법니다.(---)5)

(b)

　나는24歲.어머니는바로이낫새에나를낳은것이다.聖쎄바스티앙과같이 아름다운동생·로오자룩셈불크의木像을닮은막내누이·어머니는우리들三人에게 胎分娩의苦痛을말해주었다.나는三人을代表하여--드디어--

　어머니 우린 좀더형제가되었음싶었답니다.

　--드디어어머니는동생버금으로 胎하자六個月로서流産한顚末을告했다.

　그녀석은 사내댔는데 올해는19(어머니의한숨)

　三人은서로돌아알지못하는兄弟의幻影을그려보았다.이만큼이나컸지-하고形容하는어머니의팔목과주먹은瘦瘠하여있다.두번씩이나喀血을한내가冷情을極하고있는家庭을爲하여빨리안해를맞아야겠다고焦燥하는마음이었다.나는24歲나도어머니가나를낳으시드키무엇인가를낳아야겠다고생각하는것이었다.6)

---

5) ‘슬픈 이야기’, 김윤식 엮음 (1993), <이상문학전집 3: 수필>, 문학사상사 (63) [유고] (이하 <전집 3>으로 표기하고, 괄호 안에 쪽수를 표시함. 유고는 [유고]로 표시함)

6) ‘肉親의 章’, 이승훈 엮음 (1989), <이상문학전집1 :시>, 문학사상사 (223) (이

(c)

　基督에 酷似한 한사람의 襤褸한 사나이가 있었다. 다만 基督에 比하여 訥辯이요 어지간히 無智한 것만이 틀린다면 틀렸다.

　年紀五十有一.

　나는 이 模造基督을 暗殺하지 아니하면 안된다. 그렇지 아니하면 내 一生을 押收하려는 氣色이 바야흐로 濃厚하다.

　한 다리를 절름거리는 女人--이 한 사람이 언제든지 돌아선 姿勢로 내게 肉迫한다. 내 筋肉과 骨片과 또 若少한 立方의 血淸과의 原價償還을 請求하는 모양이다. 그러나--

　내게 그만한 金錢이 있을까. 나는 小說을 써야 서푼도 안된다. 이런 胸醬의 賠償金을--도리혀--물어내라 그리고 싶다. 그러나--

　어쩌면 저렇게 심술궂은 女人일까 나는. 이 醜惡한 女人으로부터도 逃亡하지 아니하면 안된다.7)

(d)

　크리스트에酷似한한襤褸한사나이가있으니이이는그의終生과殞命까지도내게떠맡기려는사나운마음씨다.　내時時刻刻에늘어서서한時代나訥辯인트집으로나를威脅한다. 恩愛나의着實한經營이늘새파랗게질린다. 나는이육중한크리스트의別身을暗殺하지않고는내門閥과내陰謀를掠奪당할까참걱정이다.　그러나내新鮮한逃亡이그끈적끈적한聽覺을벗어버릴수가없다.8)

(e)

　墳塚에계신白骨까지가내게血淸의原價償還을强請하고있다.天下에달이밝아서나는오들오들떨면서到處에서들킨다.당신의印鑑이이미失效된지오랜줄은꿈에도생각하지않으시나요--하고나는의젓이대꾸를해야겠는데나는이렇게싫은決算의函數를내몸에지닌내圖章처럼쉽사리끌러버릴수가참없다.9)

하 <전집 1>로 표시하고 쪽수만 표시하기로 함) [유고], 원문은 日文.

7) '失樂園' 중 '肉親의 章' 일부, <전집 3> (190) [유고]

8) '肉親', <전집 1> (92)

(a)는 유고로 발표된 「슬픈 이야기」라는 산문이고, (b)는 역시 유고로 발표된 「육친의 장」이라는 시이며, (c) 역시 유고로 발표된 「실락원」이라는 산문 중 '육친의 장' 일부이고, (d)는 <조선일보>에 발표되었던 「육친」이라는 제목의 시, 그리고 (e)는 역시 <조선일보>에 발표되었던 「문벌」이라는 제목의 시이다. 이 다섯 개의 산문 또는 시들은 가족의 이야기를 다루고 있다는 점에서 비슷한 모티브를 갖고 있지만 그 표현에 있어 차이가 있다.

(a)의 글은 '자기 자신만을 위한 유일한 글'이라 평가되었던 글이기도 한데[10], 자신의 의사와는 상관없이 백부의 양자로 들어갔다가 백부가 죽은 뒤 본가로 다시 돌아와 그 가난한 집안의 생계를 떠맡아야 했던 그의 처지와 가장으로서의 삶의 고단함이 잘 나타나 있다. 그가 한편으로는 부모에 대해 연민을 느끼면서도 또 한편으로는 그들을 위해 돈을 벌어야 한다는 강박 관념 때문에 거부감도 갖고 있었음이 솔직하게 드러나 있다. 이러한 고백 형식의 글에 나타나 있는 내용은 바로 가족의 생계를 책임지기 위해 돈을 벌어야 한다는 강박관념과 그에 대한 거부감이다.

(b)의 시 「육친의 장」은 (a)의 글을 시화한 것으로 볼 수 있다. 그가 형제들을 대표하여 어머니에게 하는 말인 "우린 좀더형제가되었음싶었답니다"에는, 어려서부터 백부의 양자로 들어가 다른 형제들과 떨어져 살았기 때문에 느꼈던 형제들과의 단절감과 이로 인한 외로움이 절실히 나타나 있다. 수척해진 어머니의 모습을 보면서 "나는24歲나도어머니가나를낳으시드키무엇인가를낳아야겠다고생각하는것이었다"고 말하는 그의 모습에는 새로운 가정을 일구어 그때까지 느껴왔던 외로

---

9) '門閥', <전집 1> (83)
10) 김윤식 해설, <전집 3> (70)

움을 보상받고 싶어했던 소박한 마음이 잘 나타나 있다. 여기까지 읽어내는 데에는 별 무리가 없다. 이는 이 글들이 자신의 신변과 심정을 솔직히 고백하고 있기 때문이다.

그러나 (c)의 글은 (a)나 (b)에서와 같이 가족에 대해 직설적으로 고백하지 않고 수사학을 동원해 이들을 치장하고 있다. (c)에 의하면 '기독에 혹사한 한사람의 남루한 사나이'는 '무지한 것'만 기독과 다른, 고생을 많이 한 사나이이다. 그런데 그는 내 일생을 압수하려 하고 있다. '다리를 절름거리는 여인' 역시, 나에게 '근육과 골편과 약소한 입방의 혈청'을 '원가상환'해 올 것을 요구하고 있다. 그러나 나는 '소설을 써야 서푼도 안되는' 가난하고 능력없는 사람이다. 그래서 나는 그들로부터 도망가려 하고 있다. 이 글을 (d), (e) 시와 비교해 보면 이들이 상관 관계에 놓여 있다는 점을 알 수 있어 (c)가 이 두 시를 쓰기 위한 초고였을 것이라는 추측을 가능케 한다. (c)가 속해 있는 「실락원」이 「산촌여정」, 「조춘점묘」, 「최저낙원」 등의 초고로 보이는 미완성 글들과 함께 구성되어 있다는 점은, 이 생각을 더욱 더 강화해준다. 또 다른 중요한 점은 그가 일부러 부모를 비정상적인 사람으로 즉 아버지는 '남루한 사나이'로, 어머니는 '다리는 절름거리는 여인'으로 만들어놓음으로써, 그들에게서 도망가려는 자신을 정당화하고 있다는 점이다.

이렇게 수사학으로 치장된 글을 쓰는 것은 작가의 편에서 보면 자신을 괴롭히는 현실을 그 자체로서 직접 거론하지 않고 자신이 받아들일 수 있는 정도의 가상현실로 바꾸어 놓음으로써 작가 스스로 그 상황에 대해 제삼자가 되고자 하는 심리의 반영일 수 있다.[11] 그러나 이러한 수

---

11) 김윤식은 이상이 보여준 수사, 즉 그리스도와 마리아에 대해 속화시키는 식의 수사가, 그가 흠모해마지 않았던 개천용지개의 수사에서 영향을 받은 것임을 보이고 있는데, 그 이유를 개천용지개 역시 그의 양부와 근친에 대해 결코 성스러움을 부여할 수 없었던 때문이라고 보고 있다. 김윤식(1987, 112-118) 그러

사가 동원되면 이에 대한 독자의 이해는 어려워진다. 즉 '난해시'가 되는 것이다. 따라서 모더니즘 시의 한 모델로서 이상의 시를 가르치고자 할 때 중요한 것은 이처럼 '난해한' 수사 뒤에 숨어 있는 글쓰기 행위에 대한 문화적 이해일 것이다. 이러한 이해를 통해 독자들은 모더니즘 시를 하나의 소통 양식으로서 깊이 있게 이해할 수 있기 때문이다.

　이러한 난해성은 (d), (e)에서 보다 더 강화된다. (d)의 시 「육친」은 (c)를 보다 다듬어 詩化한 것으로 보인다. (a), (b), (c)를 모두 읽은 사람이라면 여기서 이상이 그의 부모를 '크리스트에 혹사한 한 남루한 사나이'라는 인물로 대치해 놓았다는 점, 그리고 그 사나이가 '그의 終生과 殞命까지도 내게 떠맡기려는 사나운 마음씨'를 갖고 있다는 표현이 부모의 생계를 자신이 떠맡게 되었다는 것을 의미한다는 점을 어렵지 않게 알 수 있다. 그러나 보통의 문학적 유통 구조 내에서 독자는 (d)만 읽을 수 있기 때문에 이 시가 무엇을 뜻하는지를 얼른 알아차리기 어렵다. 다만 '크리스트에 혹사한 한 남루한 사나이가 있는데, 그는 그의 생애 전부와 운명을 책임질 것을 나에게 떠맡기고 있는 사람이다. 그는 나를 위협하고 있다. 그러나 나는 그에게서 벗어날 수가 없다.'와 같은 대강의 패러프레이즈만이 가능할 뿐이다. (e) 역시 마찬가지이다.12)

　위의 다섯 글들의 관계를 통해, 만약 이 유고들을 이상이 생전에 발

　　나 이는 단지 전기적인 차원에서 비교되고 있을 뿐이다. 우리가 여기서 주목해야 할 것은 그러한 수사를 동원하는 두 작가의 심리일 것이다.

12) 이와 관련하여 남민우(2003)는 이상의 이 시에 대해 동일시할 대상으로서의 아버지의 가치를 발견하거나 인정하지 못한 것으로 보아, 기형도의 '위험한 가계'와 대조되는 '반(反) 성장시'로 분석하고 있다. 이상에게 있어 가정을 '나'의 피와 목숨을 요구하는 가혹한 곳으로 간주되며, 따라서 이는 성장에 대한 거부, 즉 성장과 동시에 가족 내에서 자신이 수행해야 할 역할에 대한 거부 의식으로 나타나고 있다는 것이다. 필자의 생각으로는 이와 같은 '전근대적' 가정 내에서 성장에 대한 거부가, 보다 거시적인 사회적 차원의 '근대적 주체'로서의 성장으로 이어지고 있는 것이 아닌가 한다.

표하려 했더라면 아마 '문학적으로' 더 다듬었을 것이라는 가정, 말하자면 이상에게 있어 일본어 텍스트는 한글 텍스트의 초고 역할을 했을 것이라는 가정이 어느 정도 신빙성을 갖고 있음을 알 수 있다. 고백의 효과가 성공적이기 위해서는 이를 들어주는 사람이 자신의 이야기를 잘 이해해주고 자신의 편이 되어줄 것이라는 신뢰가 있어야 한다. 그렇다면 사람들 간의 관계에서 소외를 느꼈던 이상이 독자들에게 고백을 행할 리가 없었다는 가정이 가능하다. 진실과 신뢰가 사라진 시대에 고백으로서의 시가 성립할 수는 없는 것이다. 다음의 시 역시 초고이거나 자신만을 위한 시일 것인데, 여기에는 이러한 그의 생각이 비교적 깔끔하게 나타나 있다고 생각된다.

가장 無力한 사내가 되기 위해 나는 얼금뱅이였다
세상에 한 女性조차 나를 돌아보지는 않는다
나의 倦怠는 安心이다

양팔을 자르고 나의 職務를 회피한다.
이제는 나에게 일을 하라는 자는 없다
내가 무서워하는 支配는 어디서도 찾아 볼 수 없다

歷史는 무거운 짐이다
세상에 대한 辭表 쓰기란 더욱 무거운 짐이다
나는 나의 문자들을 가둬버렸다
圖書館에서 온 召喚狀을 이제 난 읽지 못한다

나는 이젠 세상에 맞지 않는 옷이다
封墳보다도 나의 의무는 적다
나에겐 그 무엇을 理解해야 하는 苦痛은 완전히 사그라져버렸다
나는 아무때문도 보지는 않는다

그렇기 때문에 나는 아무것에게도 또한 보이지 않을 게다
처음으로 나는 완전히 卑怯해지기에 성공한 셈이다[13]

그는 스스로를 '세상에 맞지 않는 옷'으로 규정하고 '아무때문도 보지 않으며' '그렇기 때문에 아무것에게도' 자기 자신을 '보이지 않'기로 결심하고 있다. 그는 세상을 대하는 자신의 태도가 '양팔 자르고 직무 회피하기', '세상에 대한 사표 쓰기', '나의 문자들을 가둬 버리기'라고 말하고 있다. 그 이유는 '세상의 한 여성조차 나를 돌아보지 않는' 극단적인 소외 때문이다. 자신의 진실이 먹혀들어가지 않는 타인들에게 그 자신도 더 이상 솔직할 필요를 느끼지 않는 것이다. 그럴 때 독자를 상대로 쓰는 시의 형식은 '반(反)고백'이 되는 것이다.

4 김수영의 모더니즘 시 쓰기 :
현실성에 대한 저항과 '난해의 포즈'

이상이 시도했던 방식의 시 쓰기는 1930년대에는 큰 흐름을 만들어내지 못했었지만 1950년대 이후 김수영을 비롯한 일군의 모더니스트들에 의해 계승, 발전되었다. 그런데 이러한 글쓰기는 글쓰기 주체의 의도가 진지함을 잃을 때 단지 기교나 포즈로 전락하고 만다. 실제로 우리는 1950년대에 이상을 따르고자 했던 모더니즘 운동의 대표자들인 <후반기> 동인들이 이상에게서 포즈만을 배웠던 것을 박인환의

---

13) '悔恨의 章', <전집 1> (244) [유고, 원문은 일문]

경우를 통해 살펴볼 수 있다.14) 이러한 경향은 사실상 1950년대 우리 문학 전반으로까지 확장될 수 있는 문제이기도 했다.

김윤식에 의하면 1950년대 한국의 대학생들의 머릿속에 비친 서양 근대문학이란 '지적인 것'으로 요약될 수 있다. 그리고 '소금장수 얘기'와 정반대의 뜻을 가진 '지적인 것'의 정체가 이른바 이상 문학이었다. 거기에는 위트가 있고 상징이 있고, 은유가 있고, 요컨대 수사학(기교)이 있었다. 이 경우 기교란 과학과 흡사한 것으로 보였다. 아니, 기교한 그 자체가 과학이었다. 김윤식은 전후 세대가 국적을 찾고자 하는 첫 마당에 마주친 파수꾼이 이상 문학이었다면서, 그러나 전후 비평은 이 지적인 것을 단순한 호기심의 레벨에서 더 밀고 나아가지 못했기 때문에 실패하고 말았다고 지적한다(김윤식, 1986: 160-61). 박인환이 서구 모더니즘이 보여주는 실험 의식 자체는 결여한 채 피상적인 시적 기교만을 받아들였다는 평가를 받는 것 역시 마찬가지 견지에서 볼 수 있다(오세영, 1986).

사실 김수영 또한 초기의 시 쓰기에서는 시적 기교에 치중하는 모습을 보였다. 김수영이 보여주었던 박인환에 대한 지독한 경멸은 실상 자신의 '포즈'에 대한 혐오에 다름 아니었다. 김수영이 처음으로 발표

---

14) 박인환이 죽기 하루 전날 이상의 추모시로 발표한 시 '죽은 아포롱'은 이상 시에 대한 막연한 동경으로 가득차 있을 뿐이다. "오늘은 3월 열이렛날 / 그래서 나는 망각의 술을 마셔야 한다 / 女給 <마유미>가 없어도 / 오후 세시 이십 오분에는 / 벗들과 <제비>의 이야기를 하여야 한다. // 그날 당신은 / 동경 제국대학 부속병원에서 / 천당과 지옥의 접경으로 여행을 하고 / 허망한 서울의 하늘에는 비가 내렸다. // 운명이여 / 얼마나 애태운 일이냐 / 권태와 인간의 날개 / 당신은 싸늘한 지하에 있으면서도 / 星座를 간직하고 있다. // 정신의 수렵을 위해 죽은 / <람보>와도 같이 / 당신은 나에게 / 환상과 흥분과 / 열병과 착각을 알려주고 / 그 빈사의 구렁텅이에서 / 우리 문학에 / 따뜻한 손을 빌려준 / 정신의 황제 // 무한한 睡眠 / 반역과 영광 / 임종의 눈물을 흘리며 결코 / 당신은 하나의 증명을 갖고 있었다 / <李箱>이라고." 이동순 편(1991).

한 시작품은 '조정의 노래'(1945), '공자의 사생활'(1945), '아메리칸 타임지'(1945) 등이었다. 이 작품들은 의미의 혼란과 단절, 돌연한 전환, 엉뚱한 비약 등에 의해 독자를 의도적으로 낭패하게 만드는 전형적인 모더니즘 계열의 난해시들로, 그가 '마음속의 작품 목록에서 지워버렸다'고 한 작품들이다. 한 연구에 의하면 당시의 김수영은 정말로 박인환 콤플렉스에 사로잡혀 있었고, 그것이 바보 같은 것이었음은 나중에서야 알았다고 한다. 그가 이 시기의 작품을 자신의 작품 목록에서 제외시키고자 하는 것은 포즈에 의지해 시를 쓰던 시기의 자신에 대한 일종의 심리적 방어에 해당되는 것이었다. '공자의 생활난'이 후반기 동인들의 '코스츔'을 비난하기 위해 '난해의 포우즈'를 취했다는 분석은 이 시기 김수영의 고민을 잘 해명해 주고 있는 것으로 보인다(정재찬, 1993: 174-76). 김수영을 비롯한 50년대 모더니즘 시인들이 '포즈', 다시 말해 '난해성'을 시의 한 요소로 생각했었다는 사실은 의미심장한 것이라 할 수 있다. 더욱이 그것이 이상에게서 배워온 것이었다면 말이다.15)

'공자의 생활난'과 같은 포즈의 시를 극복하기 위해 김수영이 처음 시도했던 변화는 고백적인 시를 쓰는 것이었다. 비교적 전기에 해당하는 이 시기의 시들은 설움과 허위에서 벗어나고자 하는 '나'의 고백으로 볼 수 있다. 이러한 경향은 시 '달나라의 장난', '나의 가족', '방안에서 익어가는 설움', '바뀌어진 지평선' 등이나, 산문 '양계변명' 등에

---

15) 그러나 한편으로는 비록 이 작품들이 취하고 있는 난해의 포즈 때문에 김수영이 이들 작품을 싫어하게 되었다 할지라도, 시쓰기에 있어 표현의 문제를 중시한 그의 버릇은 이때부터 시작된 것으로 볼 수 있을 것이다. 그의 언어 구사에 나타나는 현대적 감각과 지성의 작용은 표현에 대해 과도하게 집착했던 이 시기의 모더니즘 실험을 통해 얻어진 것이기 때문이다. 백낙청, '김수영의 시세계', 황동규 편(1983: 39)

잘 나타나 있다. 그런데 이런 식의 반성을 반복하는 것은 마치 면죄부를 사는 것처럼 하나의 타성으로 굳어지는 경향이 있다. 지은 죄를 용서받는 일을 습관적으로 반복했던 중세 시대의 신도들처럼, 이러한 고백을 반복하는 일이 시인에게는 또 하나의 일상이 되어버리는 것이다.

그것은 설사 사생활의 고백을 보다 넓은 현실 세계의 고백으로 바꾼다 하더라도 마찬가지였다. 현실성이 지나치는 것은 그의 표현대로 하자면 '공리성'에 흐르는 것이 되고, 그것 역시 시인으로서의 자기 삶을 공고히 하는 데에는 별반 도움이 되지 않기 때문이다.[16) 비록 그가 "기발한 것도 싫고 너무 독창성에만 위주하는 것도 싫고 그저 진실하기만 하면 될 것같다. 진실을 추구하다 타골의 시보다 더 따분한 시를 쓰게 되어도 좋을 것 같다."[17], "오늘이라도 늦지 않으니 썩은 자들이여, 함석헌씨의 잡지의 글이라도 한번 읽어보고 얼굴이 뜨거워지지 않는가 시험해보아라. 그래도 가슴속에 뭉클해지는 것이 없거든 죽어버려라!"[18]라면서 참여시를 쓰는 데에 주력한 적이 있기는 했지만, 시에서의 현실성 추구가 지나친 '공리성'으로 기울 때, 그의 시 쓰기 전반에 걸쳐 바탕으로 작용하고 있는 균형 감각은 이를 용납하지 않았다.

'시를 쓴다는 것(즉 노래)이 시의 형식으로서의 예술성과 동의어가 되고, 시를 논한다는 것이 시의 내용으로서의 현실성과 동의어가 된다'는 그의 말은, 시를 쓰는 입장은 시의 형식을 고려하는 일이 되고, 이는 곧 예술성을 지향하는 입장이 되는데, 여기에는 일체의 목적의식

---

16) 참여시로 분류되어왔던 4·19 이후의 일련의 시들 예를 들어 '우선 그놈의 사진을 떼어서 밑씻개로 하자'(1960.4), '祈禱'(1960.5), '육법전서와 혁명'(1960.5), '晩時之嘆은 있지만'(1960.7), '가다오 나가다오'(1960.8), '허튼 소리'(1960.9) 등은 사실상 자기 생활의 고백을 현실 생활에 대한 고백으로 확장했던 것으로 볼 수 있다.

17) '이일 저일', <전집 2> (1,15)

18) '아직도 안심하긴 빠르다: 4.19 1주년' (1961), <전집 2> (123)

성이 배제되어야 한다는 의미가 들어 있는 것이다.[19] 이러한 생각에는 하이데거의 예술론인 '대지의 은폐성과 세계의 개진'에 대한 고려가 있었다.[20] 그는 시란 공리성으로 되는 것이 아니라고 말한다. 시작 초기에 그가 '능변'을 예술성으로 착각했던 것을 반성했듯이, 이번에는 '공리성'을 현실성이라고 생각했던 것을 반성하는 것이다. '공리성'에 대한 그의 지독한 혐오는 다음의 글에 잘 나타나 있다.

> 몇 년 전의 「만용에게」라는 제목의 작품을 쓴 것이 있는데, 생명과 생명의 대치를 취급한 주제면에서나, 호흡면에서나, 이 「잔인의 초」는 그 작품의 계열에 속하는 것이라고 생각된다. 너와 나는 <牛牛>이라는 의미의 말이 그 「만용에게」의 모티브 비슷하게 되어있는데 그러한 1대1의 대결의식이 이 「잔인의 초」에도 들어있다. 그리고 「만용에게」를 쓰고나서 이 대결의식이 마야꼬프스키의 「새로 1시에」라는 작품에서 온 것이라고 생각했는데 이 「잔인의 초」에서 무의식중에 그것이 또 취급된 것을 보니 그것은 아무래도 나의 본질에 속하는 것 같고 시의 본질에 속하는 것 같다.
> 그러나, 물론 이런 대결의식이 시의 본질에 속한다고 해서 이 「잔인의 초」가 성공했다는 말은 아니다. 「만용에게」와 비교해볼 때, 이 작품은 리얼리즘의 냄새가 상당히 엷게 되었다. 공리성이 상당히 희박해졌다. 성공이라면 이런 점이 성공이다.[21]

'만용에게'는 닭 시중하는 아이인 '만용이'의 학비를 지불하고 나면 고생고생한 양계일의 수입이 거의 남지 않는다는 불만의 토로 끝에 만용이에게 독기를 부리는 자신의 모습을 보이고 있는 시이다. 생활의 문제 때문에 이유없이 다른 사람들에게 반감을 갖게 되는 자신의 본질

---

19) 정재찬 (1994: 196-97)
20) 김윤식, '김수영 변증법의 표정', 황동규 편 (1983: 312)
21) '詩作 노우트 ⑤' (1965), <전집 2> (297-98)

을 고발하는 것, 바로 이 점에 '잔인의 초'와 '만용에게'의 공통점이 있
다고 할 수 있다. 이제 주목해야 할 바는 바로 '잔인의 초'와 같은 작
품의 글쓰기 방식이다. '만용에게'의 초반부에는 그가 만용이에게 독
기를 품는 이유가 자세히 나타나 있는 반면에, '잔인의 초'에는 그러한
배경 설명이 일체 없다.

>한번 잔인해봐라
>이 문이 열리거든 아무 소리도 하지 말아봐라
>태연히 조그맣게 인사대꾸만 해두어봐라
>마루바닥에서 하든지 마당에서 하든지
>하다가 가든지 공부를 하든지 무얼 하든지
>말도 걸지 말고--저놈은 내가 말을 걸줄 알지
>아까 점심때처럼 그렇게 나긋나긋할 줄 알지
>시금치 이파리처럼 부드러울 줄 알지
>암 지금도 부드럽기는 하지만 좀 다르다
>초가 쳐있다 잔인의 초가
>요놈-- 요 어린 놈-- 맹랑한 놈-- 六학년 놈--
>에미 없는 놈-- 생명
>나도 나다-- 잔인이다-- 미안하지만 잔인이다--
>콧노래를 부르더니 그만두었구나-- 너도 어지간한 놈이다-- 요놈--
>죽어라[22]

이 시를 쓰게 된 배경은 「'시작 노우트 5'」에 서술되어 있을 뿐이다.
그러나 이웃집의 '6학년 놈'이 자기 집이 시끄럽다고 저녁 6시부터 9
시까지 그의 집에서 공부를 하다가 간다는 것, 이 아이는 그의 아내의
사업 관계의 친구의 조카뻘 되는 아이라는 것, 이 아이가 집에 들어오
면 그는 '난도질'당하는 느낌이 들기 시작한다는 것, 이를 '포기'하려

---

22) '잔인의 초'(1965.10.9), <전집 1> (248)

하지만 잘 되지 않는다는 것, 이 아이에게 '나긋나긋'해야만 하지만 이미 그의 마음에는 이 아이에 대한 '잔인의 초'가 쳐 있다는 것이 이해되지 않은 상태에서 이 시를 대하면 이 시가 무엇을 뜻하는 것인지를 알 수 없게 된다. 독자의 편에서 보면 '잔인의 초'는 절대 친절한 시가 아니다.

그러나 그럼에도 불구하고 작가인 김수영은 '공리성'이 적다는 이유로 이 시를 「만용에게」보다 마음에 들어 하고 있다. 따라서 그가 말하는 바 '공리성'이 적어졌다는 말은 자신이 처한 현실에 대한 구구절절한 설명이 '만용에게'에 비해 매우 적어졌다는 뜻이다. 그는 바로 이 점에 그의 전기 시에 대한 극복이 있다고 보았다.

김수영이 시도하는 또 하나의 시작은 사물 속에서 진리를 발견하고자 하는 것이다. 이러한 시작의 태도는 앞서 말한 인간에 대한 절망감을 이해하지 않으면 다만 허세로만 보일 뿐이다.[23] 그는 현대를 '가난한 시대'로 규정하고, 이 '가난한 시대에 시인은 무엇을 할 것인가?'라는 문제를 제기한 하이데거의 <릴케론>에서 큰 영향을 받았다. 김수영은 존재자의 본질을 규명하는 것이 시인의 사명이며 시의 본질이라고 한 하이데거의 말을 자신의 시적 실천과 결부시켰는데, 이는 두 가지 방향에서 이루어졌다.

하나는 현실 속에 위치한 자신의 본질에 대한 탐구를 인간의 본질에 대한 탐구로 확장시켜내는 것으로, 이를테면 자신의 본질인 '도적'을 다른 가족들을 통해서도 확인하는 방식을 밀고나가는 것이다. 이는 기본적으로, '도적'의 본질을 갖고 있는 '나'와 이를 바깥에서 바라보고 있는 '나'의 분열을 통해 가능한 것이었다. 한편 그는 '폭포'나 '눈'과 같이 전기 시작에서부터 계속되어 온 자연물에 대한 경외를 밀고 나갔

---

23) 황동규, '정직의 공간', 황동규 편(1983: 126)

다. '사람이 아닌 평범한 것'으로서의 '꽃잎'24)이나 '바람보다 늦게 누워도 / 바람보다 먼저 일어나고 / 바람보다 늦게 울어도 / 바람보다 먼저 웃는' '풀'25)과 같은 자연물의 본질을 규명함으로써 그는 진리를 발견하려 했던 것이다. 이러한 경향의 시작과 '성'이나 '도적', '잔인의 초'와 같은 시작이 같은 시기에 공존하고 있기 때문에 이 시기의 김수영을 다만 모더니즘으로만 귀착시키기는 어려운 점이 있다. 그러나 하이데거의 영향을 받은 '풀'과 같은 시가 고전주의적이고 다소 낭만주의적인 진리 발견의 태도로 돌아선다 하더라도 그 바탕에는 인간에 대한 도저한 불신이 깔려 있음에 주목할 필요가 있다. 이렇게 본다면 낭만주의와 모더니즘의 연관성을 김수영이 각별히 보여주고 있다고 볼 수도 있을 것이다. 본고에서 모더니티를 '현대성'이라고 바로 번역하지 못했던 데에는 낭만주의와 모더니즘을 단순한 선후 관계로 처리할 수 없었던 이유도 있는 것이다.

김수영의 '반(反)고백'에도 이상과 같은 '반(反)고백'의 의도가 이미 내포되어 있었다고 볼 수 있다. 내가 나의 진실을 솔직히 말하지 않은 것을, 진실이란 원래 알기 어려운 것이라는 생각에서 비롯된 것이라 본다면, 시를 진리의 구현으로 보고 그런 의미에서의 시란 은폐하는 것, 즉 어렵게 씌어져야 하는 것이라고 생각한 김수영의 글쓰기에는, 진리를 알아내는 일이 무척이나 어려운 일이라고 보는 태도가 함축되어 있는 것이겠기 때문이다. 여기에서 우리는 모더니즘 시가 허무주의의 문화를 반영하고 있음을 알 수 있다.

허무주의란 결핍감 또는 근본적인 진리가 상실되어가고 있다는 정신 상태이다. 인간은 어떻게 행동할 것인가를 이해하기 위해서 진리를

---

24) '꽃잎(一)'(1967.5.2), <전집 1> (276)
25) '풀'(1968.5.29), <전집 1> (297)

알아야 하지만, 그러기가 매우 어렵다는 것이다(Goudsblom, 1988: 133). 니체는 이러한 허무주의(염세주의적, 소극적 허무주의)의 극복이 종래의 모든 가치로부터 벗어나서 새로운 가치를 스스로 창조하려는 적극적이고 완전한 허무주의를 통해 가능하다고 말한 바 있다(강대석, 1986: 233). 이런 의미에서 모더니즘 시인들이 그들의 시 쓰기에서 고백을 회피하는 것은 소극적 허무주의에서 벗어나려는 적극적 허무주의의 방식이었던 것으로 볼 수 있다.

루소의 <고백록>이 근대적 자서전의 효시이며 근대 고백 문학의 선구적 작품으로 기록될 수 있었던 것은, 이 글의 형식이 주관적 진리에의 믿음을 대변하고 있었기 때문이다. 자서전 형식에서 중요한 것은 '서술하는 자아'가 타인이 아닌 '나'라는 사실이다. 이는 공적 인간의 내면과 겉모습의 통일이 붕괴되었다는 것, 따라서 외부에서 바라보는 '나'는 진리가 아니라는 것, 내가 바라보는 나만이 진리라는 것을 의미한다(정승옥, 1990: 81-85). 그런데 이 때 고백하는 자아의 내면은 동일성이 확보되어 있었고, 이를 통해 주관적인 진리나마 알 수 있다고 보고 있는 것이었다.

그러나 앞서 살펴본 바와 같이 모더니즘 작가는 고백을 통해 자신의 통일된 모습을 확인할 수 없고, 무엇이 진실된 자신의 모습인지를 알 수 없었다. 이때 고백을 하는 것은 자아의 동일성이 아니라 차이를 보여주는 것으로 된다. 그리고 이러한 주체의 모습을 그대로 고백한다는 것은 현실적 억압 속에 질식되고 있는 자신의 그 모습을 독자에게 그대로 인정해 달라는 것, 외적 현실의 우위를 스스로 인정하게 되는 것일 뿐인 것, 자신에 관한 진실을 알 수 없다는 것을 공공연히 드러내는 것, 다시 말해 허무주의에 빠지는 것으로 되어 버린다.

따라서 모더니즘 시인들이 고백을 회피한 것은 이러한 주체의 분열상을 그대로 드러내지 않기 위해서, 혹은 글쓰기 방식의 변화를 통해 허무주의를 극복하기 위해서였던 것으로 볼 수 있다. 김수영의 전기시는 허무주의에 빠진 고백을 보여준다. 그것은 시의 신과도 같은 뮤우즈에게 자신의 '경박함'에 대해 용서를 구하는 형식으로 되어 있었다. 그러나 이는 독자에게 위안을 구하는 방식은 될 수 있을지언정, 현실에 대한 우위를 확보하는 방법은 될 수 없었다. 김수영의 시 변화는 이러한 사실을 깨달은 때문이었던 것으로 이해할 수 있다.

▌5▌ 모더니즘 시에 대한 문화교육적 접근

지금까지 현대시를 교육하는 데 있어 많은 기법들이 강조되었던 것은 사실상 난해한 시의 언어를 해석할 수 있는 방법을 제공하기 위해서였다고 할 수 있다. 그러나 모더니즘 시의 난해성을 '반(反)고백'이라는 글쓰기 형식을 통해 고찰해 볼 때, 시적 언어의 비밀을 풀기 위한 형식주의적, 구조주의적 시 교육방법은 시 교육에 있어 절대적인 해결책이 될 수 없음을 알 수 있다. 다시 말해 난해시가 씌어지게 된 글쓰기 행위의 사회문화적 맥락을 이해하는 것이 보다 더 중요한 것으로 여겨지기 때문이다. 이러한 인식은 시 텍스트 해석 방법이 절대적이고 고정된 틀로 존재하는 것인 양 그 해독의 방법을 구안하는 것이 시 교육의 절대 목표인 것처럼 여기는 생각에서 벗어날 수 있게 해 준다.
　오히려 시 교육에서 중요한 문제는 이러한 시인들이 왜 시를 어렵게 써야 했는가, 그것은 어떤 문화적 담론의 영향 때문인가에 대한 이해

일 것이다. 문화 분석의 목적은 그 문화가 표현하고자 하는 것을 이해하는 데 있다는 레이몬드 윌리엄스(Raymond Williams)의 말은 이와 관련된다. 그는 특정한 집단이나 계급, 사회가 공유하는 가치들, 집단적, 문화적 무의식과 이데올로기의 중간에 있는 그 무엇을 '감성 구조'라는 말로 표현하며, 이것을 읽어내는 데에 문화 분석의 목적을 둔다(Williams, 1965: 57-65). 이는 지금까지 '예술성' 또는 '문학성'이라는 이름 아래 신비화되어 왔던 작품들 역시 어떤 특정한 감성 구조를 나타내는 것에 불과하며, 따라서 상대적으로 바라보아야 한다는 생각으로 나아가게 해 준다.

이러한 문화이론의 시각은 문학작품을 해석하기 위해서는 반드시 익혀야 할 언어적 능력이 있다는 생각, 그것은 '시' 또는 '소설'과 같은 장르적 규칙으로부터 나온다는 생각, 다시 말해 문학성이라는 본질이 선험적으로든, 경험적으로든 이미 존재하고 있다는 생각이 일종의 환상임을 보여준다. 보편적 문학능력이 존재한다고 생각하는 이들은 문학에 대한 일종의 본질주의적 태도를 갖고 있는 셈인데, 즉 어떤 문화적 텍스트에나 적용 가능한 보편적 감성구조가 존재한다고 주장한다. 그러나 이상과 김수영의 모더니즘적 글쓰기를 통해 보았던 것과 같이, 문학적 글쓰기란 특정한 시대의 특정한 감수성과 시대에 대한 인식을 가진 주체들의 사회적 행위이며, 따라서 '보편적' 문학능력의 구현으로 볼 수 없다. 그러나 지금까지의 문학교육에서는 '문학능력'이란 말을 매우 제한된 의미로 축소해 사용해 온 것이 사실이다.

그렇다면 문화이론의 관점에서 문학적 글쓰기를 이해할 때 우리가 목표로 삼아야 할 것을 '문화적 능력'이란 용어로 바꾸어 보면 어떨까? 이 때 '문화적 능력'이란 문학을 포함한 다양한 문화적 텍스트에 대해 사회적 행위자로서의 인간이 주체적으로 세계에 개입하는 소통과 실천의 과정에서 생산한 것으로 이해하고, 학생들 스스로도 주체적으로 문화적 텍스트를 생산하여 세계에 능동적으로 개입할 수 있는 능력을 의미하게 될 것이다. 이처럼 문화적 능력을 기르는 것을 국어교육의 목표로 삼는다는 것은, 특정한 사회적 제도에 의해 문학적 가치를 인정받은 특수한 담론만을 문학교육의 장에서 가르치던 관습에서 벗어나 대중문화를 포함한 다양한 문화적 텍스트의 이해와 생산에 대해 국어교육이 포용할 필요가 있음을 주장하는 것이 된다. 이런 시각에서 볼 때 학교교육에서 가르쳐야 할 문학작품들을 정해 놓고 그것만을 가르치는 것, 더욱이 그 작품들을 특정한 방식으로 해석하도록 가르치는 방법을 고안하는 것이 문학교육 연구의 주요 의제라고 생각하는 것은 문학교육의 목표와 방법을 지나치게 제한하는 일이 될 것이다.

문학의 위기와 문학교육의 위기를 진정으로 해결하는 방법은 그러한 문제가 발생한 근본적인 원인을 올바로 인식하는 데서 비롯될 것이다. 오늘날 문학교육에 발생한 문제는, 학생들이 경험하는 문화가 기존의 인쇄 매체 중심 문화에서 크게 변화했다는 데서 비롯된다. 다시 말해 많은 학생들은 기존에 훌륭한 문학 작품이라고 일컬어져왔던 것 또는 학교에서 배운 문학 작품들을 읽는 것으로써 문화생활을 영위하기보다는, 영화나 TV, 비디오, 만화, 대중가요와 같은 다양한 대중문화를 다양한 매체를 통해 문화생활을 경험하고 있는데, 여전히 문학교육은 제자리걸음을 하고 있기 때문에 문제가 발생하는 것이다. 따라서 진정한 문제의 해결은 달라진 문화 향유의 형태를 어떻게 교육의 장으로 끌어올릴 것인가에 대한 고민을 통해 도출될 것이라고 본다.26)

---

26) 이러한 견해는 서구 사회에서도 비슷하게 나타나고 있는 듯하다. 이스트호프는 영국 사회에서 영문학과의 쇠퇴의 주된 원인을 1960년대부터 일상 경험 속으로 스며든 대중문화의 영향에서 찾고 있다.(Easthope, 1994b: 32)

문학교육을 문화교육으로 확장하고자 하는 학문적 노력은, 국어교육학의 연구 대상을 정확성이나 규범성 등 '사용원리'로서의 국어 활동과, 창의성과 역사성 및 심미적 깊이와 관련되는 '문화원리'로서의 국어 활동으로 폭넓게 규정한 데서 비롯되었다고 볼 수 있다(이용주 외, 1993: 12).[27] 그리고 이는 실제적인 연구 대상이 기존의 문학 텍스트가 아닌 우스갯소리로 채택될 수 있는 가능성을 보여주는 데까지 나아갔는데, 이는 생활문화 이론이라고 불리기도 한다(김대행, 1994: 14).

이스트호프(Anthony Easthope)에 의하면 기존의 문학 연구가 대상으로 삼고 있었던 텍스트들의 예술성이란 것이 허구로 판명된 것이 이처럼 문학교육의 범위가 확장될 수 있는 근거를 제공한다. 기존의 문학 연구 대상은 소위 '문학적 가치'가 있다고 판정된 정전 텍스트에 한정되어왔다. 그런데 그 문학적 가치란 것은 텍스트가 본래적으로 지니고 있다고 상정되는 '통일성'에 의해 담보되는 것이었고, 통일성이란 바로 저자의 상상력으로 귀착되는 것이었다. 그러나 문학 연구가 진행되면서 텍스트의 다양한 가치가 입증되었고, 이는 작품에 권위를 부여하던 저자라는 신화를 무너뜨리는데 기여했다.[28] 따라서 더 이상 텍스트의 통일성은 존재하지 않게 되었다는 것이다. 이스트호프는 이것이 기존의 문학 연구 대상이었던 문학 작품들이 대중문화에 대해 특별한 권위를 내세울 수 없는 증거라고 본다(Easthope, 1994b: 31-61).

엄밀히 말해 이러한 근거는 서구 문학 교육의 관습에서 나온 것이기

---

27) 이 밖에 새로운 잡지 운동 및 서구 문화 이론에 대한 번역 작업을 통해 새로운 문화 이론을 모색하려는 움직임도 있으나, 이는 엄밀히 말해 문학교육에 대한 고민에서 나온 것이라기보다는 문화에 대한 사회적 관심과 변혁 운동적 관심에서 나온 것이기 때문에 본고에서는 이에 대한 검토는 생략하기로 했다. <문화과학>, <리뷰> 등의 잡지 창간과 윌리엄즈, 그람시, 알튀세르, 에코, 푸코, 이스트호프, 스토리 등의 저서에 대한 번역 작업 등이 이에 속한다.

28) 해체주의자들의 작업은 결과적으로 이를 도왔다고 할 수 있다.

때문에 우리의 문학교육 현실에 곧바로 적용할 수는 없을 것이다. 그러나 적어도 현대문학에 있어서는 그 연구방법 자체가 서구의 영향을 받은 측면이 강하고 따라서 이와 같은 비판이 가능하다고 본다. 고전문학이 보여주는 다양한 형태의 문학을 교육하는 것이 진보적일 수 있는 것은 이 때문이다.29) 위에서 살펴본 바, 문학교육의 위기에 대한 두 가지의 대응 방식은 얼핏 보기에는 다만 연구 대상의 차이, 다시 말해 문학교육의 내용을 기존의 (고급) 문학으로 고수할 것인가, 아니면 대중문화로까지 확장할 것인가에 의해 나누어지는 것 같이 보인다. 그러나 이 두 대응 방식의 바탕에 깔려 있는 보다 중요한 기준은, 문학에 대해 본질주의적이고 정적인 관점을 취할 것인가, 아니면 보다 상대주의적이고 진보적인 관점을 취할 것인가라는 문제에 있다. 따라서 연구 대상 혹은 교육 대상으로 되는 텍스트가 어떤 것인가는 오히려 부차적인 문제라 할 수 있다. 다시 말해 문화교육에서 중요한 것은 문학교육을 통해 문화를 읽을 수 있는 틀을 제공하는 것이되, 여기에서 문제되는 것은 관점의 전환이라는 것이다. 내가 이상과 김수영의 작품을 대상으로 하여 그들의 시 쓰기 문화에 나타난 감성구조를 '반(反)고백'이라는 형식을 통해 규명하고자 한 것은, 문화교육의 관점이 기존의 연구 대상에까지 적용되어야 한다는 생각에서였다.

문화교육에 있어 중요한 것은 편협한 문학관에 기초한 문학주의의 극복과 연구 대상 및 교육 대상이 되는 텍스트의 확장 두 가지라고 본다. 텍스트의 확장이라는 문제가 중요한 것은 그것이 문화적 수준에서 제기되는 민주주의의 문제와 관련되기 때문이다. 여태까지 교육의 장

---

29) 푸코의 계보학이 갖는 의의는 현재가 구성된 역사라는 것, 다시 말해 과거에는 현재의 질서와 다른 질서가 있었다는 것을 보여줌으로써 현존하는 사회의 질서가 전복될 수도 있음을 주장한 데 있다. 문학교육에 대해 푸코의 관점이 시사하는 바는 바로 이 대목이라 생각된다.

에서 밀쳐져 왔던 우스갯소리 같은 대중문화가 연구와 교육의 대상이 되다는 것은 그 자체만으로도 매우 의미심장한 일이다. 그러나 관점의 전환이 없는 텍스트의 확장이 갖는 한계를 또한 우리는 경계해야 한다. 우리는 그 한계를 영국의 리비스주의에서 본다. 리비스주의는 대중문화가 문화적 쇠퇴를 보여주는 징후라는 관점 하에 대중문화를 연구한다. 그런 이러한 속단을 가지고 행해지는 이론적 연구와 경험적 탐구는 결국 예상된 결론을 확인시키는 일을 반복할 따름이었다(Storey, 1994: 63). 덧붙여 중요한 것은 이러한 분석이 대중문화 텍스트에 대해서만 행해질 필요는 안 된다는 것, 전환된 관점으로 기존의 텍스트들을 상대화시키는 것이 필요하다는 것을 강조해 두고자 한다.

기존의 시교육론은, 시를 이해하는 일이 왜 어려운가를 이와 같은 문화적 견지에서 설명하기보다는, 시를 이해하는 일이 어렵다는 것을 전제한 상태에서 학생들의 작품 이해 능력을 신장시키기 위한 시 해석의 방법을 구안하는 데에 치중해 왔다. 그러나 문화교육의 관점에서는 오히려 그러한 방법론의 전제에 해당하는 문제, 즉 '시를 이해하는 일은 왜 어려운가'를 문제삼는다. 그래서 본고에서는 모더니즘 시가 왜 난해하게 씌어졌는가를 허무주의 문화와 관련하여 설명한 것이다.

이 글에서는 모더니즘 시의 교육에서 선행되어야 할 것은 시 해석의 방법을 가르치는 일이 아니라, 모더니즘 시가 취하는 반고백 형식의 문화적 위상을 이해시키는 일이라고 본다. 즉 학생들에게 중요한 것은, '모더니즘 시'의 형식, 또는 문법을 가르쳐 작품 해석을 원활히 하게끔 하는 일이라기보다는, '모더니즘 시를 이해하기 어렵다는 것이 무엇을 의미하는가', 즉 모더니즘 시의 형식은 어떤 문화적 의미를 갖는가를 가르치는 것이라고 생각하는 것이다. 이렇게 될 때 학생들은 모더니즘 시라는 모델을 통해 그 이외의 다른 문학 현상들까지도 폭넓은 문화의 틀 내에서 이해하려 하게 될 것이기 때문이며, 또 스스로 문학작품들에 대해 가치 평가를 내리려 하는 적극적인 자세를 점차 갖게 될 것이기 때문이다.

이러한 방식의 교육은, 시를 이해하는 일이란 원래 어려운 것임을 전제하고 그 해석의 방식을 배우게 한 종래의 방식에서 벗어나 있는 것이다. 문화교육의 관점에서는 작품에 대한 가치 평가의 문제가 평가자 자신의 문화적 기준에서 나온다는 점, 따라서 어느 특정한 관점 하에서 가치 평가가 완료된 작품들만이 우수한 작품으로 가르쳐져서는 안 된다는 점을 강조한다.[30] 그렇지 않으면 자칫 하나의 문화적 편견에 불과할 수도 있는 사회의 지배적 문화관을 학생들에게 강요하게 될 수 있기 때문이다.

모더니즘 시 교육을 통해 가르치고 배워야 할 것은 바로 이와 같은 것들이다. 다시 말해, 현대문학의 하나로서 모더니즘 시는 분열된 주체가 일상에 대한 저항을 시도하는 글쓰기의 한 형식이라는 것, 이는 또한 허무주의적 문화를 극복하려는 한 시도라는 것, 이러한 방법에는 통일된 원칙이나 단일한 규범이 존재하는 것이 아니라 각자의 글 쓰는 방식이 존재하는 것이라는 점, 난해성은 이렇게 각자에 따라 글 쓰는 방식이 달라지기 때문에 생기는 것이라는 점 등이 그것이다. 물론 이들의 시를 허무주의의 극복 방식으로 볼 수 있다는 것이 곧, 결과적으로 이 작가들이 시를 통해 허무주의를 극복하고야 말았다는 것은 아니

---

30) 문화 연구를 주장하는 일단의 학자들은 의미와 실천으로 간주되는 모든 것을 연구 대상으로 삼는다. 이를 단순히 연구 대상의 확대라는 측면에서만 봐서는 안된다. 왜냐하면 이와 같은 연구 대상의 확대에는 교육받은 엘리트의 담론만이 문화적으로 우수한 것이라는 생각에서 벗어나 사회의 모든 성원의 담론들을 그 관심의 대상으로 삼으려는 민주주의적인 원칙이 깔려 있기 때문이다. (Easthope, 1994b: 17)

다. 그에 대한 평가를 본고는 유보하고 있다. 그럴 때에만이 학생들은 작품 자체에 대해 이미 내려져 있는 평가를 받아들이는데 그치지 않고, 스스로 작품이 가진 문화적 맥락에 대해 이해하고 평가할 수 있게 될 것이라고 생각하기 때문이다.

'이제는 말에 저항하는 기술, 말하고자 하는 것만을 말하는 기술을 가르치는 것이 필요하다. 각자에게 자기 고유의 수사학을 수립하는 기술을 가르치는 것은 일종의 복지작업'(Bourdieu, 1994: 25)이라는 한 시인의 말은, 각자의 수사학을 갖고 문화의 한 흐름을 만들어내는 이들이 바로 작가라는 것, 더 이상 작가를 창작가로 신비화시키는 일은 가능하지 않다는 점을 시사하고 있다. 모더니즘 시 쓰기가 갖는 문화적 의미를 가르치는 일은 학생들에게 각자의 수사학을 수립하는 일이 문화 창조의 길이 됨을 보여주는 본보기로서의 의미까지도 지니게 될 것이라 생각한다.

<h1 style="text-align:center">제 2 장</h1>

<h1 style="text-align:center">문화론적 시각에서 본 시적 언어의 교육[31]</h1>

1 시 교육에서 언어에 주목하는 이유

오늘날 시 교육에서 시의 운율, 리듬, 형태, 언어 등을 항목화하여 가르치는 것은 매우 일반화되어 있다. 시의 언어를 비유, 상징, 이미지 등과 같은 형상화 방법 내지 표현 방법으로 세분화하여 가르치는 것 역시 보편화되어 있다. 시는 특정한 정서나 이미지 등을 있는 그대로 드러내는 것이 아니라, 언어를 매체로 하여 비유, 상징 등을 만들어 낸다는 것이 이러한 교육 방식에 깔려 있는 생각이다. 시 교육에서 언어의 교육은 시의 매체를 교육한다는 점에서 매우 중요하게 다루어지고 있음을 알 수 있다. 시의 언어를 교육하는 것은 시의 장르적 특성을 규

---

31) 이 글에서 논의되는 시적 언어 교육은 주로 제 6차 교육과정기까지의 시 교육에 해당된다. 문학의 수용과 창작을 강조하는 제 7차 교육과정에 이르러서는 이 글에서 논의되고 있는 방법론상의 한계가 상당히 극복되었다. 이 글은 문화 교육을 위한 문학교육의 방향을 이론적으로 탐구해 온 나의 연구를 전체적으로 제시하는 이 책의 맥락 속에서 필요하다고 판단되어 다소 시의성이 떨어짐에도 불구하고 싣게 되었다.

명하는 데 큰 역할을 하기 때문에 중요한 것이다. 이는 시교육의 공식적 교재라 할 고등학교 국어 교과서나 학생들이 주로 보는 각종 참고 서류, 그리고 시중에 나와 있는 시 이론서들의 서술에서 확인할 수 있다. 그러므로 '시교육과 언어교육'이라는 주제에 대해 이처럼 일반적인 패턴을 따라 서술한다면, 기존에 나와 있는 많은 참고 서적들의 내용을 반복하는 데 그치게 될 것이다.

이런 점에서 나는 오히려 앞서 말한 일반적 방법 자체에 대해 물음을 제기하는 방식으로 이 주제를 서술하는 것이 보다 생산적이고 흥미로울 것이라 생각하게 되었다. 즉, '시를 가르치는 데 있어 언어에 주목하는 경향은 왜 오늘날 지배적으로 되었는가'라는 의문을 제기함으로써, 시 교육에 있어서 언어교육이 갖는 중요성이라는 현상을 설명하기로 한 것이다. 다음 장에서는 교육과정 및 교과서와 학생용 참고서들, 그리고 시중에 나와 있는 여러 시 이론서들에서 이에 대해 어떻게 서술하고 있는가에 대해 구체적으로 살펴 볼 것이다. 그리고는 이와 같은 시 교육이 근대적 성격을 지니고 있었음을 이론의 측면에서 고찰할 것이며, 마지막으로는 근대적 시 교육을 극복하기 위한 학문적 노력이 어떻게 전개되고 있는가를 수사학, 담론 분석, 문화 연구를 통해 살펴 볼 것이다.

|2| 시적 언어 교육의 현실[32]

(1) 교육과정 및 교과서

시의 교육이 시라는 독립된 장르의 특성을 살리는 방향으로 이루어 지기 시작한 것은 국어과에 현대문학 분야가 추가된 제 4차 교육과정 부터라 할 수 있다. 그러나 제 1차 교육과정기에도 <고등국어 3> 교 과서에 최재서의 「문학과 인생」, 「문학과 예술」, 그리고 백철의 「문학 의 이해와 감상」과 같은 글이 실려 있었던 점, 제 2차 교육과정기의 <인 문계 고등학교 국어 Ⅱ>의 '시의 세계' 단원에 김용호의 「시를 쓰려면」, 박용철의 「시의 변용에 대하여」, 이헌구의 「시인의 사명」이 실려 있었 던 점 등으로 미루어 보아, 그 이전에도 시에 대한 장르적 지식은 교육 의 바탕에 깔려 있었음을 짐작할 수 있다.

그러나 개별적인 시를 가르치는 데 있어 시적 언어에 대한 지식을 지침으로 삼는 것이 본격화된 것은 역시 학문 중심 교육과정으로 돌아 선 제 4차 교육과정기이다. 이 시기의 <고등학교 국어> 교과서는 1· 2·3학년에 걸쳐 시에 대한 지식을 순차적으로 가르치도록 구성되었 는데, 이 중 시적 언어에 대한 서술은 기초 단계라 할 수 있는 1학년 과정에서 배우도록 되어 있다.[33]

---

32) 시교육에서 시의 언어가 어떻게 교육되고 있는가를 말한 것이다.

33) <고등학교 국어 1>의 '시(1)' 단원에는 '시 속의 심상과 비유를 알아보자', '시 에 쓰이는 상징의 의미를 알아보자', 그리고 '시(2)' 단원에는 '시 속에서 서정 적 목소리의 주인을 살펴보자', '글의 주제와 소재를 알아보자'가 목표로 제시 되어 있다. <고등학교 국어 2>의 '시'에는 '시의 음악성과 암시성을 알아보자',

제 5차 교육과정기의 <국어 (상)> '시의 세계' 단원에서는 이와 같은 지식을 김종길의 「시와 언어」 단원을 통해 학습하도록 하고, 보다 구체적인 지식은 별도로 마련된 문학 과목에서 심화 학습하도록 하였다. 학습 활동의 주요 내용은 운율, 표현, 문체, 주제, 체험, 형상화, 비유 등을 묻는 것이었다. 제 5차 <문학> 교과서에서 제시한 과목 목표를 살펴보면 다음과 같다.

① 문학 일반과 한국 문학에 관한 체계적인 지식을 습득하게 한다.
② 문학 작품을 즐겨 읽고 상상을 통한 창조적 체험을 함으로써 미적 감수성을 기르게 한다.
③ 한국 문학에 나타난 민족의 정서와 삶을 총체적으로 이해하고, 민족 문학의 발전에 이바지하게 한다(문교부, 1988).

이를 세분화하여 제시하고 있는 <고등학교 교육과정 해설>에는 '문학을 이해하는 문화 문법에 해당하는 문학에 대한 지식'이 강조되어 있다(문교부, 1989).

문학 교과서의 영역 구분 방법은 크게 장르적 구분과 연대기적 구분으로 나누어 볼 수 있는데, 8종 중 두 교과서는 후자의 방법을, 그리고 나머지 여섯 종류의 교과서는 전자의 방법을 따르고 있다. 다수를 차지하는 전자의 방법에는 대단원을 장르별로 나눈 후 작품의 형식 요소, 주제, 연대 순으로 기술하는 방식들이 있는데, 이중 다수를 차지하는 것은 형식 요소를 기준으로 삼는 방법이다. 시의 경우, 문학사적 비

'체험이나 상상의 내용을 소재로 하여 정서적인 글을 지어보자'가, 그리고 <고등학교 국어 3>의 '시'에는 '우리나라의 현대 문학 작품을 읽고 이해해 보자', '시의 구조를 분석하여 이해한다'가 제시되어 있다.

중보다는 시의 운율, 심상, 비유, 상징, 주제 등 형식적 요소를 소단원으로 설정하여, 예시가 될 만한 작품을 수록하는 방법이 가장 많았다.34) 여기서 심상, 비유, 상징의 세 가지가 언어교육에 관련된다. 6차 교육과정에서의 시 교육은 5차 교육과정과 크게 다르지 않았다.

학생용 참고서들 대부분은 교과서 본문을 수록하고 이에 대한 자세한 해설을 덧붙이는 방식의 비슷한 서술을 하고 있다. 한 출판사의 경우, 국어 교과서의 「시와 언어」에 대해 교과서 본문을 수록한 뒤 '내포적 · 함축적 단어', '미화, 정서적 감동적 단어', '리듬의 본질', '상징의 종류', '시의 분위기' 등을 보다 세밀히 설명하고 있다(천한신 · 형남규, 1990: 226-47). 문학 교과서에 대한 참고서도 「시와 언어」 단원에 대한 해설에, '언어 예술 작품', '일상적인 언어', '시의 언어', '단일한 총체성', '유기적 통합체로서의 시', '시에 쓰인 언어의 함축적 의미' 등을 첨부해 놓고 있다(김동욱 · 김열규 · 김태준, 1990). 교과서와 참고서에 나타난 시의 언어에 대한 설명은 대학의 국문학과에서 교재로 쓰이는 문학 이론서 및 시 이론서들에서 온 것으로, 그 기본적 입장은 시의 언어를 비(非)시적인 언어와 구분하는 것이다. 제 7차 교육과정에 이르면 문학의 수용과 창작을 강조하게 되면서 이러한 편제가 크게 개선된다(이정예, 2001). 그러나 이 글은 그 이전까지의 시적 언어 교육에 대한 이론과 실제에 대한 분석을 위주로 했음을 밝혀둔다.

---

34) 교과서의 편찬 체계와 수록 작품에 대한 자세한 분석은 다음 두 편의 글에 자세히 나와 있으므로 생략하기로 한다. 민족문학교육회 편(1991); 장동찬(1992)

(2) 시 이론서들

<문학개론>(구인환·구창환 공저)에는, 문학에서의 언어가 문학의 형식적 요건을 이루는 한편 문학의 본질을 구성한다고 씌어 있다. 그러나 한편으로, 시에서는 시적인 언어가, 소설에서는 소설적인 언어가 유일한 방식이라는 식의 생각은 오해라고도 지적하고 있다. 언어의 어느 한 국면이 어떤 장르에 보다 주도적으로 활용되고 있는가 하는 점을 밝혀 볼 수 있을 뿐이라는 것이다. 그러나 이처럼 문학의 언어가 일상적 언어와 전혀 별개의 것이 아니라는 점을 지적하는 균형적 언급은, 그 말 자체에 무게를 실어 이해하기보다 그 다음의 서술 즉 문학의 매재로서의 언어에 대해 풍부히 설명하고 있는 부분으로 독자를 인도하기 위한 장치로 이해하는 것이 더 옳은 듯하다.

> 현대로 내려오면서 문학의 언어에 대한 관심이 점차로 증대함은 말할 것도 없고, 구조주의 문학론이나 기호학적인 문학론에서는 거의 언어에만 집착하는 경향을 보일 정도로 언어는 막중한 위치에 놓여져 있다.
> 아닌게 아니라 20세기 현대문학에 있어서는 이 문학에 있어서의 언어 문제에 대하여 전보다 더 역점을 두고 있음이 사실이다. 그것은 (---) 현대문학에 이르러서는 어떻게 표현하느냐 하는 형식적인 문제-- 즉, 언어조건에 힘을 기울이고 있기 때문이다. 말하자면 랜섬 등의 신비평(New Criticism)은 물론이지만, 스피처의 문체론적 비평, 또한 러시아 형식주의 비평 등이 시어에 대한 연구에 치중하는 점이나 문학을 하나의 기호 체계로 보고 언어의 층위에 유추하여 분석을 시도하는 것도 이러한 현대문학의 주된 비평적 입장을 대변하는 것이다.
> ■ ■ ■ (구인환, 구창환, 1987: 137-38)

위와 같은 서술에 계속 이어지고 있는 월렉과 워렌(René Wellek & Austin Warren), 리챠즈(I.A. Richards), 로지(D. Lodge) 등의 견해는, 각각 시적 언어의 특성을 과학적 언어와 대비되는 함축적·내포적 언어, 의사 진술(pseudo statement)로서의 시, 시에서의 정서적 반향은 언어 구조에 의해 조직된다는 주장이다. 따라서 이 책이 시와 산문의 구분은 언어적 기능의 차이에서보다는 형태·기능 등의 장르적 차이에서 가능하다는 점을 언급하고 있는 것은, 시적 언어 특성의 연구 자체가 시의 장르적 특성 연구의 일부라는 점을 간과한 것일 뿐이다.

시 이론 교재로 널리 쓰이는 <현대시원론>도 리챠즈의 이론을 배경으로 하고 있다. 시의 언어는 정서적 용법에 의한 언어이며, 관련된 대상의 적절한 지시가 아니라 충동과 태도의 효과적 조정을 문제 삼는 의사 진술이라는 것 등이 그것이다(김용직, 1988: 49-61). '아무리 사소한 것일지라도 어떤 일정한 언어 표현에 따른 반응을 허용하는 언어의 뉘앙스'인 애매성을 시적 언어의 특성으로 보고 있는 엠프슨(William Empson)의 이론 역시 이 이론서에서 중요하게 다루어지고 있다. 또 다른 시 이론서인 이승훈의 <시론> 역시 마찬가지이다.

이러한 서술들은 고등학교 국어 교과서에 실린 「시의 언어」의 진술과 일치한다. 이 글에는 시는 언어를 매재로 하는 예술인 창작 문학의 한 양식이며, 시의 언어는 함축의 언어이고, 리듬·이미지·어조·상징 등이 중요한 구실을 하는 언어라고 되어 있다. 앞서 살펴 본 <문학개론>과 같이 이 글 역시 시적 언어는 일상 생활의 언어와 확연히 구별되는 언어는 아니라고 하면서도, 한 편의 시가 의미하는 바를 보통의 언어로 완전히 풀이할 수는 없다고 진술함으로써, 여전히 시적 언어의 특수성을 지적하고 있다(김종길, 1995: 31-39).

여기서 한 가지 생각해 보아야 할 점은 이렇듯 시를 설명하는 데 있어 그 언어적 특성에 중점을 두는 것이 한국의 전통적 시관에서 온 것은 아니라는 점이다. 서구의 시문학과 이론들을 접하기 전까지 한국의 전통적 시 이론과 그에 기댄 시교육은 효용론과 표현론이 팽팽히 맞서고 있었다.[35] 지금과 같이 표현론이 일방적 승리를 거둔 것은 근대시와 근대적 시이론의 도입 이후이다. 시를 궁극적으로는 '노래'이며 그 기본 자질은 리듬이 지닌 대립성의 구조라고 보는 견해가 있는데, 여기서는 시와 노래의 불행한 별거가 시작되면서 고급 문학과 저급 문학의 구별이 생겨나고 시의 한계가 생겨났다고 본다(김대행, 1995). 물론 이는 노래와 시가 분리되지 않았던 한국의 전통적 시가를 염두에 둔 것이므로 오늘날의 시를 설명해 주지는 못하지만, 전통적인 시교육이 언어적 특성에 기반하여 이루어지지 않았음을 뒷받침하는 것으로 볼 수 있다.

앞에서 살펴본 논의를 따를 때, 시적 언어의 특수성에 기반한 시교육은 일정한 역사적 단절을 겪은 이후에 이루어지기 시작했음이 분명해진다. 그 단절의 시기는 근대적 시가 씌어지고 근대적 시 이론이 도입되기 시작한 때인데, 엄밀히 말하자면 1930년대 이후 이양하·김기림·최재서·백철 등의 활동을 통한 리챠즈 이론의 수입과, 박용철·정지용·조지훈 등으로 이어지는 유기체론의 수입을 들 수 있다. 앞서 살펴 본 시 이론서들 어느 것이나 다 리챠즈, 엠프슨 등의 이론을 바탕으로 하고 있음은 우연이 아니다. 따라서 이들 이론 자체를 문제시하여 검토할 필요가 있다.

---

35) 물론 이 당시의 시교육은 시작법과 분리되어 있지 않았다. 이에 대한 자세한 설명은 김흥규(1982); 전형대 외(1988); 윤재근(1990)을 참조할 것.

|3| 시 교육에 대한 이론적 고찰

(1) 모더니즘적 읽기의 수용

이 이론들은 크게 보아 '모더니즘적 읽기'라고 불리는 전통에 속한다. 이 용어는 뒤에서 볼 문화 이론적 경향의 학자 이스트호프의 저서 <문학에서 문화연구로>에서 따온 것이다.

앞서 말했듯이 모더니즘적 읽기가 한국에 수용되기 시작한 것은 1930년대 이양하의 리챠즈 수용으로 거슬러 올라갈 수 있다. 이는 당시 모더니즘 운동의 이론적 배경으로, 그리고 이후에는 김기림의 과학적 시학의 논리적 근간으로, 또 50년대에는 뉴크리티시즘의 수용에 있어서도 중요한 논의 대상이 되었다(이미순, 1992: 236-37). 물론 그 이전에도 김억에 의해 상징주의가 수입된 바 있지만, 엄밀히 말해 그가 받아들인 상징주의는 상징주의의 본래 정신과는 무관한 애상적 정조였기 때문에 논외로 한다(이재오, 1992: 93). 애상적 정조에 대한 그의 관심은 그가 시적 언어의 매재적 성격의 중요성에 대한 인식에 이르지 못했음을 보여주기 때문이다.

모더니즘적 읽기의 다른 줄기를 이루는 유기체 이론은 박용철·정지용을 거쳐 조지훈에 이르면서 우리 시에 수용되었는데, 이것은 문학 작품을 하나의 유기체처럼 독립된 개체로 보아 부분과 전체가 필연적 관계를 지닌다고 보는 것이다.36) 한편 백철의 번역 작업으로 인해 수

---

36) 박용철, 정지용, 조지훈 각각의 시론에 대해서는 한국현대문학연구회 편, 앞의 책에서 이명찬, 「박용철 시론의 의미」, 이숭원, 「정지용의 시론」, 박호영, 「조지

용된 뉴크리티시즘은 시에 있어서 감정적인 면과 시의 영향을 중시했던 리챠즈를 비판하다는 특징이 있지만, 궁극적으로는 시의 형식을 중시하여 이를 분석하고 시 자체에 의한 인식을 중시했다는 점에서, 시의 언어에 천착하는 근대적 시교육의 정립에 기여했다고 하겠다(정재찬, 1992). 국문학 연구에서 주로 인용하는 이론서들 중에 월렉과 워렌의 <문학의 이론>이 1위를 차지했다는 점은 이 이론의 막대한 영향력을 보여준다.[37] 그리고 이러한 모더니즘적 읽기의 수용은 국문학 연구에 큰 성과를 가져왔다(오세영, 1990). 이러한 모더니즘적 읽기의 원류라 할 러시아 형식주의는, 80년대 이후 구조주의, 기호학의 수용과 더불어 재조명되는 형식으로 비교적 늦게 소개되었다.[38] 이처럼 여러 이론들이 꾸준히 수용되면서 모더니즘적 읽기라 할 수 있는 방법이 정착된 것이다.

그런데 시교육의 근간이 되는 시 읽기의 방법은 실상 시인들의 시쓰기 방법을 역으로 추적하는 과정에서 온 것이라는 점에서, 근대적 시창작 방법의 수용과도 관련되어 있다. 시 창작 방법에 대한 다음의 강의 노트는 '설명'과 '표현'을 구분하고 '표현'을 하기 위한 방법, 즉 시를 쓰는 방법에 대해 다음과 같이 설명하고 있다.

> (---) 설명을 최대한으로 억제하고 그냥 무엇인가를 보여만 주겠다는 태도를 취할 때 우리 앞엔 표현으로 가는 길이 열린다. 그것은 보여준 그 무엇이 무의미함을 뜻하는 태도가 아니라 보는 이에게 그 의미의 해석을 맡긴다는 태도인 것이다. 이와는 달리 보여준 그 무엇의

훈의 시론 연구」을 참조할 것.

37) 「대학원에서의 국문학 연구 성과」 중 '외국이론서의 참고 현황', <문학사상> 1986. 3, pp.150-184.

38) 러시아 형식주의에 대한 포괄적인 설명을 담고 있는 빅토르 어얼리치(Victor Erlich)의 <러시아 형식주의-역사와 이론>는 1983년에 번역되었다.

의미의 해석을 보여준 사람이 보는 이에게 강요하는 태도를 취할 때
설명이 생겨난다. (---) T.S. 엘리어트는 시를 쓰는 방법의 핵심이 「객
관적 상관물」을 만드는 데 있다고 말한다. 가령 시인이 기쁨에 관한
시를 쓰려고 할 때는 직접 기쁘다고 말하는 대신 그것을 대하면 독자
도 절로 시인이 의도하는 그 기쁨을 경험할 수 있는 어떤 사물을 제
시해야 한다는 뜻이다. (---) 모든 시가 꼭 이렇게만 씌어져야 한다고
단언할 수는 없지만 적어도 이같이 표현의 기본 방법인 것만은 부인
할 수 없는 사실이다.

■ ■ ■ (이형기, 1990: 58)

엘리어트(T.S. Eliot)는 「전통과 개인의 재능」에서 시인은 현존하는 자
기 자신보다 더 가치 있는 그 무엇(전통)에 계속적으로 복종하는 것이
며, 따라서 한 예술가의 진보란 끊임없이 자기 희생이요, 끊임없는 개
성의 몰각이라 말한 바 있다. 이를 보다 잘 설명하기 위해 그는 촉매에
관한 유추를 들었다. 산소와 이산화황은 백금 필라멘트가 있는 데서
혼합하면 황산이 된다. 이 화합은 오로지 백금 필라멘트가 있을 때에
는 이루어진다. 그러나 새로 형성된 황산은 백금의 흔적을 전혀 갖지
않는다. 그리고 백금도 아무런 변화가 없다. 새로운 황산을 만드는 데
촉매 역할을 하는 백금 필라멘트가 바로 '시인의 정신', 즉 전통이다.
그는 계속해서 다음과 같이 적고 있다.

내가 말하려 하는 것은, 시인은 표현할 개성을 가지고 있는 것이
아니라 특수한 매체를 가지고 있다는 점이다. 그것은 개성(personality)
이 아니라, 그것을 통해서 독특하고 예기치 않았던 방법으로 인상들과
경험들이 결합되는 매개체(medium)이다

■ ■ ■ (Eliot, 1978: 151).

그의 '몰개성론'의 바탕에 깔려 있는 사상은 '전통'과 '매개체로서의

언어'의 중시라는 점을 알 수 있게 하는 대목이다. 개성을 전통 속에 승화시킴으로써 한 시인의 위대한 '시인의 정신'이라는 대열에 서게 하는 것은, 시인 개인의 경험 자체가 아니라 언어라는 매재의 단련을 통해 얻어진 객관적 상관물이라는 것이 근대적인 시작법으로 내세워진 엘리어트의 시론인 것이다.

물론 모더니즘적 읽기의 대가인 윔샛과 비어즐리는 의도의 오류(Intentional Fallacy)를 내세워 시 해석에서 저자(Author)를 배제했다. 그러나 "시는 뛰어난 스타일이며 이 스타일을 통해 복합적인 의미가 단숨에 처리된다. 시가 성공하는 이유는 시에서 말해지고 있는 것 혹은 암시된 것 모두 혹은 대부분이 적절하기 때문"(Wimsatt & Beardsley, 1954: 4)이라고 했을 때, 그들은 이미 그 '적절함'이라는 통일성을 보증해 줄 수 있는 목소리의 주인공을 상정하고 있는 셈이다. 그 목소리의 주인공을 찾아가는 과정이 바로 모더니즘적 읽기라 할 수 있다.

(2) 모더니즘적 읽기의 근대성

이와 같은 모더니즘적 읽기는 다음의 두 가지 점에서 근대적이다.

첫째는 그것이 근대를 모태로 하여 태어났다는 점에서이다. 한국에서 리챠즈 이론의 수용은 시교육 자체의 정당성을 제공하는 근거가 되는 동시에 시교육에서 언어라는 매재에 주목하게 하는 근거가 되기도 했다. 그것은 리챠즈가 문학(시)으로서 문명에 참가하려는 절실한 충동을 갖고 있었기 때문이다.

그는 현대 문명에 대해, 매스컴이 비대해지는 현실에서 저급한 예술이 번져가고 있으며 탐욕적 상업주의가 현대인을 비속화·획일화하는 방향으로 이끌어 가는 것으로 진단했다. 그에 의하면 이는 시의 발생적 근거인 마술적 세계관의 체계가 붕괴되었기 때문인데, 과학은 자연 현상과 그 과정을 설명할 수는 있어도 세계의 궁극적 본체가 무엇인가를 설명해주지는 못한다. 이 과제를 해결하려는 것이 바로 시이다. 리챠즈는 시만이 그 복잡 풍요한 언어 작용에 의해 우리의 신경 조직을 재조정할 수 있는, 풍요한 인간성 회복의 유일한 수단이라고 보았다.

그에 의하면 언어 활동에는 우리 경험의 풍부한 다양성, 복잡성, 혹은 모순 그 자체를 표현하는 포함적인 것(inclusive)과, 배제와 추상의 조작에 의해 획일화되는 배제적인 것(exclusive)이 있다. 상업주의의 해독이 깔려 있으며 추상의 조작을 그 생명으로 하는 과학적 사고법이 우세한 현대 문명은, 그것이 추상화·획일화로 흐를 때 반(反)생명적인 것이 되고 만다. 이러한 추상화를 막아내어 생명의 본질을 수호하는 오직 하나의 길은, 포함적 언어에 의한 시를 교육하는 길이다. 이것이 앞서 말한 리챠즈의 시적 언어와 비(非)시적 언어의 구분에 깔려 있는 사상이다.[39] 근대 과학 문명의 폐해를 시적으로 해결하고자 한 리챠즈의 이론은 근대를 토대로 해서만 가능한 것이었다는 점에서 근대적이다. 그것은 모더니즘 문학·예술이 근대에 반(反)하는 속성을 갖는다 하더라도, 근대를 모태로 해서 태어난 것이기 때문에 근대적일 수밖에 없는 것과 같은 이치이다.

둘째, 모더니즘적 읽기는 자율성을 특징으로 하는 근대의 패러다임 내에 있다. 근대의 개막을 알린 사상 운동인 18세기의 계몽주의는 과학, 도덕, 예술의 자율적인 세 분야에 걸쳐 각각의 내부적 논리에 따라 객관적 과학, 보편적 도덕과 법률, 그리고 자율적 예술을 발전시킴으

---

39) 리챠즈를 비롯한 뉴크리티시즘 비평가들의 세계관에 대해서는 김윤식(1973)을 참조했다.

로써 일상적 사회 생활을 합리적으로 조직하려 했다(Habermas, 1990). 이에 따라 문학·예술은 종교나 사회 질서에 의해 지배받지 않는 독자적인 미학을 가꾸어 나갔다. 이스트호프는 모더니즘적 읽기의 개념을 다음과 같이 요약하고 있는데, 이는 앞서 말한 자율성 미학(시학)의 패러다임 안에 있다.

(1) 문학 텍스트는 타동사적이 아니라 자동사적으로 취급해야 한다. 다시 말해서, 문학 텍스트를 어떤 상황을 변형시키려는 의사 소통 행위로 볼 것이 아니라, 그 자체로 자족적인 대상으로 보아야 하고, 어떤 목적에 대한 수단으로 볼 것이 아니라, 그 자체가 목적인 것으로 보아야 한다.

(2) 이러한 견지에서, 모든 텍스트는 정적인 것이 되고 분석의 대상, 다시 말해서 '언어적 상형'이 되었으므로, 모든 가능한 의미들을 능동적으로 고려해야 한다. 마찬가지 이유로, 의미들 뿐 아니라 모든 것이 중요할 수 있다. 예컨대 형식적(기표)이고 주제적(기의)인 것, 그리고 이 둘 간의 상관 관계와 같은 텍스트의 모든 양상들이 중요할 수 있다. 스탠리 피쉬(Stanley Fish)가 말했듯이 모더니즘적 읽기에서는 '모든 것이 중요하다.'

(3) 모더니즘적 읽기는 텍스트가 중요한 주제를 담고 있다고 추정할 뿐더러, 그 주제를 찾아낸다. 모더니즘적 읽기는 자신이 찾으려고 하는 것을 발견하게 되는데, 그 이유는 만일 모든 텍스트의 양상이 서로 상호작용하고 있는 것으로 볼 수 있다면, 주제의 중요성은 두드러질 것이 거의 분명하기 때문이다.

(4) 이러한 상황에서 텍스트의 의미 혹은 중요한 양상이 중요한가 그렇지 않은가를 결정하는 것, 독서 방식이 무한정하게 확장되

는 것을 막는 것은 바로 텍스트에서 가정되고 있는 통일성이다. 의미나 양상들이 통일성에 기여한다면 의미들은 타당한 것이고, 그렇지 못하다면 타당치 못하다(Easthope, 1994b: 29-30).

시는 자율적인 대상이라는 것, 모든 의미는 분석되어야 한다는 것, 텍스트 안의 모든 양상들로부터 주제가 도출된다는 것, 텍스트는 통일성을 갖고 있다는 것, 의미는 이 통일성에 기여한다는 것 등이 모더니즘적 읽기의 특징이다. 모더니즘적 읽기는 텍스트의 통일성을 보장해 줄 수 있는 의미를 언어를 통해 읽어나가는 과정이 된다. 자율적 미학(시학)의 성립과, 텍스트라는 객관적 대상을 독자라는 주체가 전유하기 위한 읽기 방법의 성립은, 둘 다 근대 인식론적 틀을 모델로 하고 있다는 점에서 사실상 동일한 것이다. 근대 인식론이란 주체가 주체의 바깥에 있는 객관적 대상을 주관적으로 전유하는 것을 기본틀로 하기 때문이다. 따라서 이것을 '모더니즘적 읽기'라고 명명하는 것은 매우 적절하다.[40]

이와 같은 근대적 시교육 방법은 시를 인식할 수 있는 지식의 대상으로 설정함으로써 그것을 가르칠 수 있는 지침을 마련해 주었다(양왕용, 1990). 그러나 한편으로는 그 때문에 시를 작가, 독자, 그리고 사회적 문맥으로 독립된, 다시 말해 독자(학생)들의 실제적인 삶으로부터 분리된 것으로 만들고 말았다는 점도 여러 차례 지적되어왔다.[41] 이는

---

40) 이스트호프는 영국에서의 전통적인 문학 연구가 패러다임이라는 철학적 통념을 적용해도 좋을 하나의 지식 형태를 이루고 있다고 말했는데, 그것은 주체와 대상이 서로에게 투명한 것이 되도록 만드는 데 골몰하는 연구방법이다. 이는 흔히 '실제 비평'이라고 불리워 왔던 것으로, '텍스트가 모든 것을 의미하며 언어의 모든 객관적 양상들은 주관적인 의미를 담고 있다고 가정하는 것'이다. (Easthope, 1994b: 25)

41) 이러한 문제점은 문학교육연구회의 <삶을 위한 문학교육>(연구사)을 통해 지

주체와 단절되어 외부에 존재하는 객관적 대상의 인식이라는 근대적 인식론의 한계에서 비롯된다.[42] 물론 시의 언어에 대한 교육은 매우 중요하다. 시의 매력이 시인이 만들어낸 독창적인 비유와 그것을 통해 드러나는 새로운 세계 인식임은 말할 필요조차 없다. 문제는 이러한 언어 교육의 방향이, 주체들을 소외시키지 않는 문화적 소통 구조 속에 시를 위치짓는 쪽으로 이루어져야 한다는 점이다. 그러한 소통 구조를 만들어 내는 데 기여하는 시교육을 이루기 위해서는 앞서 말한 바와 같은 장르중심적 교육의 시각으로부터 벗어나야 한다고 본다.

|4| 근대적 시 교육에 대한 극복 방안의 모색 : 수사학, 담론 분석, 그리고 문화 연구

용어의 측면에서 봤을 때 수사학적 연구(Rhetorical Studies)와 담론 분석(Discourse Analysis)은 사실상 서로 혼동되어 쓰이고 있다. 담론은 이

적된 바 있다.

42) 문화철학자 C.A. 반 퍼슨(van Peursen)은 이러한 근대적 인식론의 특징을 '존재론적 사고'라고 명명하고, 그것이 왜곡될 때 '실체주의'에 빠지고 만다고 지적했다. "실체주의란 무엇을 말하는가? '실체'라는 말은 원래 그 자체로 존재를 유지하는 것을 뜻한다. 다시 말해 그 자체로 홀로 설 수 있고 다른 것에 전혀 의존하지 않는 것을 말한다. 따라서 '실체주의'는 사물들이 모두 각각 독립해서 존재하는 것으로 보고 상호간의 의존 관계를 인정하지 않는 태도를 일컫는다. 이렇게 되면 결국 사물들은 모든 관계를 상실하는 결과가 생기게 된다. 실체주의는 모든 사물들을 고립시키고 분리시킨다. 즉 인간, 사물, 세계, 가치, 신 등을 그 자체로 홀로 존재하는 것 즉 '실체'로 보게 만든다. 따라서 이들이 맺고 있는 관계는 단절된다."(Van Peursen, 1994: 94)

데올로기 실천이라는 넓은 국면에서 벌어지는 의미의 언어적 또는 비언어적 구성으로 간주되는데(Macdonell, 1992: 14), 담론(discourse)을 텍스트로 보는가, 아니면 하나의 제도로 보는가에 따라 연구의 층위가 달라진다.[43] 수사학적 연구와 혼동되고 있는 것은 전자이다.[44]

문학 텍스트를 사회적 담론으로 보는 연구는 파울러(Roger Fowler)의 <사회적 담론으로서의 문학>(1981)에서 비롯되었는데, 이는 작가의 언어 선택이 사회와 관련되어 있음을 드러내고자 했다.[45] 이 때 담론 연구는 개별 텍스트에 대한 분석을 통해 이루어진다.

한편 파울러는 담론 분석의 또다른 영역에까지 관심을 가졌는데, 그것은 문학 자체를 담론으로 보는 것이다. 즉 문학이란 그것이 사회 제도에 의해 다양한 정도로 규정받고 통제되는 담론이라는 것이다(Fowler, 1981: 21). 문학이란 가르쳐지는 것이라는 롤랑 바르뜨의 진술을 이어받은 그는 문학이라고 평가받는 것은 사회나 사회의 문화에 따라 다양하며, 사회가 생산하고 그것에 의해 살아가는 담론들에 대한 연구의 영역 밖에서는 확인될 수 없다고 말한다.

이러한 연구의 예로 이스트호프의 <담론으로서의 시>를 들 수 있

---

43) 구조주의자들에게 있어 텍스트(Text)란 본래 작품(Werk)이란 용어를 대체한 것으로, 개별 텍스트가 저자의 의도와 상관없이 자율적인 구조를 갖는다는 점을 나타내기 위해 사용된 용어이다. 그러나 여기서 텍스트는 이와 같은 구조주의자들의 의미로 쓰인 것이 아니라, 예를 들어 '김수영의 <폭포>라는 텍스트'라고 말할 때와 같이, 문학의 작품 단위를 나타내기 위해 쓰인 것이다.
44) 수사학이라는 이름을 내걸고 있는 연구로서 Andrews(1992)를 참조할 수 있다. 수사학 연구의 성장과, 현대적 수사학을 텍스트 분석에 응용한 예를 풍부히 담고 있는 책이다.
45) 29번 각주와 관련하여 파울러는 자신의 작업이 구조주의적 의미의 텍스트 연구와 구별되는 것임을 밝히고 있다. "If a linguist such as myself sees them as not simply *texts* but also, or rather, as *discourses*, all kinds of ways are open to interpret and describe them in terms of their vital cultural functions"(Roger Fowler, 1981: 7)

다. 그는 여기서 담론을 여러 문장들이 연속된 질서를 형성하는 방식으로 규정했는데, 여러 문장들이 담론의 형태로 결합되어 하나의 개별 텍스트를 이루듯이, 텍스트 자체는 다른 텍스트들과 결합되어 좀더 큰 담론을 이룬다고 했다. 예를 들어 앞서 본 엘리어트의 전통론은 텍스트들이 서로 연관되어 하나의 담론으로 정돈되어가는 방식에 대한 설명이다(Easthope, 1994a: 27). 그는 사회 형성체의 한 요소인 시란 자체의 물질성이란 법칙을 따르면서 동시에 사회적 관계의 한 조건에 좌우된다고 하면서, 시를 시답게 만든다는 것은 바로 시를 이데올로기적인 것으로 만든다는 말이라고 덧붙이고 있다. 이런 시각에서 그는 영어의 시적 담론을 자본주의적 생산 양식 및 지배계급인 부르주아의 헤게모니의 연장선상에 놓여있는 것으로 파악한다.

담론 이론은 '문학'을 성스러운 것으로 만드는 제도적 실천과의 연관 속에서 텍스트를 이해할 수 있는 길을 열어 놓았다는 점에서, 그리고 '문학'이란 것이 역사적으로 어떻게 구성되어 왔는가에 대한 비평을 가능하게 했다는 점에서 큰 장점을 갖는다. 그러나 어쨌거나 교육을 계속 해야 하는 입장에 선 연구자들로서는, 문학이라는 담론 자체의 물질성(이데올로기성)을 밝히려는 이 연구에만 만족할 수가 없다.

왜냐하면 그 담론의 물질성이란 것은 독자(학생) 주체로 하여금 특정한 이데올로기를 재생산하도록 하는 과정에서 발생하는 것인데, 교육이란 것은 필연적으로 재생산의 기능을 담당할 수밖에 없기 때문이다. 따라서 이 이론을 극단적으로 밀고 나갈 경우 교육에 대한 시각 자체가 부정적으로 되고 말 공산이 있다. 말하자면 비판을 넘어선 대안이 없다는 것이다. 또 다른 난점은, 이 이론을 교육 방법으로 적용하려 할 때 학생들에게 비판의 대상에 대한 선지식을 요구할 수밖에 없다는 점이 있다. 말하자면 비판하기 위해 부정되어야 할 대상을 가르칠 수밖에 없다는 딜레마가 생기는 것이다. 물론 이러한 우려가 비판 자체의 성과를 무화하는 것은 아니다. 그러나 우리에게는 이러한 비판을 토대로 보다 생산적인 다른 대안이 필요하다.

오늘날의 문화 연구와 커뮤니케이션 연구의 관심이 위와 같은 '결정된 주체'로부터 '비판적 주체'로 옮아가고 있는 것은 그러한 대안의 모색과 관련된다. 사실 담론 분석은 문화 연구의 한 갈래이지만, 문화 연구의 중심이 텍스트에서 주체로 넘어갔기 때문에 여기서는 특별히 그것을 오늘날의 문화 연구 경향과 분리하여 소개한 것이다. 결정론을 거부하는 이 새로운 연구의 패러다임은 인간의 모든 실천을 문화와 동일시하거나 실제적인 권력 구조를 지배-종속 관계로 보는 것에 반대한다. 그리고 역사를 개인들과 사회 그룹들이 결정적인 조건 하에서 그들의 삶으로부터 할 수 있는 최선의 투쟁을 만들어내는 능동적인 것으로 본다(Grossberg, 1993: 29-30). 독자, 학생들은 문학의 소통 구조에서 단지 수동적인 위치에 머물러 있지만은 않다.

이러한 관점에서 언어 연구와 교육을 행한다면, 그것은 작가의 언어나 텍스트 상에 나타난 언어의 의미를 밝히기 위한 것에 그치지 않고, 작품을 해석하고 수용해 나가는 독자(학생)들의 언어를 존중하고 그에 관심을 기울이는 연구와 교육으로 확장되어야 한다. 그러기 위해서는 기존의 문헌 해석 중심의 연구방법에만 얽매여 있는 경향으로부터 탈피할 것이 요청된다. 커뮤니케이션 연구가 인류학의 참여 관찰 방법 등을 도입하여 학문적 혁신을 꾀하는 것에, 시교육 이론가들 역시 관심을 기울일 필요가 있다.

문학 이론의 발전은 작가에 대한 연구로부터 텍스트에 대한 연구로, 그리고 다시 독자에 대한 연구로 이루어져 왔다. 그 방향이 우연히도 '작가 → 작품(텍스트) → 독자'라는 문학 소통 구조 속의 화살표 방향

과 일치한다는 사실은, 마치 그것이 올바른 발전 방향으로 미치 정해
져 있었던 것처럼 보이게 한다는 점에서 매우 흥미롭다. 문학 작품을
진정으로 독자(학생)들의 삶 속에서 소통되는 문화로서 가르치기 위한
방법의 모색이 필요하다 할 때, 시교육 속에서의 언어교육 또한 그러
한 모색을 해 나가야 할 것으로 본다.

제 3 장

문학교육 평가에 대한 질적 접근과 문화적 인식

|1| 문학적 문화를 위한 문학교육 평가의 전제

어떤 교육 영역에서든 그 교육 목표가 얼마나 달성되었는가를 점검할 필요가 있으며, 그런 점에서 어떤 형태로든 평가가 이루어져야 한다는 데 대해 이의를 제기할 사람은 없을 것이다. 그러나 평가의 목표 자체가 그 대상이 되는 사람을 일정한 기준으로 구별하는 데 있기 때문에, 그 기준이 어떤 것인가 혹은 어떤 것이어야 하는가, 그리고 그 기준이 과연 원래의 교육 목표를 측정하는 데 합당한 것인가 등에 대해서는 다양한 입장이 있을 수 있다. 본고에서는 중등학교 차원에서의 문학교육 평가에 대한 지금까지의 이론적 논의들을 다소 비판적으로 검토함으로써 문학교육에서의 평가에 관한 논의를 보다 활성화하는데 도움이 되고자 한다.

문학교육에 있어서 평가 문제가 이론의 차원에서 본격적으로 논의되기 시작한 것은 <문학교육론>(구인환 외, 1988)에서였다. 여기서는 교육 평가가 학생 개인의 학업 성적의 진보와 그 결과의 판정에만 관심을 갖는 학생 평가의 관점을 벗어나야 한다고 지적하면서, 교육 평가의 과정이나 활동 자체도 평가의 목적이 될 수 있어야 한다고 보았다(구인환 외, 1988: 301). 이를 위해 교육 평가란 '교수 프로그램에 관한 의사 결정을 하기 위해서 학습자의 행동 변화 및 학습 과정에 관한 정보를 수집하고 이용하여 교육적 의사 결정을 내리는데 도움을 주거나 혹은 의사 결정을 하는 과정 바로 그 자체'라는 포괄적 정의(황정규, 1985: 301)를 취했다. 이는 평가에 대해 학생의 학업 성취도를 측정하고 분류한다는 좁은 의미에서 벗어나, 그러한 평가 활동 자체까지도 평가의 대상에 포함시키는 보다 거시적인 관점의 수용을 의미하는 것이다.

한편 여기서는, 평가란 인간을 규정하는 역할이 아니라 인간을 이해하는 역할과 관련되어야 한다는 대전제를 내세우면서, '문학'이라는 교과목이 학교교육과정의 실제적 틀 속에 놓여 있기 때문에 학업 성취의 수준 변별을 제도적으로 기록·보관해야 하는 메커니즘 속에 있지만, 문학교사가 이러한 평가의 시각이 갖는 굴레 속에서 벗어나지 못하는 한 아무리 좋은 커리큘럼을 운영한다 해도 성공적인 결과를 낳을 수 없고, 더구나 문학교육의 본질적 이해에는 접근조차 할 수 없다는 기본적 입장을 확인한 후, 학생들이 지닌 문학 지식만이 아니라 모든 문화적 활동과 사고 과정이 질적으로 관찰되고 평가되어야 한다고 보았다. 여기서 설정된 평가의 최종 목표는 '학습자의 상상력 세련', '삶의 총체적 체험', '문학적 문화의 고양' 등에 있기 때문이다(구인환 외, 1988: 302).

이러한 관점을 바탕으로 하여 이 책은 일반적인 수업 과정 속에서의 평가 활동을 나누는 분류인 진단 평가, 형성 평가, 종합 평가를 문학 수업에 적용해 논의하고, 평가 도구 운영상의 기술적 문제들에 대해서까지 꼼꼼하게 다루었는데, 이 내용들은 사실상 문학교육의 평가에 관한 이론적 천착의 시작이었을 뿐 아니라, 지금의 시점에서 보아도 이론적 수준에서 논의되어야 할 중요한 것들을 거의 다 포괄했다고 여겨진다. 따라서 이 논의를 받아들일 경우 교사나 연구자들에게 남은 일은, 수업 진행에 도움을 주기 위해 여기에 나온 평가의 방법들을 실제 문학 수업에 적용하고, 그러면서 얻은 경험적 결과들을 보고하고, 또 현재의 평가 도구들을 개선하고, 그럼으로써 본래의 이론틀을 검증 혹은 수정하는 연구와 교육 실천의 반복인 것으로 보인다.

그러나 과연 이 책에 제시된 것처럼 이른바 문학적 문화를 지향하는 문학교육이 '평가'라는 개념을 자연스럽게 받아들일 수 있는가, 이 때의 평가란 전체적인 교육의 틀이 지향하는 평가 개념과 아무 갈등 없이 조화를 이루는 개념인가에 대해서는 좀더 따져볼 필요가 있다. 이 것은 다시 말해, 바로 이 책이 지적했던 바, 문학 교사가 놓여 있는 현실적인 교육의 맥락이 '문학적 문화'라는 이상과 쉽게 부합하는가의 문제이다. 만약 긍정적인 대답이 나온다면 남은 일은 앞서 말한 바와 같이 거칠게나마 구안된 평가 도구를 정교화하는 일이 될 것이다. 그러나 부정적인 답이 나온다면, 왜 이 둘이 만족스럽게 화해하지 못하는가를 밝히는 것이 논의의 순서가 될 것이다.

이 글에서의 대답은 불행하게도 후자 쪽이다. 뒤에서는 앞서의 행복한 결합이 이루어지지 못하는 이유에 대해 문학교육이 갖는 학교 교육의 성격을 통해 설명하고, 현재의 문학교육 평가의 관점을 질적 접근법 및 사실과 가치의 이분법으로 규정하고 그 의의와 한계에 대해 살펴볼 것이다.

|2| 문학교육의 상위 개념으로서의 학교 교육

<문학교육론>에 기술된 평가론은 다음과 같은 점에서 모순을 보인다. 우선 처음에 평가에 대해 비판적으로 접근하는 시작 부분에서는 학업 성취도에 대한 평가를 넘어서는 포괄적인 관점을 취하는 반면, 구체적인 서술에 들어가면서는 학업 성취와 관련된 부분으로 논의를 한정하고 있다. 문학교육의 평가 문항을 기술적으로 개발·운영하는 문제 및 자유반응식 논술형 문항의 비율을 높이는 문제 등에 치중하는 식의 서술 방식은 이를 잘 보여준다. 이는 문학교사가 문학 수업의 평가에 있어, 학업 성취의 수준 변별이라는 좁은 관점에서 벗어나야 한다면서 평가의 문제를 기본적으로 문학교사 개인의 문제로 돌려버린 관점의 한계에서 비롯된다. 현재 문학 수업의 평가를 규정하는 제도적인 틀이 어떤 것이건, 그것은 교사 개인의 노력에 의해 얼마든지 극복 가능한 것이라는 생각이 그것이다.

그런데, 학교 교육이라는 상위의 틀에 의해 규정되고 있는 문학교육 한계는 교사 개개인에 의해 간단히 극복 가능한 차원의 것이 아니다. 물론 다른 과목이 아니라 '문학' 과목의 평가이기 때문에 그 특수성이 일정하게 반영되기 마련이지만, 그렇다고 해도 특정한 교과의 내용이 어느 정도 학습되었는가를 측정한다는 의미의 성취도 평가가 주된 평가로 되고, 이에 따른 문항의 개발이 중요한 문제로 되는 것은 현실적으로 피할 수 없기 때문이다. 따라서 이것은 문학교육의 평가가 갖는 성격을 틀지우는 중요한 조건으로 다시 부각될 필요가 있다. <문학교육론>이 문학교육의 이상으로 삼고 있는 바이자, 문학교육론자들 사

이에서 광범위하게 동의를 얻어 온 개념인 '문학적 문화'란, 인간의 상상력을 최대한 발현시킴으로써 과학적 합리주의의 폐해를 극복하여 인간의 가치를 발휘하게 되는 문화를 가리키는데(구인환 외, 1988: 97), 이것은 다양한 사람들 사이의 이해와 조화를 이상으로 하는 만큼, 사람들 사이의 구별과 차별을 위해 시행되는 평가의 속성과는 근본적으로 화해가 불가능한 것이기 때문이다.

'문학적 문화'의 고양과 배치됨에도 불구하고 문학교육에서 평가가 요구되는 이유는, 사실상 학생들의 학업 성취도를 측정함으로써 이들을 변별해 내고, 이를 근거로 하여 상급 학교로의 진학 또는 취업이 가능하도록 하려는 학교교육에서의 평가의 상위 목적과 동떨어져서는 사고될 수 없는 것이다. 그런데, 문학교육의 목표와 평가의 목표가 이렇게 화해 불가능한 것임에도 불구하고 문학교육에는 평가가 필요하다. 이는 현재의 입시 제도 탓으로만 돌릴 수 없는, 자본주의 사회에서의 교육이 안고 있는 근본적인 문제와 맞닿아 있다.46) 대학에서조차 졸업 후 사회 활동에 도움이 되는 실용적인 교육을 해야 한다는 목소리가 높아가는 것이 현실인 점을 감안할 때, 자본주의 사회가 성숙해 갈수록 지극히 실용적인 의미에서 투입-산출이 명확하기 않은 문학교육의 설 자리는 더욱 좁아질 가능성이 있다. 따라서 역설적으로, 문학교육에 투자한 결과가 어떻게 측정되고 점검될 수 있는가를 명확히 보여줄 필요가 있는데, 이것은 결국 문학교육의 필요성, 혹은 교육적 적합성을 설명하는 우회적인 경로가 될 수 있다. 어느 만큼의 학습 이후에 어느 만큼의 성과가 있는가를 보여주는 것, 그러한 투입과 산출의 엄격한 경제 논리가 설명될 수 있는 영역이 바로 평가이기 때문이다.

---

46) 대학 입시 과목에서 문학이 제외되면 학교 교육에서 문학 과목의 비중이 이전보다 약화될 것이라는 우려와는 다른 논의라는 뜻이다.

문학이 공적인 교육의 장에서 교육될 합리적 근거를 얻기 위해 문학교육의 이상을 배반해야 하는 것, 이것이 모순이라는 점에서 아이러니한 점이 있기는 하지만 말이다.

그러다보니 외견상으로는 이러한 투입·산출의 논리와 무관해 보이는 <문학교육론>의 평가론 역시, 그 논리와 불가피하게 타협하게 된 것이다. 예를 들어 진단 평가의 경우, 수학이나 과학처럼 학습 내용의 위계 구조화가 비교적 쉬운 과목들에는 무리없이 적용되지만, 문학 과목에 적용되기 위해서는 그 운용이 보다 탄력적으로 되어야 하는데, 그러다보니 이 부분에 대한 설명은 모호한 설명으로 흐르거나, 현실의 수업에서는 수행하기 어려운 추상적이고 이상적인 주문들로 되고 만다.47) 그런데 이런 모델을 문학교육의 평가에 적용할 때, 실제로는 문학교육의 본질과는 먼, 양적 측정이 가능한 지식들의 평가가 되어 버릴 공산이 크고, 또 그러한 도구들에 의해 문학 작품을 읽은 결과가 측정되고, 점수가 매겨지고, 이에 따라 우등생과 열등생이 구분되는, '문학적 문화'의 고양과는 거리가 먼 일이 반복될 가능성도 크다.

한편 평가를 '측정(measurement)'과 '점검(inspection)'으로 나누어, '측정'은 어떤 대상에 대해 엄밀한 규칙에 따라 수치를 부여하는 것, 즉

---

47) 다음과 같은 진술의 경우가 그러하다. "문학교육 진단평가의 도구는 가급적 다양하고 편리하게 개발되어야 할 필요가 있다. 물론 문학 담당 교사들이 지역 사회 특성과 학생 집단 특성을 통찰하고 각기 형편에 맞는 평가 도구를 간편하게 작성 활용할 수 있으면 좋다. 그러나, 최소한 학교급별, 학년별, 대단원별로, 흥미도 검사, 태도 검사, 자아 개념 검사 등이 정밀한 검증 과정을 거쳐 표준화 검사 도구로 개발되어야 한다. 그리고 이러한 검사 도구가 교사용 지침서에 수록될 수 있는 상태가 되어야 한다. 그리고 경우와 형편에 따라서 '문학환경에 대한 검사', '선행 문학 체험에 대한 검사' 등도 학년도 단위 평가 계획의 기본 프로그램으로 활용되는 것이 바람직하다. 대단원별 진단 평가 도구는 장르 단위, 주제론적 단위 등으로 구분하여 보다 정교하게 개발 활용하는 노력도 요구된다."(구인환 외, 1988: 306-307)

학습자가 어떤 특성을 소유한 정도를 양적으로 표현하는 과정으로, '점검'은 교육 목표에 대한 학습자의 성취도를 알아 보거나 학습자의 성취도와 목표와의 일관성을 확인하는 일로 나눈 논의도 있다(김중신, 1997: 141-42). 그런데 이 경우에도 '점검'으로서의 평가가 '형성 평가'로 해석되고 있어, 앞서 말한 것과 같이 문학 교과가 지니는 어느 정도의 자율성을 제외한다면 여전히 최종적인 종합 평가의 무게에 '점검'이 이끌려가는 관계가 여전히 형성될 수밖에 없는 것으로 보인다.

그런데 사실 이러한 평가는, 교재로서의 문학 작품이 있고, 이것을 읽고 해석하고 감상할 수 있는 능력이 있으며, 그것을 측정하는 것이 문학교육에서의 평가라는 생각에서 나온 것이다. 이런 공식적인 의미에서의 '교육받는다'는 것은 알아야 할 것으로 간주되는 본질적인 어떤 것을 지속적이고 체계적으로 주입받는 것이며, 어느 개인의 학습이 어느 정도의 기준에 도달했다고 판단되는 것을 의미한다(Walsh, 1993).[48] 이런 점에서 문학교육에서의 평가는 본질주의적 문학관, 즉 '문학적인 것'의 본질이 있다는 생각과 상통한다. 만약 우리가 '책을 가지고 구조화된 학습을 하는 것'이라는 학교 교육의 가장 전통적인 형태를 벗어나지 않는다면, 그러한 평가는 최선의 것일 수도 있다.[49] 그리고 이러

---

48) 여기서 Paddy Walsh는 공식적 교육(formal education)을 학교교육(schooling)보다 포괄적인 개념으로 사용하고 있다. 여러 연구자들에 의해 밝혀진 바와 같이 근대 이후 학교교육은 사회의 전면에 퍼지게 되었다. 그런만큼 학교라는 장소에서 이루어지지 않는 '양육(upbringing)'이나 '발전(development)'을 뜻하는 보다 넓은 의미에서의 교육, 심지어는 스스로 교육되는 것(self-educated)이라 하더라도 학교교육을 염두에 두지 않을 수 없게 되었다. 공식적 교육이 학교교육보다 포괄적인 개념인 이유는 여기에 있다. 우리의 경우도 학교교육에서의 문학교육이 가장 지배적인 형태이며, 그런 점에서 공식적 교육이 이 모델을 따른다는 점은 부인할 수 없다고 본다. 그러나 이 글에서는 평가를 다루고 있는 만큼 학교교육이라는 용어를 살려서 쓰기로 했다.
49) 물론 이 점에 대해서는 의문의 여지가 있다.

한 기준이 엄격하게 적용될 때, 문학교육에서의 평가는 앞서 말했던 것처럼 자유반응식 논술형 문항에 대한 글쓰기를 요구하게 되는데, 이 점에서 리터러시의 평가와 깊은 상관성을 갖는다.

3 문학교육 평가의 두 가지 양상

(1) 양적인 평가와 질적인 평가의 병존

우리 문학교육에서의 평가는 양적인 것과 질적인 것이 병존하고 있다고 볼 수 있다. 여기서 '양적인 것(quantitative)/질적인 것(qualitative)'의 개념은 리터러시의 개념 정의에서 따온 것이다.

리터러시를 단순하게 '읽고 쓸 수 있는 능력' 정도의 의미를 가진 것으로 보는 것, 이에 따라 그 능력을 소유하면 리터러시를 갖춘 것으로, 소유하지 못하면 리터러시를 갖추지 못한 것으로 이해하는 것은 가장 초보적인 단계의 것이다. 그런데 이는 '우리가 읽고 쓰는 것은 무엇인가', 그리고 '리터러시를 갖추었다고 간주되기 위해서는 어느 정도의 능력이 요구되는가'라는 문제를 해결하지 못하기 때문에 불충분한 진술일 뿐이다. 피터 로버츠(Peter Roberts)는 이를 해결하기 위한 학자들의 노력을 크게 양적인 접근과 질적인 접근으로 나누어 설명하고 있다(Roberts, 1995).[50]

---

50) 이 글에서는 리터러시에 대한 접근을 양적인 것, 질적인 것, 다원주의적인 것으로 나누어 설명하고 있다. 본문에 나오는 이 개념들은 이 논문을 참조로 한 것

이에 따르면 양적 접근은 우선 20세기 초의 정책 연구가들이나 유네스코 같은 국제 기구에서 정의했던 것으로, 학교교육을 받은 햇수 혹은 그에 상응하는 일정한 학년이나 학급 수준으로 간주되는 읽기 실력을 갖추는 것, 그리고 미국 교육부나 영국의 심리학자들이 사용했던 것과 같은 '독서 연령(reading ages)'에 의한 리터러시의 판별법이다. 독서 연령의 경우, '정상적'인 인지적·행동적 발달이라고 간주되는 모델을 상정한다. 우리 문학교육의 대표적인 평가라 할 수 있는 대학 입학 수학능력 시험의 언어 영역은, 인문계 고등학교 3년 과정을 마친 정도의 리터러시를 측정하는 것이라는 점에서 대표적인 양적 평가라 할 수 있다. 물론 똑같이 양적인 평가라 하더라도 단순히 암기한 지식의 수를 헤아리는 데 불과했던 학력고사와 현재의 수능시험은 질적인 면에서 차이가 있지만, 이러한 정의에 비추어 볼 때는 여전히 양적인 것으로 분류된다.

그런데 이 둘은 모두 문제가 있었는데, 우선 학교교육을 받은 햇수나 그에 상응하는 실력을 갖추는 것으로 리터러시의 척도를 삼는 경우는, 먼저 학교에 다닌 햇수가 그 사람의 읽기 혹은 쓰기 등등의 능력을 보여주는 척도가 될 수 없다는 점에서이다. 학생들은 배우는 속도나 다닌 학교에 있어 서로 차이가 나며, 또 사용된 읽기 자료, 수업에서 채택한 교수법, 급우들로부터의 자극의 정도, 언어적, 문화적, 계급적 등등의 배경 차이 등 복합적인 요인들이 그 학생의 리터러시 정도에 영향을 미치기 때문이다. '독서 연령'을 기준으로 삼는 경우는 읽기 혹은 쓰기 능력을 '측정하도록' 고안된 시험에서 높은 점수를 받는 것을 말하는데, 이 경우 리터러시가 있다는 것은 외부에서 부여된 확정된 행동적 목표들을 만족시키는 문제이다.

이다.

이러한 양적 평가에서는 특정한 작품의 어느 부분 혹은 전체에 대해 학생들이 다르게 반응하고 해석할 수 있는 여지를 남기지 않는다. 그리고 그 기준은 학생들 편에서 보면 외부에서 무조건적으로 주어지는 것이다. 이러한 평가가 지배적인 한, 학생들은 작품 감상, 내면화, 이로 인한 문학적 문화의 고양 등에는 눈을 돌릴 여유가 없게 된다. 외부에서 부여하는 기준이 무엇인가가 중요하지, 내가 그 작품을 어떻게 보느냐는 전혀 중요하지 않게 되기 때문이다.

리터러시에 대한 질적 접근은 위와 같은 양적 접근의 부적절성이 명백해지면서 등장한 것이다. 이는 많은 학자들이, 리터러시가 정확하고 과학적으로 측정될 수 있다는 생각을 포기하면서 등장하게 되었는데, 이는 사회과학에서 실증주의적 연구방법을 버리고 질적 연구방법을 취하게 된 동향과 관련되어 있다. 양적인 것과 질적인 것의 근본적인 차이는, 양적인 것이 정확한 지점을 식별할 수 있는 표지를 세우려 하는 데 비해, 질적인 것은 더 일반적인 방식으로 리터러시의 특질들 혹은 차원들, 그리고 리터러시가 있는 사람들의 특질을 기술하는 데 관심을 집중한다는 점에 있다. 질적인 정의들은 각양각색으로 리터러시를 정의하는데, 리터러시란 이런 것이라고 명시적으로 표명하기보다는, 리터러시가 취해야 한다고 보는 이상적인 형식들에 대해 '처방적인(prescriptive)' 언급을 한다.

이런 점에서 보면 최근에 문학교육을 정의하는 데서 나오는 무수한 정의들은 그것이 구체적인 평가의 척도는 아니더라도, 이상적인 교육 목표를 설정한다는 점에서 상위의 평가 척도를 제공해 주는 것이므로, 질적인 접근에 해당한다고 볼 수 있다. 대표적인 것은 다음과 같은 것들이다.

> 문학교육은 문학 현상이 바람직하게 이루어지기 위한 일체의 의도적 과정 및 결과이다
>
> ■ ■ ■ (구인환 외, 1988: 36).
>
> 문학교육의 목표는 문학 텍스트의 생산과 수용의 전과정에 관한 학습자의 문학능력을 증진시키는 것으로 규정할 수 있다.
>
> ■ ■ ■ (김상욱, 1994: 46)

이러한 질적 접근은 양적 모델에 비해 상대적으로 불명료한 것처럼 보이기도 하지만, 그것이 포괄하는 다양성이야말로 리터러시의 복합적 성격에 부응하는 것이라는 점에서 양적 접근에 비해 한결 진전된 것이다. 그러나 이러한 차이점에도 불구하고, 질적 접근 역시 리터러시에 대해 하나의 이상적 본질을 상정한다는 점에서 양적 접근과 마찬가지 속성을 갖는다. 이는 일종의 본질주의적 사고이다. 그리고 이러한 질적 접근에서의 평가가 지향하는 논술형 혹은 자유반응형 문항이 요구하는 답안 형태는 대체로 쓰기라는 점에서, 다시 리터러시의 개념이 중요하게 된다. 질적 평가는 고급 리터러시를 요구하는 셈이기 때문이다.51)

문학교육 평가에 있어 본질주의가 위험할 수 있는 이유는 그 본질에 접근하지 못한 독자들에게 문학을 이해하지 못한다는 불명예를 씌우게 된다는 점에 있다. 이 역시 리터러시 개념과 비교하여 설명할 수 있는데, 리터러시를 갖춘 것이 명예로운 것인 만큼, 그것의 대타 관계에

---

51) 문학교육의 질적 평가가 학생들에게 고급한 리터러시를 요구한다는 점에 대해서는 다른 자리에서 좀더 상세한 분석을 해 볼 필요가 있을 것이다. 이상적인 독자를 '비평가-독자' 모델로 상정하는 김상욱의 견해도 이런 점에서 다시 고려해볼 수 있을 것이다. 이것은 문학 읽기와 쓰기가 만나는 지점이기도 하기 때문이다. 국어교과 내에서 언어교육과 문학교육이 교차하는 지점이라는 점에서 보다 엄밀한 논의가 필요한 부분이라고 본다. 그러나 여기서는 이 정도로 언급하고 넘어가도록 하겠다.

의해 만들어지는 리터러시의 결여는 상당한 불명예가 된다. 다시 말해, 이런 본질주의적 시험은 리터러시를 갖춘 다수의 사람들을 만들어내지만 한편으로는 또 무수히 많은 사람들에게 리터러시가 부족하거나 없다는 딱지를 붙이는 결과를 낳는다. 문학교육의 평가에 있어서도 마찬가지의 결과가 생긴다. 어떤 학생들은 문학 작품을 제대로 이해할 수 있는 능력이 있다고 인정되는 반면, 다수의 학생들은(어쩌면 대다수의 학생들일지도 모른다) 문학을 보는 눈이 없다고 판정받게 되는 것이다. 이것이 문학의 경우에 있어 특히 문제가 되는 것은, '문학작품을 보는 눈이 없다(illiterate)'고 판정받아서 수치심을 느끼게 된 학생들은 기꺼이 문학 작품을 읽으려 하지 않게 된다는 점에 있다. 이것이야말로 문학적 문화의 고양에 배치되는 결과가 아니겠는가.

이러한 결과에서 벗어나기 위해서는 본질주의적 관점을 탈피해야 한다. 잠정적인 결론으로는, 학생들이 정확히 '어떤 종류의 관점으로' 문학을 보는 눈이 있거나 없는 것인가에 대해 설명해야 한다는 점이다. 문학을 읽는 하나의 보편적인 관점이 있다고 설명하는 것이 아니라. 여기서 다시 이론의 문제가 등장한다.[52]

---

52) 문학교육에 있어서 이론의 중요성에 대해서는 다음과 같은 논의를 참고할 수 있다. "중요한 것은 학생들로 하여금 이론화(theorizing)에 도달할 수 있도록 해주는 것이다. 이론을 해석의 규칙이나 규정으로 가르칠 수는 없다. 이론이 가르쳐지면, 그것은 마치 이론이 아니라 진리처럼 가르쳐지게 되기 때문이다. 이론은 가능성의 공간으로 이해되고 그같은 공간이 구축되는 일련의 방식으로 가르쳐져야 하는 것이다. 그같은 교육적 실천이 요구하는 바는 헤게모니의 부정에 있는 것이 아니라 그에 대한 심문을 할 수 있도록 하는 것일 따름이다. 그것은 곧 단어적 의미와 지시물의 제한성에 대한 심문을 의미한다. 즉 신화를 합리화하는 것이 아니라, 사회 생활과 담론이 통합과 합의에 의해서라기보다는 차이와 이질성에 의해 구성된다는 점을 드러내 보임으로써, 즉 비판적 과정을 통해 그 신화를 파괴하는 것이 요구되는 것이다."(정재찬, 1996: 184)

(2) 사실과 가치의 이분법과 가치 평가의 배제

한편 앞서 살펴본 본질주의는 사실과 가치의 이분법, 그리고 이 중 가치를 평가에서 배제하는 경향과 상관 관계에 있다. 사실과 가치의 이분법에 대해서는 미드글리(Midgley)와 푸트남(Putnam)이 잘 비판한 바 있다.

> 푸트남(Putnam)은 우리의 '규범적/기술적(normative/descriptive)'이라는 구분을 문화적 제도의 지위를 갖는 광범위한 이분법으로서 설명했다. 우리가 어떤 사람에 대해 '사려깊다/사려깊지 않다'고 말할 때, 이 두 말은 칭찬하거나 비난하는 방식으로도 쓰일 수 있다. 그리고 '사실/가치'의 이분법이라는 제목 하에서 혼동되기 쉬운 많은 이분법들 중의 하나는 기술하기 위한 언어 표현과 칭찬하거나 비난하기 위한 언어 표현 사이의 구분이다. 똑같은 언어 표현이 때로는 기술을 위해 쓰일 수도 있고, 칭찬이나 비난을 위해 쓰일 수도 있기 때문이다. 그러나 이 구분은 어휘에 근거하여 이루어지는 것이 아니라 그 말을 하는 사람의 판단에 근거하여 이루어지는 것이다. 이와 마찬가지로 사실과 가치의 이분법도 현실과 현실의 언어에 있어서는 모호한 것이다.
> ■ ■ ■ (Walsh, 1993: 33)

위의 인용문이 잘 정리하고 있듯이 사실과 가치를 나누는 사고는 이미 깨어져 나간지 오래인데도(이것은 근대 초기의 낡은 과학관에서 나온 것이다), 여전히 교육에 있어서는 이 이분법이 잘 지켜지고 있다. 제 4 차 교육과정기까지의 문학 과목에서, 문학 작품의 객관적 사실인 지식을 가장 중시하여 주된 평가의 대상으로 삼았던 것은 그 대표적인 예이다. 특히 이 지식은 문학사적 지식 중에서도 가치를 배제한 단편적인 것들이었다. 그 지식의 양이 많으면 시험에서 좋은 점수를 얻을 수 있었다는 점에서 양적 평가에 충실한 것이었다. 그러나 이것이 실제로 가치를 배제하고 있었는가는 다른 차원의 문제이다. 실제에 있어서 가치 문제는 학생들의 판단에서만 배제되었을 뿐, 교육과정 입안자들이나 교과서 집필진들에게서는 매우 신중하게 고려되었던 문제였음 또한 많은 연구자들의 글을 통해 밝혀진 바 있다.

그리고 앞에서 살펴본 바와 마찬가지 이유에서 질적인 평가가 문학에 대한 본질주의적인 가정을 바탕으로 하고 있는 한은, 여기에서조차 사실과 가치의 이분법 및 그 분리가 여전히 존재한다고 할 수 있다. 앞서 지적했던 것처럼 정해진 해석을 세련된 글쓰기를 통해 드러내는 것 이상이 아닐 수 있기 때문이다. 이것은 평가가 가시적인 부분에 대해서만 이루어지기 때문이라고 볼 수도 있다. 문학 작품을 읽은 후의 '내면화'의 중요성에 대해서는 누구나 다 강조하면서도, 실상은 그 부분이 '보이지 않는다'는 이유로 평가에서 배제되어 왔던 것이다. 평가의 명확한 기준이 제시되어야 한다고 생각하는 한 늘 이런 태도를 취할 수밖에 없다. 그렇기 때문에 다음과 같은 지적은 타당하다.

유감스럽게도 우리에게 통념화된, 특히 평가의 실제적 관행과 더불어서 통념화된 '학습(학습 내용)'은 교수자에 의해 전달된 가시적 내용, 또는 그것의 전달 결과에만 국한되는 경우가 태반이다. 그래서 이런 의문이 늘 따르는 것이다. 위에서 이상적으로 상정한 시교육의 수용 과정이 만약 포괄될 수 있는 것이라면, 그것을 가시적으로 통제할 수 있는 평가 문항의 적용은 가능한 것인가. 즉 교사가 시를 교실에서 가르칠 때 미적·의미적 형상으로 최종적으로 구현되는 시의 수준은 일치할 수 있는가. 만약 그렇지 못하다면 이런 불일치는 반드시 바람직하지 못한 것이기만 한 것인가. 이런 의문을 유효하게 추구함으로써 시 학습이 지식이나 탐구 중심의 일반 내용 교과의 학습과 다른 점이 무엇인지를 들여다

볼 수 있을 것이다. 또 그렇게 함으로써 시 교육 평가의 특수성을 정립할 수 있는 길이 발견될 것이다(박인기, 1996: 80-81).

시교육의 영역에서 평가 문제를 다루고 있는 위 글에서는 위의 견해를 바탕으로 하여 그야말로 '질적'인 평가의 원리와 기술을 제시하고 있다. 온전하게 하나의 소우주를 이루고 있는 시 텍스트의 세계를 시 영역 평가의 출발선으로 삼아야 한다든가, 텍스트가 총체적으로 형상화 해내는 시적 긴장을 파악해 내고, 그것의 의미론적 성격을 판독해 내며, 그렇게 판독해 낸 의미와 정서를 수용자 자신의 경험과 인식 속에서 질서화하고 재개념화 해내는 능력을 평가하는 것이 시 교육 평가의 본령이라든가, 수행 평가를 강조하는 것 등이 모두 그러하다. 그러나 여기서는 일반적으로 질적 접근이 취하고 있었던 본질주의적 사고가 보이지 않는다. 오히려 이 글의 입장은 현저하게 다원주의적이다. 그것은 시 텍스트에 대한 학생의 선호, 시 낭송 수행, 텍스트 경험을 통한 가치 발견하기 등이 수행 평가라는 범주 속에 묶여 있는 것을 통해서도 알 수 있다(박인기, 1996: 93-94). 여기서는 사실과 가치의 이분법을 넘어서려는 시도가 보이고 있다.

문학교육의 평가에 있어서 사실과 가치의 이분법을 넘어서는 일은 다원주의를 가능하게 하기 때문에 절대로 필요하다. 여기서 다원주의란 리터러시 자체의 본질에 천착하지 않고, 실행된 리터러시, 전개된 리터러시, 사고된 리터러시, 표현된 리터러시, 그리고 이런 맥락에서 표명된 리터러시로 눈을 돌리는 입장을 말한다(Roberts, 1995: 420). 이것을 문학교육의 평가에 적용하면, 문학적 글쓰기를 단일한 어떤 본질의 구현으로서가 아니라 특정한 사회적·문화적·역사적 환경 속에서 행해진 것으로 볼 수 있는 힘을 갖고 있는가, 그것에 대해 독자로서 평가할 수 있는가 하는 점이 오히려 평가의 대상이 되어야 한다는 것이다. 이것은

'리터러시 A는 주어진 목적(상황맥락, 계기) Y에서 X'임을 개별 학생의 사회적·문화적 등등의 입장에서 이해할 수 있는가를 평가해야 한다는 뜻이다. 이를 통해서 얻을 수 있는 것은 문학적 가치의 일방 전달이 아니라 이에 대한 대화와 의사소통이 된다.

│4│ 문화적 능력 평가로서의 문학교육 평가를 위하여

지금까지 문학교육에서의 평가 대상은 엄밀히 말해 문학 텍스트가 아니라 학생이었다고 할 수 있다. 문학 텍스트에 대한 평가, 가치 부여는 완결된 상태로 학생에게 주어지고, 학생은 다만 그것을 잘 학습하고, 그 성취도를 평가받는 것으로 그만이었다. 이러한 평가는 문학 텍스트에 대한 서로 다른 해석과 평가들 사이의 갈등 내지 의사소통을 거부하는 문학교육을 만들었다.[53] 그러나 근대적 문학교육의 출발이 산업화 이후의 경직된 합리주의가 가져온 비인간화에 대항하는 것이었다고 할 때, 문학교육이 그러한 목표를 보다 세련되게 이어받기 위해서는 문학교육에서의 평가 또한 합리주의와 타협하는 평가이기보다는 합리주의의 맹점을 극복하고자 하는 평가로 되어야 할 것이다. 이렇게 될 때 학생은 문학교육의 목표 이외의 다른 사회적 필요에 의해 우열 여부로 구분되는 평가의 대상이 아닌 문학 텍스트에 대한 평가 주체로서의 위치를 점할 수 있게 될 것이다.

---

53) 이런 식의 평가를 강요하는 것은 획일화된 공식 커리큘럼이라는 시각도 있다. 커리큘럼이 획일화되어 거기서 가르치고 배워야 할 문화적 기준이 명백해지면, 이것이 결국 평가에 영향을 주게 된다는 것이다(Buckingham. & Sefton-Green, 1994).

제 **4** 장

동화 읽기 교육에 대한 여성주의적 접근

|1| 여성주의적 시각에서 리터러시 교육을 보는 의미

근대 사회의 모든 신념과 가치, 학문과 제도들은 보편성에 대한 믿음을 기초로 하여 만들어진 것이었다. 모든 인간에게 이성적 능력이 있다는 생각, 그러한 개인들이 합리적 계약을 맺어 사회를 이룬다는 생각, 인간은 이성을 통해 자연과 사회의 객관적 법칙을 파악할 수 있다는 생각들이 근대적 사고의 저변에 깔려 있었다. 이에 대해 포스트모더니스트들은 그러한 보편성이나 객관성은 이론적으로나 현실적으로나 존재하지 않으며, 그에 대한 주장은 현실적으로 존재하는 차이들을 사상시켜 버림으로써 억압적으로 작용해 왔다고 주장했다. 이들은 인간이란 근대인들이 파악했던 것처럼 추상적이고 보편적인 존재가 아니라 차이를 지닌 구체적인 존재들이라는 점을 강조하고, 대(大)서사가 아닌 소(小)서사를 주장했으며, 이에 따라 단일한 문화가 아닌 다문화에 대한 관심을 표방해 왔다.

90년대 들어 우리 사회에서도 포스트모더니즘에 대한 논의가 많이 이루어져 왔으나, 아직까지 우리 사회의 근대화 정도나 포스트모던한 징후의 정도와 결합된 구체적인 논의는 이루어지지 않았다. 국어교육과 관련하여 포스트모더니즘이 어떤 식으로 논의·적용될 수 있는가를 따져 보는 일 역시 지금까지는 없었다. 그러나 이는 매우 필요한 일이다. 이에 이 글에서는 우선 포스트모던한 문화적·교육적 인식을 자국어 교육 및 문학교육에 적용하려는 움직임인 비판적 리터러시 교육을 여성주의자들의 실천을 중심으로 고찰하고, 이러한 연구들이 우리의 교육에 어떤 의미를 지닐 수 있는가에 대해 살펴보고자 한다.

최근 들어서는 학생들의 비판적 사고 능력 향상을 교육의 중요한 목표로 삼고자 하는 경향이 확대되어 왔다. 또한 국어교육 관련의 몇몇 학위 논문들에서도 '비판적 주체 형성'을 국어교육의 목표로 삼고자 하는 논의들이 있어 왔다. 국어교육/문학교육을 통해 이러한 다소 추상적인 문화교육의 목표를 실천하는 데에는, 어떤 텍스트를 어떤 방식으로 읽힐 것인가의 문제, 즉 커리큘럼 선정 및 교육 방법에 대한 고찰이 필수적이다. 물론 이러한 연구에 앞서 한국 사회의 주요한 문화적 갈등은 무엇이며 그것이 제도 교육의 장에서는 어떤 양상으로 나타나고 있는가를 진단하는 문화 기술적 연구를 바탕으로, 자명한 것처럼 보이는 현재의 국어교육/문학교육 담론이 그러한 갈등을 어떤 식으로 은폐하고 있는가를 보이는 해체적 연구가 이루어져야 한다. 비판적 주체 형성이라는 문화교육 실천은 그러한 해체를 넘어서는 재구성을 의미하기 때문이다. 문화교육이란 이러한 교육의 관점과 내용 및 방법의 문제를 아우르는 용어로 쓰여야 할 것이다.

이 글에서 여성주의자 교육학을 중심으로 논의하는 것은 성(gender)의 문제가 우리 사회에서도 심각하고 중요한 갈등 요인인 만큼 이 분야의 논의를 살펴보는 것이 우리에게 보다 의미가 있으리라 판단했기 때문이다. 비판적 리터러시 교육이 이루어지고 있는 영어권 국가의 영어교육에서 주요하게 제기되는 문화적 갈등에는 성 문제 이외에도 민족 문제, 인종 문제 등이 큰 비중을 차지하고 있으나, 국어교육에 대한 시사점을 고려할 때 아직까지는 전자에 대한 대안교육적 접근법을 소개하는 것이 제도교육에서의 적용 가능성의 측면에서 좀더 의미가 있으리라 생각되었다. 여성주의 교육학의 목표는 범박하게 말해 지배적인 남성중심적 문화에 의해 부당하게 재단되어 온 여성의 문화적 정체성을 긍정적으로 회복하는 것이라 할 수 있다. 어느 사회보다도 남성 문화의 지배가 심한 한국 사회의 현실을 생각할 때, 이 분야의 논의를 살펴보는 것은 국어교육에 큰 시사점을 줄 수 있다고 본다.54)

▌2▐ 비판적 리터러시 연구의 배경과 의의

글을 읽고 쓸 수 있는 능력을 말하는 리터러시는 국어교육 연구에서 핵심적 개념으로 자리 잡았다. 영어권 국가의 자국어 교육 연구에서 발달한 이 개념은 문법 교육을 중심으로 한 전통적인 교육으로부터 학생 중심의 읽기/쓰기 교육을 표방하는 진보주의 교육에 이르는 근대적 교육에서 목표로 삼았던 '읽고 쓸 수 있는 능력'을 의미한다. 이런 의

---

54) 최근에 우리 사회에서 일고 있는 심층적인 성교육에 대한 관심과 관련해서도 이 문제는 중요하다. 성교육이란 어떤 특정한 교과에서 가르쳐질 수 있는 것이기도 하지만, 그보다는 모든 교과에 적용되는 시각의 전환이 더 중요하다는 생각이다.

미에서의 능력은 기능주의적 의미에서의 기술(skills)을 뜻하는 것으로, 이것의 학습이 영어교육(문학교육을 배제한 의미에서)의 목표였다. 이에 비해 문학교육의 목표는 인간성의 구현과 문학성을 아는 것으로 간주되었다. 이러한 교육은 인간적인 것의 고양이라는 사회 전체의 계몽과 관련된 근대적 기획의 일부로 볼 수 있다.

범박하게 말해 근대적 기획은 과학적이고 객관적이며 보편적인 사실과 지식에 대한 믿음, 각 부문의 자율성 증대와 그에 따른 개별 학문들의 분화 발전, 그리고 인간의 평등에 대한 신념과 그에 따른 공교육의 성립 및 발달을 뜻한다. 개별 학문의 발전에 따라 발견된 과학적이고 객관적이며 보편적인 지식은 학교에서 가르쳐질 내용이 되었고, 이러한 지식을 저소득층 자녀들에게까지 가르치고자 하는 근대적 공교육의 이념은 누구에게나 사회적 진출의 기회를 보장한다는 민주주의와 평등주의의 실현을 의미하는 것이었다. 전통적 교육과 진보주의 교육은 모두 이러한 근대적 기획 내에서 성립한 것이다.

그러나 '사실'을 가르치는 데 목표를 두었던 전통적 교육은 실제에 있어 단지 '사실'만을 가르치는 것이 아니라 문화적 올바름이라는 일정한 기준을 강제하는 역할을 했다. 문법 교육은 백인 중산층의 이른바 '표준 영어'를 올바른 기준으로 제시함으로써 하층 계급과 소수 민족의 언어를 '올바르지 못한' 것으로서 사회적으로 배제하는 역할을 했고, 이른바 문학적 정전의 교육은 그러한 정전들이 구현하고 있는 성, 민족, 계급의 문화에 부합할 수 있는 백인 중산층 남성의 문화를 옹호하는 역할을 수행했던 것이다. 이러한 비판적 인식 때문에 오늘날 다문화에 대한 관심, 즉 백인이 아닌 다른 인종이나 소수 민족의 목소리에 대한 관심이 높아지게 되었다.

한편 전통적 교육을 비판하면서 60년대 이후 자리 잡기 시작한 듀이의 진보주의 교육은 학생 중심의 교육을 표방했다. 이에 따라 학생들이 읽고 싶어 하는 것, 쓰고 싶어 하는 것, 즉 학생들 자신의 삶에 적합하고 학생들 스스로 흥미를 느낄 수 있는 자료들이 전통적인 교과서를 대체했다. 진보주의자들은 '적절한' 언어란 없으며 '열등한' 학생도 없으며, 학생들 자신의 '경험'을 통해 학습되는 것만이 중요한 것이라고 주장했다. 그 결과 진보주의 교육은 학생들에게 일정한 지식을 강요하지 않는 대신 그들이 처한 사회적 지위의 차이를 줄이는 데 도움을 주지도 않았다.

이 때문에 진보주의 교육은 포스트모더니즘과 상통하는 '탈진보주의(postprogressivism)'를 표방하는 교육자들에 의해 혹독한 비판을 받게 되었다. 이는 우선 진보주의 교육이 그것이 표방했던 바와 같은 '열린' 교육이 아니라 문화적으로 한계가 지워진 교육이었다는 점 때문이다. 개인의 통제, 학생 중심 학습, 학습자의 동기 유발, 목적 있는 글쓰기, 개인성 등은 어린이 중심의 가족에서 자라난 중산층 어린이의 도덕적 기질과 문화적 포부에 부합하는 것일 뿐이라는 비판이 제기되었다. 그 밖에도 진보주의 교육이 전통주의 교육에 비해 학생들의 동기 유발을 썩 잘 한 것도 아니었다는 점, 교사의 역할을 전문가로 향상시키기는커녕 수업 운영자 정도로 축소시켜 버렸다는 점, 학교 바깥 세계에서 학생들에게 이미 부여된 불평등을 재생산했을 뿐이라는 점 등은 진보주의가 비판받은 주요 내용이었다.55)

진보주의 교육에 대한 비판은 전통주의자들에게서도 나왔는데, 이들은 학생들이 '기본'도 모르고 학교를 졸업한다고 불평하면서 전통적인 문법과 정전의 교육으로 돌아가자고 목소리를 높였다. 허쉬(E.D. Hirsh)

---

55) 영어 교육에서 수사학과 담론 문제가 제기된 배경에 대해서는 Andrews.(1992)를 참조할 것.

의 '문화적 리터러시(cultural literacy)'에 대한 주장은 그 대표적인 예이다. 그러나 진보주의 교육이 전통적 교육에 행했던 비판이 의미 있는 것이었다는 점, 그리고 그것을 더 급진적으로 밀고 나간 것이 탈진보주의 교육이라는 점을 인정할 때, 전통적 교육으로 돌아가자는 보수주의자들의 주장은 설득력이 없다.[56]

최근에 영어권 국가에서 활발하게 이루어지고 있는 리터러시 교육, 구체적으로는 비판적 리터러시 교육에 대한 연구는, 근대 사회로부터 벗어나고 있는 현대, 즉 탈근대 사회의 문화 속에서 영어교육이 어떻게 새롭게 자리매김 되어야 하는가를 고민하는 가운데 나온 문제의식이라 할 수 있다. 비판적 리터러시에 대한 연구는 위에서 본 탈진보주의자들의 주장과 맥락을 같이 한다. 여기서 말하는 리터러시는 기술이나 문학성을 의미하는 것이 아니다. 언어 텍스트가 갖는 사회성과 그것의 사회적 힘에 대한 인식이 확산되고, 이에 대한 학문적 관심이 사회언어학, 수사학, 담론 분석 등의 형태로 진행되고, 이러한 관점이 영문학 연구에 영향을 미치면서, 영어권 국가의 영어영문학과 교육은 영어학과 영문학의 이분법을 상당한 정도로 극복해 왔고, 이는 초·중등 학교에서의 영어교육에 대한 연구에도 영향을 미쳐 왔다. 비판적 리터러시는 이른바 영어/영문학의 이분법을 뛰어 넘는 '텍스트 수용 및 생산 능력' 전반을 의미하는 것으로, 이에 대한 연구는 학교 체제와 커리큘럼을 통한 이 능력의 교육이 어떻게 해서 사회적 힘과 개인적·집단적 정체성, 그리고 사회적 불평등을 만들어 내는가에 관심을 갖고, 이의 극복을 목표로 진행되고 있다.[57] 즉 기존의 텍스트 중심의 문학 연

---

56) 허쉬의 예에서 볼 수 있는 것처럼 '문화'라는 말은 보수적인 뜻으로도 진보적인 뜻으로도 모두 쓰일 수 있다. 따라서 국어교육/문학교육에 문화교육의 관점을 도입하려는 연구들이 각각 어떤 입장을 취하고 있는 것인가에 대한 정확한 파악이 요청된다.

구를 비판하며 등장한 수용자 중심의 문학 연구와 맞물려 학생(독자)의 읽는 능력에 보다 관심을 기울이고 있다.

이러한 논의 과정이 우리에게 흥미롭게 여겨지는 것은 국어교육을 둘러싼 사정도 영어교육을 둘러싼 논의들과 별반 다를 바 없기 때문일 것이다. 제 4차 교육과정기까지의 문법 중심의 국어교육과, 정전 중심으로 이루어져 온 지금까지의 문학교육은 전통적 교육과 통하고, 제 5차 교육과정 이후 실제적인 말하기·듣기·읽기·쓰기 능력을 중시하는 국어교육은 학습자 중심의 진보주의 교육과 통한다. 문학교육의 경우 제 5차 교육과정에 명목상으로는 학습자 중심으로 교육한다고 나와 있지만 실제 학습 활동이나 교육 방법, 제재 구성 등에는 그러한 원칙이 거의 반영되어 있지 않기 때문에 전통적 교육에 머물러 있다고 볼 수 있다(장동찬, 1992). 이렇게 영어권 국가의 자국어교육과 일맥상통할 수밖에 없는 것은 한국에서의 언어학과 문학, 그리고 교육학에 대한 연구가 미국의 영어학과 영문학 및 교육학 이론을 상당 부분 수용해 왔기 때문일 것이다.

우리의 경우에도 문학교육 연구자들 사이에 수용자 중심의 문학교육이 이루어져야 한다는 주장이 간간이 제기된 바 있었다. 수용 미학이나 독자반응비평의 소개는 그러한 관심을 반영한다. 그러나 이는 앞서 본 바와 같은 논의 배경에 대한 피상적 이해 상태에서 이루어진 것으로, 수용자 중심의 교육이 과연 무엇을 뜻하는가에 대한 입장이 명확하지 않았다. 수용자의 경험은 진보주의자들에게서도 중시되었다. 다만 그것이 중시된 것은 어디까지나 학습이 '자연스럽게' 이루어져야

---

57) 비판적 리터러시에 대한 연구는 주로 호주와 영국을 중심으로 Social Literacy Project, Language and Education Research Network 등 다양한 영어교육, 문학교육 연구자들의 공동 연구로 이루어지고 있다. 팔머 출판사의 Critical Perspectives On Literacy And Education 시리즈는 그 대표적 성과들이다.

한다는 방법상의 문제에 관련되어서이지, 정말로 수용자 개개인의 텍스트 수용이 존중된다는 의미에서 그런 것은 아니었다. 텍스트 해석의 문화적 기준이 미리 서 있고 다만 거기에 학생들이 '스스로' 도달하도록 유도하는 것만이 문제되었다는 뜻이다.[58) 수용미학이나 독자반응 이론을 우리의 수업에 곧바로 적용하려 한 시도들의 경우, 이를 다만 학생들을 수업에 참여시키는 정도를 높이는 것 정도로 받아들인 것이 그런 예이다(강현재, 1991; 경규진, 1993). 물론 문학의 수용과 창작을 모두 중시하는 7차 교육과정에 이르러 수용자 중심의 문학교육관이 더욱 뿌리 내리게 된 것은 사실이다.

앞서도 말했듯이 전통적 교육과 진보주의 교육이 근대적 기획의 산물이라는 말은, 과학적이고 객관적이며 보편적인 지식을 가르친다는 의미를 담고 있다. 이런 교육에서 지식은 과연 그것이 객관적이며 보편적인가가 문제되지 않으며, 교사나 교재로부터 학생에게로 일방통행한다. 또 이때 수용자는 보편적인, 이상적 수용자(대개는 중산층 남성)로 상정된다. 진보주의 교육에서 수용자 중심의 교육을 한다고 해도 이 관계는 기본적으로 변하지 않는다. 가르칠 대상(지식)의 객관성·보편성과 더 많이 아는 권위자로서의 교사상이 존재하는 한, 지식들 간에, 그리고 수용자들 간에 존재하는 차이들은 문제되지 않는다. 이러한 교실에서는 언어와 문학이 지식/권력 관계 속에 놓여있다는 사실이 간과되기 때문이다.

여성주의 교육학은 이러한 지식/권력 관계로부터의 해방을 목표로 한다는 점에서 프레이리의 입장과 일맥상통한다. 그러나 교사, 학생을 자율적인 근대적 개인이 아니라 사회의 권력 관계 속에 위치 지워진

---

58) 전통적 교육, 진보주의 교육, 탈진보주의 교육, 비판적 리터러시에 대한 내용은 Cope & Kalantzis(1993)를 참조할 것.

포스트모던한 의미의 주체로 본다는 점, 교사-학생의 관계도 지식을 주고받는 권위적 관계에서 벗어난 관계로 본다는 점 등에서는 프레이리적 의미의 교육과 차이를 보인다. 여성주의 교육학의 입장은 프레이리 교육학의 심화, 발전, 재조명임에는 틀림없지만, 프레이리가 보다 남성적이고 보편적이고 추상적인 용어들을 사용했고 '억압된 자들'의 차별적 경험들을 인식하지 못했던 반면, 여성주의자들은 보다 차이에 근거한 용어들을 사용하고, 교사-학생간의 관계에서 작용하는 성적·연령적 차이에 의한 억압 관계까지도 고려하는 등의 변화를 보였다 (Weiler, K., 1991: 453-54).

비판적 리터러시 개념을 수용한다는 것은 언어와 문학이 갖는 사회적 힘을 인식함을 뜻하며, 이를 통해 우리가 익숙해져 있는 국어교육의 이분법을 극복한다는 의미와, 언어 '기술'(skills)로서의 리터러시 개념 및 '문학성' 개념을 해체한다는 의미를 갖는다. 언어/문학 텍스트의 교육이 학생들의 정체성을 형성하며 한 사회의 문화를 형성하고 유지하는 힘을 갖고 있음을 드러내 보이는 것과, 부당하게 평가절하 되어온 개인적/집단적 주체들의 정체성과 문화의 목소리들을 구성하는 데 목표를 두는 것이다.

이러한 연구에서는 문학 텍스트가 상정하는 이상적 독자가 아니라 실제 독자에 대해 관심을 갖는다. 많은 문학 이론가들에게 있어 독자란 그들 자신의 독서 경험으로부터 상상적으로 확장된 개념이었다. 작가나 비평가는 어떤 하나의 해석을 상정하고는 독자들이 이와 똑같은 해석을 할 것이라고 믿었다. 한편 '가상 독자', '내포 독자', '모델 독자', '상위 독자', '입력된 독자', '서술자/독자', '능력 있는 독자', '문학적 독자', '해석 공동체 내에서 정보를 입수한 독자' 등 다양한 수식어로 특정화된 개념을 사용하는 이론가들도 실제 독자를 연구하지는 않았다(Beach, R., 1993: 5-6). 실제 독자들의 텍스트에 대한 반응은 이상적 독자들이 행하는 반응과 매우 다를 수 있다. 여기에 관심을 기울일 때 우리는 정말로 문학 수업 속에서 학생들의 경험을 평가할 수 있게 된다.

▌3▌ 비판적 리터러시 교육에 대한 여성주의 교육학의 논의

내가 중등학교를 다니면서 시를 배울 때 꼭 구별해야 했던 것 중의 하나가 그 시의 목소리가 여성 화자의 것인가 남성 화자의 것인가 하는 것이었다. 요즘도 시중에 나와 있는 문제집이나 참고서를 보면 그런 식의 발문이 있다. 보통 '여성적인' 화자의 목소리를 지녔다고 평가되는 시는 여린 감성을 가진, 혹은 눈물을 흘리며 주로 사랑 문제를 이야기하는 시였고, '남성적인' 화자의 목소리를 지녔다고 평가되는 시는 주로 단호한 기상을 가지고 사회나 국가에 대한 이상과 포부 같은 것을 노래하는 시였다. 왜 여성 시인들은 대부분 국가나 사회에는 관심이 없고 오직 개인적 사랑에만 관심이 있었을까 하는 것은 늘 의문으로 남아 있었다.

똑같이 자신을 버린 님을 그리워하고 원망하는 내용을 담은 가사 작품인데도 허난설헌의 「규원가」는 실제 지아비를 그리워한 것으로 해석되고, 정철의 「속미인곡」은 충신연주지사로 해석된다는 점도 의문이다. 왜 똑같은 여성 화자의 목소리들이 서로 다르게 해석되는 것일까? 그 기준은 실제 작가가 여성인가 남성인가 밖에는 없는 데 말이다. 이런 의문은 위와 같은 읽기 행위가 여성성/남성성에 대한 일정한 의미 체계를 전제로 하고 있는 것은 아닐까, 그리고 그것은 남성들의 시각에 의해 재단된 것이 아닌가 하는 생각을 갖게 한다.

여성주의 교육학자들에 의하면 읽기와 쓰기는 인식론적이고 정치적인 실천이다. 학생들은 읽기를 통해 일정한 앎과 행위의 양식을 배우고 인가받으며, 이러한 양식들은 텍스트에 기반하고 있는 경제와 사회 내의 권력, 지위, 위치들에 연결된다는 것이다. 그러므로, 리터러시의 실천과 능력은 사회적 계급의 표지이며 텍스트를 쓸 수 있는 능력의 표지이자, 성적으로 규정된 문화와 정체성에 참여하는 기호인 문화 자본의 중요한 형식들이다(Luke, A., 1993).

읽기는 그것이 도구적으로 사용됨에도 불구하고 정체성의 구성과 협상 수단이며 욕망과 쾌락의 수단이 된다. 또 흔히 강조되는 읽기 방식인 묵독에 의해, 독서는 개인적이고 사적인 가치를 갖는 것, 혼자 하는 행위이거나 자기만을 위한 행위, 정신적인 사생활과 은밀함 속에서 상상적으로 가능한 세계들에 참여하는 수단으로 규정된다. 그러나 읽기는 '자연스러운' 것이 아니라 씌어진 텍스트로 된 특정한 사회적 실천인 문화와 하위문화에 숙련되도록 학습하는 것이며, 학생들은 이러한 실천들, 그리고 그것과 관련된 쾌락과 욕망들이 어떻게 그리고 어디에서 실행될 수 있고 실행되어야 하는지를 배우게 된다. 긍정적인 여성상, 여성의 위치나 역할 등에 대해 배우게 된다는 뜻이다. 이런 의미에서 학교에서 리터러시, 즉 읽기와 쓰기를 가르치는 것은 규범적이고 정치적인 활동이다.

젊은 여성들은 리터러시를 통해서 사회적 차이와 권력 관계에 대해 알게 될 뿐 아니라 자신의 욕망과 성적 주체성을 구성하고 재구성하게 된다. 이러한 대중 연애소설 읽기라는 행위는 젊은 여성들을 가부장적

이고 이윤추구적인 사회 구조 속에 편입시키는 수단이지만, 동시에 이러한 구조 속에서 여성들이 차지하는 전통적 위치에 저항할 수 있는 잠재적 수단이 되기도 한다(Christian-Smith, L.K., 1993).

그렇다면 교사들은 어떻게 이러한 과정에 개입하여 쟁점들을 제기하고 여성이 된다는 것의 의미를 이해하도록 이끌 수 있는가가 문제된다. 한 가지 주의해야 할 점은 이데올로기를 가르칠 수도 없고, 또 이데올로기에 대해 가르칠 수도 없다는 사실이다. 다만 교사는 학생들로 하여금 자신의 경험으로부터 여성들 모두가 일상생활에서 사로잡혀 있는 이데올로기적 과정을 이해하도록 이끌려고 노력할 수 있을 뿐이다.

어린이들은 자신의 성에 적합한 욕망 패턴을 텍스트의 스토리를 통해 배우게 된다. 그 사회 내에서 자신의 처한 성적 위치에 적합한 욕망 패턴(예를 들어 여자는 멋진 남자와의 결혼을 통해, 그리고 그 사이에서 낳은 자녀들을 통해 사회적 성공을 추구한다는 식의)을 배움으로써, 젊은 여성들은 '자발적으로' 그리고 무비판적으로, 가부장적 성 질서 내에서 여성들에게 부여되어 있는 주체 위치들을 점유하게 되며, 그럼으로써 남성의 '타자'가 된다.

비판적 읽기란 학생들에게 탈구조주의 이론 자체의 요소들을 알게 함으로써 그들의 욕망을 형성하고 소위 '현실 세계' 내에 위치지워져 있는 '현실적 자아들'을 구성하는 텍스트들의 강제적인 힘을 보도록 하는 것이다. 탈구조주의 이론이 해방적인 힘을 갖는 것은 그것이 텍스트가 지니는 강제성을 볼 수 있게 하기 때문이다.

언어를 순진한 것으로 보는 것, 즉 실제 세계를 묘사하는 투명한 매체라고 보는 것은, 언어의 의미란 모자이크되어 있는 것이며 우리가 말하는 언어에는 구조가 있다는 것, 그리고 우리에 대해 말하는 구조도 존재한다고 보는 탈구조주의 이론에 의해 이미 무너졌다. 그런데도 아직까지 학교에서는 언어를 여전히 순진한 것으로 이해하고 있으며 또 그렇게 가르치고 있다. 이런 관점은 학교교육에서 흔히 강조되는 소위 '창의적 글쓰기' 교육에도 이어진다. 언어 구조와 그 구조 이면에 놓여 있는 담론으로부터 자유로운 '창조성'이란 존재하지 않는데도 여전히 학교교육에서는 '창조성'의 신화가 유지되고 있는 것이다. 새로운 것의 탄생은 기존의 것에 대한 비판을 통해서만 가능하다. 따라서 실제로 가능한 것은 텍스트 이면의 구조와 담론을 볼 수 있도록 비판적으로 텍스트를 읽는 것과, 비판적으로 텍스트를 생산하는 것일 뿐이다.

학생들은 텍스트에 대해 다양한 해석들이 있을 수 있다는 것, 그리고 그러한 해석들은 어떻게 가능한가, 그리고 하나의 담론이 다른 담론의 힘을 변형하거나 거기에 반작용하기 위해서 어떻게 사용될 수 있는가, 줄거리와 이미지, 은유 등을 통해 욕망은 어떻게 구성되는가, 새로운 연관들, 새로운 욕망 패턴들을 만들어 내기 시작하는 것은 어떻게 가능한가 등에 대해 알아야만 한다.

이러한 여성주의 교육학의 실천 사례로서 「백설공주와 일곱 난쟁이」와 「잘난 척하는 공주」를 읽고 토론한 것이 있다. 전자는 지배적인 성 관계의 담론을 구현하는 텍스트로서, 후자는 그에 대한 저항적 담론을 구현하는 텍스트로서 선정되었다. 조금 길지만 인용하기로 한다.[59]

---

59) 이 사례는 앞의 책에 실려 있는 Browyn Davies의 글 'Beyond Dualism and Towards Multiple Subjectivites'에 나와 있는 것으로, 필자와 Chas Banks 선생님의 공동 연구 결과이다. 토론에는 초등학교 6학년인 필로, 자크, 제임스(이상 3명의 남자 어린이)와 제니퍼, 샤로테, 스테이시(이상 3명의 여자 어린이)가 참여했다.

「백설공주와 일곱 난쟁이」에 대한 비판적 읽기 ■ ■ ■

첫 번째 토론은 「백설공주와 일곱 난쟁이」를 읽은 후 이루어졌는데, 이 중 평소 그 반의 말썽꾸러기인 제임스는 이 토론에서 항상 주변적인 의견을 내곤 했다. 다음은 토론 내용을 요약한 것이다.

(1) 아이들은 이 이야기가 낡고 지루하고 성차별적이라는 이유로 싫어한다.

(2) 여자 어린이들과 남자 어린이들 사이에 대립이 일어났는데, 여자 어린이들은 남자 어린이들의 의견을 쓸데없는 것으로 몰고 가려 했다. 제임스는 이런 이야기에서는 여자가 언제나 곤란에 빠지는 것 같다는 의견을 냈다. 필로는 난쟁이들이 반드시 모두 남자일 필요는 없지 않을까, 혹시 그들이 광부였기 때문에 모두 남자인 것이 아닐까 하고 말한다. 제임스는 필로의 의견에 동조한다.

(3) 제임스는 비록 난쟁이들이 여자라 해도 광부로서 뭔가를 할 수 있었을 거라고 주장한다. 샤로테는 아까 제임스가 했던 말을 제임스 자신의 생각으로 보지는 않지만 어쨌든 제임스의 의견에서 희생자라는 말은 중요하다고 본다. 제임스는 여자를 주인공으로 하는 다른 줄거리가 있을 수 있다고 대안을 내놓는다. 하지만 이것은 무시된다. 샤로테는 일반적으로 아이들이 '여성을 구원하는 위치에 놓이는 남성'이라는 모티프를 통해 생물학적 성이 사회적 성에 연관되는 이런 식의 이야기들을 좋아하기 때문에, 이런 식으로 씌어졌을 거라고 주장한다.

(4) 백설공주라는 인물에 대한 토론. 제임스는 백설공주가 완벽하다고 묘사하는 다른 아이들과 반대되는 견해(백설공주는 못생겼다거나, 요조숙녀가 아니라는 식으로)를 보임으로써 토론에서 성가신 아이가 되고 아웃사이더가 된다.(아이들은 제임스에게 계속해서 "입닥쳐!"라는 식으로 말한다.)

(5) 제임스는 또다시 다른 종류의 줄거리-여자 주인공이 못생긴-의 가능성을 제시한다. 또다시 여자 어린이들은 이런 제임스의 태

도가 토론 중인 화제에 기여하지 않고 훼방놓고 있다고 보고, 그에게 왜 그렇게 비협조적이냐고 묻는다. 필로는 아무도 못생긴 여주인공을 구하고 싶어하지는 않을 거라고 말한다. 필로의 생각은 사물들이 존재하는 방식이, 학생들이 '스토리란 이런 것'이라고 생각하는 방식에 근거하고 있다는 것이다. 제임스는 백설공주를 구할 수 있는 못생기고 늙은 할멈이 있다, 그러니까 강력한 힘도 있고 친절하기는 하지만 못생긴 마귀할멈도 있을 수 있다는 가능성을 또 한번 제기한다. 하지만 그의 의견은 그가 합리적인 기여를 할 수 있는 위치에 있지 않다는 이유로 또 거부된다.(그는 원래 아웃사이더 역할을 부여받았기 때문에 그가 아무리 옳은 말을 해도 거부될 수밖에 없다. 아마 학생들은 토론 내용에 관계없이 토론에 참여하는 주체가 어떤 관계와 위치에 놓여 있는가에 따라 그의 발화가 긍정적으로 평가될 수도 있고 부정적으로 평가될 수도 있다는 것을 배우게 되었을 것이다.)

(6) 챠스 선생님은 작가들이란 독자들이 그 인물들과 동일시할 수 있도록 인물들에게 매력적인 특성을 부여하기 마련이라고 설명해 준다. 이 지식은 제니퍼와 필로가 제임스는 못생긴 인물과 동일시하게 될 거라고 놀리면서 제임스를 공격하는 근거로 사용된다. 샤로테는 그 스토리가 매력적인 여주인공이 전통적으로 가지고 있는 요소들을 지니고 있을 뿐이라고 계속해서 주장한다.

(7) 그러고 나서 샤로테는 자기 주장에 결함이 있다는 걸 알게 되고 의문을 제기하는데, 그것은 어떤 남자라도 단지 어떤 여자가 아름답다는 이유만으로 그 여자와 사랑에 빠질 수 있겠느냐는 것이다. 그래서 아이들은 그 왕자에 대해 토론하게 되는데, 제니퍼는 그 왕자가 전형적인 남자라고 결론을 내리고, 자크는 이 주장을 공격하면서 대화에 끼여든다.(자크는 맨 처음에 이 스토리가 매우 지루하다는 말 한 마디만 하고는 여태 잠자코 있었다.)

(8) 필로는 연애 이야기 줄거리의 정치적 의미를 이 토론에 도입한

다. 스테이시는 사악한 마귀할멈으로부터 오로지 돈만 보고 결혼하는 사악한 남자에 이르기까지 다양한 줄거리를 시도해 본다. 챠스 선생님은 아이들에게 전통적인 줄거리란 여자들이 있고, 그 여자는 대개 아름다운 여자이고, 처음에는 억압을 당하지만 나중에는 잘생긴 주인공인 왕자에 의해 구원을 받는 거라고 상기시켜 준다.

(9) 제니퍼는 그 스토리 속에는 언급되지 않은 것들이 있다고, 예를 들어 백설공주가 자기에게 일어난 일들에 대해 실제로 어떻게 느꼈는가와 같은 건 말하지 않았다고 지적하면서, 그녀는 아마 난쟁이들로부터 도망치고 싶었을 거라고 말한다. 제임스와 쟈크는 백설공주가 거기서 행복했을 거라고 보고, 아마도 욕심, 그러니까 왕자와 결혼하려는 욕심과 같은 그녀 자신의 동기가 있었을 거라고 말한다. 토론은 이제 전통적인 텍스트들이 가난한 것과 악한 것과 못생긴 것을 연결시키는 방식, 그리고 부유한 것과 선한 것과 아름다운 것 사이에 연결시키는 방식으로 옮겨 간다. 그러고 나서 샤로테는 TV에서 마녀에 대해 박해하는 것을 봤던 것을 떠올린다.

이 토론을 놓고 자유주의적 여성주의, 급진주의적 여성주의, 탈구조주의적 여성주의의 시각에서 모두 평가될 수 있다. 자유주의 페미니즘에서 보면 여자 어린이들이 남자 어린이들에 대항하여 자기 의견을 활발히 내 놓고 자신들의 의견을 옹호하는 것이 높이 평가될 것이다. 그리고 급진주의적 여성주의에서 보면 남성들의 시각과 전략이 주목할 가치가 없는 것으로 치부되어 거부당하는 것이 통쾌할 것이다. 그리고 탈구조주의적 여성주의에서 보면 두 명의 남자 어린이들이 더 적극적으로 연애 이야기의 줄거리를 뒤집어엎으려 하는 게 흥미로울 것이다. 이것은 아마도 남성의 욕망 패턴이 연애 이야기를 통해서나 비저항적인 전략을 통해서는 잘 구성되지 않기 때문일 것이다. 처음부터 제임스는 눈에 보이는 현상을 뒤집어엎는 역할을 부여받았다. 여자 어린이들은 이런 이야기 속의 주인공처럼 되고 싶은 마음과 이런 이야기를 거부하고 싶은 마음 사이에 긴장을 경험한다. 하지만 다른 대안을 찾아내려는 시도는 학생들이 이분법적 사고에 푹 젖어 있기 때문에 장애에 부딪치고 만다.

또 하나의 이야기 「잘난척하는 공주」는 백설공주 이야기와는 완전히 다른 패턴의 이야기이다. 이 이야기의 줄거리는 대강 이렇다. 이 공주는 결혼하기를 거부하고 괴물같은 애완동물들과 혼자 살고 싶어한다. 하지만 공주의 아버지는 그녀에게 결혼해야 한다고 주장하고, 그녀는 결국 자기가 내는, 아무도 풀 수 없을 만큼 어려운 문제들을 푸는 사람이 있으면 그와 결혼하겠다고 한다. 그러나 어떤 왕자도 그 문제들을 풀지 못하고 돌아가 버렸다. 그러다가 '허세 부리는 왕자'라는 이름의 왕자가 나타나 모든 문제를 풀어 버린다. 그러나 그녀가 왕자에게 키스를 하자, 그는 두꺼비로 변해 버렸다. '허세 부리는 왕자'는 뛰어서 사라져 버리고 공주는 다시 처음처럼 살아간다. 이 이야기에 대한 토론 내용은 다음과 같다.

「잘난 척하는 공주」에 대한 비판적 읽기 ■■■■

(1) 필로와 제임스는 그 이야기가 전통적인 이야기를 뒤짚은 게 너무 뻔히 보인다면서 싫다고 한다.(전통적인 이야기에서는 대개 공주의 아버지가 문제를 내며, 가난하고 보잘 것 없는 청년이 나타나서 문제를 모두 풀고 공주와 결혼해서 왕이 된다. 사실 바보 온달 이야기도 이와 비슷한 전통적인 줄거리로 되어 있다.)

(2) 이 이야기가 저항적인 이야기라는 토론이 있은 후에, 스테이시는 이 이야기가 단지 전통적인 이야기의 정반대일 뿐이라는 의

견에 반대하면서, 잘난 척하는 공주는 단순한 말괄량이가 아니라 여성적 담론에 저항하는 여자라고 주장하는데, 그것은 요정 이야기에서 흔히 여성성과 관련되는 마술적인 힘을 여기서는 여성성에 대해 저항하는 데 사용하기 때문이다.(마술적인 키스의 사용)

(3) 자크는 그 공주가 지위나 재산만 좋아해서 윗사람에게 아첨하고 아랫사람에게 교만한 사람이라고 주장하고, 필로는 제니퍼도 그런 사람이라고 주장한다. 그래서 잘난 척하는 공주에 대한 적대적인 감정이 여자아이들에게도 전이된다. 필로와 자크는 잘난 척하는 공주의 전략에 반대하지만, 제임스는 그녀가 그런 사람이 아니라고 옹호하면서 그렇게 보는 것은 남성적인 담론이라고 주장한다. 자크는 제임스 혼자만 그렇게 생각한다면서 그의 주장을 거부한다.

(4) 필로는 잘난 척하는 공주가 왕자에게 한 짓이 나쁘다고 공격한다. 그리고 샤로테와 스테이시는 필로가 여자가 주인공이 되는 이야기를 싫어하는 건 성차별주의자이기 때문이라고 주장한다. 자크는 필로가 단지 그 이야기를 싫어할 뿐이지 성차별주의자는 아니라고 변호한다. 이 지점에 이르러 전선은 남자애들과 여자애들 사이에 그어진다. 남자 어린이들은 둘 다 잘난척하는 공주와 여자애들이 단지 성이 다르다는 이유로 자신들을 공격한다고 주장한다. 제임스는 이 싸움에서 어느 편에도 끼어들지 않았다.

(5) 토론은 잘난 척하는 공주의 인물에 대한 토론으로 끝난다. 아이들은 그녀가 자신에 대해 긍정적인 견해를 갖고 있으며, 자신이 최고라는 것을 알고 있다는 데 동의한다. 아이들은 전통적인 줄거리가 깨져 나가는 방식-여자는 힘없고 약한 존재가 아니라 강하고 독립적이다-에 대해 토론하고, 제니퍼는 '이건 지금 시대의 추세야.'라고 말한다.

이러한 두 가지 토론에서 우리가 볼 수 있는 것은 아이들이 줄거리가 자신들을(남자 어린이건 여자 어린이건) 어떤 특정한 위치에 놓이게 한다는 점을 이해한다는 사실이다. 선생님은 이런 과정에서 학생들에게 대화의 공간을 열어주고 그 텍스트를 이해할 수 있는 개념적 도구들을 제공한다. 한편 백설공주 이야기에 대한 토론에서 아이들은 많은 이야기를 했음에도 불구하고 그 이야기가 갇혀 있는 남성과 여성의 이분법을 뛰어넘을 수 없었다. 그러나 잘난척하는 공주 이야기에 대한 토론에서는 텍스트 자체가 그러한 이분법을 뛰어넘고 있기 때문에 보다 자유로운 토론이 가능했다. 이것은 여성성이 구성되는 방식이 우선적으로는 텍스트 자체에 구현된 이데올로기를 통해서이기 때문이다. 이 토론을 살펴보면서 다른 텍스트를 사용하는 것, 정전의 해체가 얼마나 다른 문화적 효과를 낳을 수 있는가에 대해 생각하게 된다.

「비판적 글쓰기 ■ ■ ■

이 토론 사례는 샤로테가 주말에 집에서 써 온 창작 동화를 소개하면서 끝맺고 있다. 그 제목은 「캥거루 소녀」로, 힘도 세고 독립적인 기질을 가진 '캥거루 소녀'라는 이름의 여주인공에 관한 이야기이다. 그 줄거리는 다음과 같다.

이 소녀는 어릴 때부터 자연과 벗하며 사냥을 즐기고 살았다. 소녀의 아버지는 사냥을 다니면서 언제나 소녀를 데리고 다녔다. 그러던 어느 날 소녀의 부모님은 이제부터 소녀를 여자답게 키워야겠다고 결심하고 그녀에게 이제는 사냥을 다니지 말라고 말한다. 소녀는 '내가 여자라는 것을 어떻게 증명할 수 있는가?'하는 혼란에 빠진다. 그러다가 소녀는 자기만의 정신적인 방식으로 여성이 되기로 하고 '캥거루 신'에게 기도를 올린 후 혼자 성년식을 치르고 자연으로 돌아가 버린다. 그녀는 진정한 자아로 돌아간 것이다.

문학작품에 대한 비판적 읽기가 새로운 스토리라인으로 구성된 글쓰기로 이어지는 이러한 과정은 매우 의미심장하다. 이러한 실험적 연구들이 국어교육 연구에서도 수행될 필요가 있다고 본다.

▌4▌ 차이의 교육학이 갖는 의미

여성주의 교육학의 리터러시 교육은 '차이'를 전제로 대화를 모색하려는 포스트모더니즘 교육학 속에 포함된다. 기존의 교육은 차이를 인정하지 않고 한쪽의 지배권을 그대로 강제했다. 이에 대해 여성주의 교육학이 주장하는 것은 같은 문학작품이라도 여성과 남성이 다르게 읽을 수 있음을 인정하고 대화하자는 것이다. 우리의 문화 속에 존재하는 차이를 인식하고, 그러한 차이를 생산하는 문화로서 문학을 읽자는 것이다.

여기서 말하는 포스트모더니즘이란 근대의 유산을 모두 버리자는 극단적인 반근대적 태도가 아니다. 긍정적인 근대의 유산을 이어받되 근대의 폐해를 버리자는 비판적 계승이라는 의미에서의 포스트모더니즘이다.[60] 한편 여성주의 교육학에 대해, 이것이 남성과 여성 간의 차이만을 심화시켜 극단적인 대립을 낳지 않겠느냐는 우려가 있을 수 있다. 이에 대한 대답은 그렇지 않다는 것이다. 차이에 대한 어떤 구체적 토론도 비교되는 두 대상이 같다는 것을 함축하고 있다는 점, 차이라

---

60) 이 구분에 대해서는 Burbules & Rice(1991) 참조.

는 것이 지극히 상대적인 개념인 만큼 제 삼자의 입장에서 보면 지극히 주변적이고 자의적인 것일 수도 있다는 점, 하나의 그룹을 하위 그룹들로 묶을 수 있다는 것 자체가 그 하위 그룹에 속하는 멤버들 간의 유사성을 인식하는 행위이기 때문에 유사성은 배제한 채 전적으로 차이만을 본다는 것은 불가능하다는 점을 고려할 때, 차이를 넘어선 대화는 이론적으로 보아도 가능하기 때문이다.

미학이 개인들 간의 감정과 취미의 차이에서 출발하면서도 그러한 개인들이 갖게 되는 공통감을 설명할 수 있게 되는 것은 '상호개인성'에 대한 인식 때문이라는 생각(Ferry, 1994)은, 사회문화적인 힘에 의해 규정당하고 있다는 의미에서의 포스트모던한 주체들이 서로들 간의 차이에도 불구하고 상호주관성 때문에 오히려 대화할 수 있다는 생각과 만날 수 있다(Burbules & Rice, 1991: 404-407). 그런 의미에서 비판적 리터러시 교육은 큰 힘을 발휘할 수 있다.

여성주의 교육학에서는 문학을 '허구'라고 가르치는 데 반대한다. 문학을 허구라고 가르치는 것은 문학 텍스트들의 의미 구조가 구현하는 이데올로기들과, 그 이데올로기들이 텍스트를 읽는 독자들의 삶 속으로 들어옴으로써 발휘하는 현실적 힘들을 은폐하기 때문이다. 따라서 학생들을 학습 과정-세계를 덜 현실적인 것이 아니라 더 현실적인 것으로 만드는-에 참여시키는 것은 여성주의 교육학의 실천에서 가장 중요한 것이다. 그리고 이러한 교육에서는 평가 기준도 달라져야 한다. 그것은 그들이 자신의 목소리를 찾았는가가 될 것이다(Hooks, 1994: 76-77).

탈근대 시대의 수용자는 근대적 수용자와는 달리 텍스트에서 수용자에게로 가는 의미의 일방통행을 거부하고 스스로 의미 생산자가 되고자 하며, '보편적인' 정체감이 아니라 보다 개인적이고 보다 자기집단적인 정체감을 요구한다. 이러한 상호성에 대한 요구의 증가는 탈근대 사회문화의 중요한 특징 중의 하나이다. 이는 상호성을 특징으로 하는 뉴미디어의 발달 때문이기도 하다. 이제 문학 텍스트 수용자는 집에서 방송국으로 자신이 원하는 프로그램을 주문해 보는 TV 시청자이기도 하고, 컴퓨터 게임에 열광하는 청소년이기도 하며, 개인용 컴퓨터를 통해 자신의 생각을 자유롭게 타인과 교환하는 통신자이기도 한 것이다. 한편 의미 생산이라는 문제는 참여민주주의에 대한 요구, 소수 민족이나 여성 등의 인권 운동 증대 등으로 인한 더 많은 민주주의에 대한 요구와 같은 사회문화적 변화와도 맞물려 있다. 이 모든 탈근대적 교육 문화 환경의 변화는 수용자를 단순한 수용자에 머물게 하지 않고 의미 생산자로 바꾸어 놓는다.

이런 환경 속에서 비판적 리터러시 교육은 우리의 국어교육에서 보다 적극적인 의미를 지닐 수 있을 것이다. 물론 진보주의조차 교육 현장에 제대로 뿌리내리지 못한 상황에서 진보주의를 뛰어넘는 논의를 도입할 수 있는가의 문제가 제기될 수 있을 것이지만, 이는 아직 사회 각 부분에서 근대적인 것이 뿌리내리지 못한 상황에서 포스트모더니즘을 논의하고 받아들여야 하는 현실과도 닮아 있다. 그러나 우리가 가르쳐야 할 학생들은 이미 포스트모던한 사회와 사고방식 속에서 살아가고 있음을 인식해야 한다. 앞으로 이에 대한 논의는 우리의 수업 사례들과 학생들의 리터러시에 대한 문화기술적 연구와, 외국의 사례들에 대한 충분한 검토를 통해 보다 깊이 있게 이루어져야 할 것으로 본다.

제 5 장
대중문화와 미디어의 국어교육적 수용

|1| 교육과 관련된 문화의 개념

교육과 관련되는 문화의 범주는 크게 세 가지로 나누어 볼 수 있다. 첫째는 문화적 유산 또는 문화적 전통, 혹은 높은 문화적 가치를 갖는다고 여겨지는 문학 예술 작품을 가리키는 것으로, 전통적으로 교육의 내용을 이루어온 것이다. 이런 의미에서의 '문화'는 흔히 '문화인'이라 불리는 사람들이 갖추어야 할 교양 혹은 지식을 가리킨다. 전통적으로 학교 교육에서 역점을 두어왔던 바 중의 하나가 학생들의 문학 예술 작품 감상 능력을 기르는 것이었다는 점에서 이런 의미의 문화를 우선적으로 꼽을 수 있는 것이다.

또 하나는 주로 인류학자들이 관심을 기울여왔던 바인 '생활 양식'으로서의 문화 개념이다. 인류학에서는 본래 타 민족의 삶을 관찰하고 기술하는 데 관심을 가졌었으나, 최근에는 자민족 혹은 자기 사회에 속한 사람들의 삶을 기술하는 데로 그 관심을 넓히게 되었다. '자문화대 타문화'라는 문제 의식이 '자기 문화 속의 타자'에 대한 관심으로 발전해 간 결과이다. 이런 흐름 속에서 교육인류학자들 역시 교육과 관련하여 가정과 학교에서 무슨 일이 일어나고 있는가를 기술하는데 중점을 두어왔다. 여기서 교육은 그들이 기술해야할 대상으로서의 문화의 일종이 되어, 가정에서의 삶과 교실 문화들이 다소 중립적인 시각에서 기술되고, 분석되고, 설명되었다. 문화기술자들은 거기에 개입하지 않고 단지 바깥에서 그것을 묘사한다.

　세 번째로 최근에 발전된 문화 연구에서 문화를 보는 시각을 들 수 있다. 이것은 앞서 말한 두 가지의 문화 개념과 두 가지 점에서 차이가 있는데, 우선 여기서 가치를 두는 문화가 대중 문화라는 점을 들 수 있다. 터너는 자신의 저서 <문화연구입문>에서, 30년 전에 그 책이 출판되었더라면 누구나 그 내용이 고급 문화를 가리킬 것이라고 생각했을 테지만, 지금은 사정이 달라져 '문화'라는 개념이 대중문화를 가리키는 것으로 성장했다고 말한 바 있다. 우리 사회에서도 사정은 이제 비슷해졌다. 90년대 들어 대중문화에 대한 관심이 큰 폭으로 성장하여, '문화'에 관한 책의 출판이나 각종 문화 강좌에서 대중문화가 차지하는 비중이 매우 커졌고, 이에 힘 입어 '문화=고급 문화'라는 도식은 점차 깨어져 나가고 있다. 그러나 이처럼 최근에는 '문화'가 '대중문화'를 의미하는 것이 자연스럽게 되었지만, 터너가 지적했듯이 이러한 개념의 문화는 그것이 사회적 과정들과 실천, 그리고 의미들을 이루는 기본적인 것으로 사회에 광범위하게 퍼져 있는 것이었음에도 불구하고, 학적 연구 대상으로서는 극히 찰나적인 것으로, 또 대중들의 관심을 끌기는 하지만 별 가치는 없는 것으로 여겨져왔었다(Turner, 1995).

　한 가지 짚고 넘어가야 할 것은 문화 연구의 목적이 단지 그것을 기술하는 데 있는 것이 아니라 그것을 변화시키는 데 있다는 점이다. 터너의 말대로, 대중 문화는 일상 생활의 구조가 검토될 수 있는 자리이며, 이 일을 하는 목적은 단지 학문적인 것, 다시 말해 단지 특정한 문화적 과정이나 실천에 대한 이해를 시도하는 데 그치는 데 있는 것이 아니다. 이 점에서 인류학자들의 연구 목적과 차이가 난다. 문화 연구의 목적은 일상생활의 형식을 구성하는 권력 관계들을 검토하고, 그럼으로써 그러한 구성이 봉사하는 이해관계들의 형성을 드러내는 것이고, 그런 의미에서 정치적이라 할 수 있다.

본고에서 다루고자 하는 문화 개념은 이 중 세 번째 것에 가깝다. 이 때 문화는 다시 두 가지 의미로 나누어볼 수 있는데, 교육의 내용과 맥락으로서의 대중문화가 그 하나이고, 교육의 관점으로서의 문화가 또 하나이다. 이 두 가지는 서로 분리된 것이 아니라 상호관련되어 있다. 학생들은 대중문화와 '더불어' 살아가고 있다. 윌리스가 말한 바와 같이, 대부분의 젊은이들의 삶은 개인이건 집단이건, 자신들의 존재, 정체성, 의미 등을 수립하기 위해 자신의 창조성을 찾는 데 있어 매개가 되는 온갖 표현, 기호, 상징들로 가득차 있는데, 대중문화는 여기서 큰 역할을 한다(Willis, 1990). 따라서 교사든 연구자든 그들이 학생들과 함께 해야할 일이 무엇인가를 진정으로 알기 위해서는, 대중문화의 특성과 학생들이 그것을 이용하면서 만들어내는 의미가 무엇인가를 이해해야만 한다. 이처럼 교육의 내용과 맥락으로서 대중문화를 고려하는 것은 지금까지의 고급 문학예술만이 학교교육의 내용을 이루어왔던 데 대해 문제 제기하는 의미를 갖는다.

두 번째로 언급한 바, 교육의 관점으로서의 문화란 학생들의 정체성 형성과 교사 및 동료 학생들과의 관계를 어떻게 바라볼 것인가의 문제이다. 전통적인 교육에서는 교사는 진리의 담지자로서, 자신에 비해 상대적으로 무지한 학생들에게 '올바른' 지식과 관점을 가르친다고 보았다. 이것이 전통적인 교육의 관점이 취했던 문화라면, 대중문화를 교육의 내용과 맥락으로 삼는 교육은 이와는 다른 관점을 필요로 한다. 대중문화를 '문화'로서 존중하게 된 것은 '대중'의 문화적 능력에 대한 평가절하를 거부하는 데서 비롯된 만큼(이 점에 대해서는 뒤에서 설명할 것이다), 그것을 일상적 삶에서 즐기고 살아가는 학생들의 문화적 능력 역시 교사에 의해, 혹은 평가의 측면에서 존중받을 필요가 있는 것이다. 이는 학습자 혹은 독자 중심의 교육관과 관련되는 것인 동시에, 교사와 학생 간의 전통적인 관계를 권력 관계의 측면에서 문제삼는 것이기도 하다.

 이 글에서 피력하고자 하는 문화교육은 이와 같은 관점을 바탕으로 한 교육이다. 즉, 대중문화를 교육의 대상이자 주체인 학생들의 삶의 맥락 속에서 자리하고 있는 것으로 보고, 이것을 교육의 내용으로 끌어들여, 학생들 자신이 접하는 문화 텍스트(그것이 기존의 전통적인 문학 텍스트이건, 대중문화 텍스트이건)의 의미를 스스로 찾아내고 이에 대한 평가를 내리며, 그러한 해석과 평가가 나오게 된 해석자의 문화적 맥락과 대화하게 하는 가운데 스스로의 정체성과 사회문화에 대한 판단력과 문화적 능력을 갖게 하는 교육을 말한다. 이를 위해서는 대중문화를 교육에 끌어들이는 것에 관련된 논쟁, 문화 텍스트의 다원적 특성 및 수용자의 능동성 개념, 문화교육에서 이슈가 되는 몇 가지 점들-학생들의 정체성 형성 및 수업에서의 '대화'적 관점 등-에 대한 논의가 필요하다. 뒤에서는 이것들에 대해 순차적으로 논의한 후, 문화교육이라는 문제설정이 문학교육에서 갖는 의미에 대해 언급하기로 하겠다.

|2| 교육 내용으로서의 대중문화에 대한 논쟁

문화 연구가 시작되고 발전한 영국의 경우, 대중문화의 교육은 중등학교의 영어 과목 교육과정 내에서 매우 논쟁적이고 정치적인 논점으로 부각되어왔다. 제 2차 세계대전이 끝난 이후 영국에서는 듀이의 진보주의 교육관이 교육의 실천적인 부분까지 자리를 잡아나갔는데, 그것은 학생들이 원하는 것을 교육하며, 학생들의 실제 경험을 강조하고, 교사의 일방적인 강의를 지양하는 것을 골자로 하는 것이었다. 이러한 진보주의 교육의 이념이 광범위하게 자리잡음에 따라, 1970년대 이후에는 대학에서 뿐 아니라 중등학교에까지 미디어 교육이 확산되어 학생들이 즐겨 읽는 연애소설류나, 대중 잡지, TV 멜로 드라마, 영화 등의 광범위한 대중문화 텍스트들까지 영어 교육 속에 포함되게 되었다.[61]

그런데 이에 대한 교육을 영어 교사들이 함께 담당하고 있기 때문에 문화적 가치의 문제에서 전통적인 영어교육과 갈등이 빚어지기도 했고, 아직까지도 그러하다. 예를 들어 셰익스피어 문학과 같은 '위대한 문학적 유산'을 강조하는 보수주의자들은, '영원한 가치를 갖는' 전통적 의미의 문학 예술과 '단지 일회용일 뿐이며 그다지 가치도 없는' 대중문화를 구별할 수 있는 능력을 갖도록 하는 영어 교육을 해야 한다고 주장했고, 지금도 그러하다. 교육과 문화적 가치에 관한 이런 종류의 논쟁은 70년대, 80년대를 거치는 긴 역사를 갖는데, 70년대 말에 중핵 교육과정에 대한 논쟁이 일고, 80년대 말에 영국의 국정교육과정

---

61) 영국의 경우 영어 교육 내에서 언어교육과 문학교육의 차별이나 갈등은 두드러지게 부각되지 않는다.

이 출현하게 된 것도 이러한 배경 속에서이다(Buckingham & Sefton-Green, 1994).

그런데, 대중문화의 교육에 관한 한 우리의 사정은 이보다 결코 좋은 상황이 아니다. 영국의 경우, 2차 대전 이후 듀이의 진보주의 교육이 자리를 잡게 된 데에는 학교 현장을 개혁하려는 진보적인 교사들의 노력이 매우 컸고, 대중문화에 대한 교육이 중등학교에서 이루어지게 된 것은 사실 이러한 노력에 힘 입은 것이었다. 이에 비해 우선 우리의 경우, 아직까지 수업의 조직과 운영에 관한 교사의 자율성이 매우 미약하다. 그 이유는 많은 논자들이 진단해왔듯이, 국가에 의한 교육과정의 통제나 대학 입시 위주로 수업을 운영해야 하는 부담, 그리고 학습자 중심 교육에 대한 인식의 미약함 등을 들 수 있다. 이런 상황 속에서 진보주의 교육의 이념은 이론적으로만 받아들여졌을 뿐, 학교교육의 실천 속에 뿌리내리지는 못했다.

그런 상황 속에서 학교교육을 공식적으로 규정하고 있는 교육과정에 나타난 이념을 통해 대중문화에 대한 관점을 유추해 보면 그것이 결코 호의적이지 않았음을 알 수 있다. 대중문화에 대한 현재 공식적인 학교교육에서의 문학교육의 목표는 문학 지식을 체계적으로 익히고 많은 문학작품을 읽음으로써 창의성을 기르게 하는 것이다. 교육과정 해설(1989)에서는 한국문학의 민족적 가치와 문학성을 강조하고 있고, 문학교과서 '집필상의 유의점'(1988)에서는 문학적 가치를 검증받은 작품만을 싣도록 규정한 바 있다(장동찬, 1992). 전반적으로 교육과정에는 전통적 가치와 고전에 대한 가치가 지나치게 강조되어 있다. 한편, 국어과 교육과정에 대중문화에 대해 이렇다할 언급이 없는 반면, 대중문화의 영향력에 대한 부정적 견해가 저널리즘에서는 여러 학자들에 의해 널리 퍼져 있다. 따라서 우리의 경우 대중문화가 중등학교의 교육과정에 자리잡기는 아직 어려우며, 설령 부분적으로 대중문화가 가르쳐진다 하더라도, 그것은 고급의 가치를 갖는 문학 작품에 부정적으로 비교되기 위해서일 뿐이다.[62]

그런데 대중문화에 대한 부정적 견해는 대중문화에 대한 연구가 시작된 때부터 꾸준히 있어온 것이다. 그리고 그 초점은 대체로 대중문화의 질이 낮다는 생각과 그것이 젊은이들에게 끼치는 한 부정적 영향력에 맞춰져 있었다. 이렇게 대중 사회와 상업적 타락을 비판하는 보수주의의 시각은 '문화와 문명' 전통에서 시작되었는데, 여기서는 문화를 문학 예술의 '위대한 전통'만을 배타적으로 의미하는 것으로 보고, 대중문화는 도덕적 진지성 혹은 미적 가치가 부족한 것으로서 평가절하 했다(Storey, 1994: 37-69). 윌리엄스는 이들의 생각이 엘리트주의의 소산이라고 비판한 바 있다. 그는 '교양있는 소수 대 창조성 없는 다수대중'이라는 관념은 문화적 오만과 회의주의를 낳게 한다면서, 대중문화의 기술적 진보가 가져올 새로운 문화의 가능성을 평가하고자 했다(Brantlinger, 1990: 44). 이들이 갖는 엘리트주의는 보편적이고 유일한 문화적 가치가 존재하며, 그것은 전통적 문화 혹은 문학예술 유산이라고 보는데서 비롯된다. 따라서 만약 그러한 문화적 가치가 없다면 그 주장은 성립할 수 없게 된다.

대중문화에 대한 비판적 입장은 비단 전통적 가치를 옹호하는 보수주의자들에게만 해당되는 것이 아니다. 진보적인 입장에 있는 사람들 역시 '위대한 문화 유산'을 중시하는 것은 아니라 하더라도, 대중문화의 상업성이나 이데올로기를 비판한다는 점에서 대체적인 입장은 보수주의자들과 마찬가지이다. 이들은 미디어가 젊은이들의 삶에서 중요

---

62) 여기서 교육과정을 언급한 것은 문학교육의 대체적인 목표를 언급하기 위한 것이므로, 각 교육과정별 비교는 시도하지 않았다.

한 요소라는 점을 인정하기는 하지만, 동시에 그것이 젊은이들에게 '지배적 이데올로기'를 부여하는 중요한 수단이라는 점을 강조한다. 그래서 이들은 기호학적 방법을 광범위하게 사용하여 미디어를 체계적으로 분석하려한다. 그럼으로써 미디어 텍스트들이 어떻게 구성되고 선택되는가를 알아내고, 그것들 속에 억압되어 있는 이데올로기적 기능을 드러내려 한다. 그러므로 미디어에 대해 가르치는 것은 '탈신화화(demystification)'의 과정, 즉 감추어진 진실을 밝히는 과정이 된다.

이러한 생각들은 다음과 같은 가정에 기반하고 있다. 대중문화 텍스트는 생산자가 만들어낸 의미만을 갖는다는 것, 그리고 수용자들은 그러한 조작에 희생당하고 쉽게 영향 받는다는 것. 그러나 다음 장에서 살펴볼 것과 같이, 이것은 텍스트성 연구와 경험적 수용자 연구에 의해 반박되었다.

▌3▌ 문화 텍스트의 다원적 의미와 수용자의 능동적 의미 생산

지금까지의 텍스트성 연구 결과에 따르면, 문화 텍스트는 하나의 고착된 의미를 갖는 것이 아니라 수용자에 따라 다르게 볼 수 있는 다양한 의미를 갖는다. 이것이 홀이 제안한 텍스트의 다원성 개념이다. 그는 '입력된 코드와 해독된 코드가 꼭 들어맞지 않을 수 있음'을 주장하고, 이에 따라 지배적 해독, 교섭적 해독, 저항적 해독 등의 세 가지 해독 모델을 제안했다(Hall, 1980: 136-68). 다시 말해, 모든 텍스트들이 모든 독자들에 의해 동일하게 해석되는 것은 아니라는 것이다.

홀에게서 영향을 받은 몰리와 그밖의 연구자들이 행한 일련의 수용자 연구에 따르면, 텍스트의 의미가 생산되는 과정에는 텍스트가 소비되는 맥락과 특정한 수용자들에 의해 텍스트에 주어지는 사회적 내용이 중요하게 작용한다. 이런 생각들은 의미지도가 구성되는 방식들, 하위 문화 그룹 내의 실천, 제도, 대상들에 어떤 의미를 부여할 것인가 등을 연구한 하위문화 혹은 청소년 문화를 연구한 사람들에게 영향을 주어, 결국 텍스트의 개념을 넓히는 결과를 가져왔다. 다시 말해, 기존에는 글로 씌어진 텍스트, 혹은 특정한 문화적 산물에 국한되었던 텍스트에 그 개념이 한정되어 있었지만, 그것을 해석하는 데에 사회적 맥락이 중요하다는 점이 부각되면서, 텍스트의 의미를 생산하는 수용자들의 문화적 실천, 의식들, 의상 및 행동과 같은 것들까지도 텍스트의 개념에 포함되게 되었다는 뜻이다(Turner, 1995: 104). 물론 이러한 문화 텍스트 개념의 확장을 문학교육에서 어떤 방식으로 수용할 것인가에 대해서는 좀더 깊은 논의가 필요하겠지만, 적어도 문학 텍스트에 대한 독자의 의미 생산 과정에도 이러한 맥락들이 작용한다는 것, 따라서 그러한 맥락까지도 텍스트 해석에 동원이 되어야 한다는 점을 시사하는 것임은 받아들일 필요가 있다고 본다.

한편 텍스트의 다원성 개념이 수용자의 능동성에 대한 논의를 열어놓기는 했지만, 텍스트가 '선호된 해독(preferred reading)'을 갖는다는 생각, 즉 텍스트 내에 각인된 제도적, 정치적, 이데올로기적 질서가 있다는 생각(Hall, 1980: 134)은 여전히 중요한 것으로 남아 있었음을 지적하고 넘어가야겠다. 다시 말해 홀의 이론이 도입된 이후에도 이데올로기는 대중문화의 분석에 있어 여전히 중요한 개념으로 남아 있었고, 이에 따라 수용자의 능동성이 곧 지배적 이데올로기에 대한 저항인 것으로 생각되었던 시기가 한동안 있었다. 그러나 문화와 이데올로기는 동의어가 아니다. 피스크와 하틀리가 말했듯이 문화 텍스트는 언제나 어느 정도는 애매한 것이다(Fiske, J. & Hartely, J., 1978: 157). 그리고 텍스트 뒤에 감추어져 있는 이데올로기를 발견하고 드러내는 데 목표를 두는 분석, 지배적 해독과 선호적 해독이라는 이분법적 모델에 충실한 분석을 갖고는 수용자들이 문화 텍스트를 이용하면서 느끼는 즐거움을 설명할 수도 없다. 이것이 이데올로기 이론의 약점이다.

바흐찐의 '카니발' 이론과 바르뜨의 '쾌락', 피스크의 '기호적 민주주의'는 이데올로기 이론의 한계와 수용자가 문화 텍스트를 통해 느끼는 즐거움의 중요성을 보여주는 이론들이다. 즐거움이 헤게모니를 유지하는 방식과 관련되는 것을 인식하기는 해야하지만, 사람들이 대중문화를 즐김으로써 행복을 느낀다는 것도 인정할 필요가 있다. 그러지 못하면 우리는 앞서 살펴보았던 것과 같이, 학생들을 지배적 이데올로기에 현혹되어 진실을 보지 못하는 희생자로 보는 또 하나의 엘리트주의에 빠지게 될 것이다. 이러한 맥락에서, 대중문화의 교육을 '탈신화화'의 방식으로 보는 것을 경계할 필요가 있다. 그런 관점에서는 대중문화와 젊은이들이 그것과 맺는 관계의 복잡성과 다양성을 평가절하하기 때문이다.

우리의 경우에도 대중문화 교육에 대한 관점은 상당히 부정적인 측면으로 기울어져 있다.[63] 이러한 시각에는 대중문화에 관심을 기울이는 학생들은 그것이 얼마나 유독한지를 미처 깨닫지 못하고 있다는 것, 교사가 그것을 깨우쳐 주어야한다는 생각이 깔려 있다. 그렇기 때문에 대중문화 텍스트를 교육에 도입하려 한 애초의 이유는 학생들이 그것에 관심을 기울이고 있기 때문이었으면서, 막상 그것에 대한 교육

---

63) 대중문학의 교육에 체계적으로 접근한 대표적인 논문으로 최미숙(1995)를 들 수 있다.

적 실천은 대중문화의 부정적 측면을 분석하고, 그럼으로써 학생들이 얼마나 가볍고 천박한 거짓 문학성에 매료되어 있는가를 밝혀내는 것으로 귀착되는 것이다. 그러나 이렇게 되면 애당초 왜 대중문화를 교육에 끌어들여야 하는가 자체가 문제로 되어버린다. 또한 이런 관점은 실제로 학생들이 이미 대중문화의 속성에 대해 잘 알고 있는 경우가 많다는 점을 무시하고 있다. 사실 많은 사람들이 우려하는대로 학생들이 전적으로 대중문화에 의해 영향을 받는 것은 아니다. 그리고 대중문화에 대해 비판하지 않고 다만 즐기는 학생들이라 할지라도 비판할 줄 아는 능력이 없어서라기보다는 그 문화가 주는 즐거움을 받아들이는 것에 더 흥미를 느끼기 때문에 그러는 경우들도 많다. 그렇다면 오히려 교사가 해야할 일은 학생들이 키치시에 매료되어 느끼는 즐거움을 인정하고 그 즐거움의 원천이 무엇인가를 학생들과 함께 해명하는 것일지도 모른다. 학생들이 키치시에서 느끼는 즐거움은 과연 진부한 낭만주의 때문인가에 대해 다시 생각해볼 필요가 있다는 것이다.

문화 텍스트에 고정된 혹은 안전한 의미가 단 하나 존재한다는 생각은 잘못된 것이다. 또한 텍스트는 이데올로기로 환원될 수도 없고, 설사 이데올로기가 있다 해도 사람들이 그것에 의해 완전히 지배당하는 것도 아니다. 사람들은 각자가 처한 다양한 맥락 속에서 텍스트의 의미를 생산하고 특정한 가치를 부여하는 것이다. 코드 입력자 혹은 의미 생산자, 혹은 저자에 의해 '보내진 메시지'를 중심으로 하는 의사소통은 코드 해독자, 즉 수용자 내지 독자에 의해 '만들어진 메시지', 즉 창조적인 텍스트 소비를 중심으로 하는 의사소통으로 대체되어 가고 있다. 윌리스가 말했듯이 보수적 시각에 의해 정말로 애도되고 있는 것은 문화적 엘리트에 의한 일방적 권력 관계의 의사소통이 상실되어 가고 있다는 점일 것이다. '만들어진 메시지'를 중심으로 한 의사소통은 근본적으로 민주주의적인 것이다(Willis, 1990, 135-136).

그런데, 여기서 한가지 짚고 넘어가야 할 문제가 있다. 수용자의 능동성을 인정할 때, 교사들은 어떻게 학생들의 의미생산 과정에 개입할 수 있으며 해야하는가의 문제가 제기된다. 이것은 문화와 교육에 의해 구성되는 학생들의 정체성 문제, 그리고 교수와 학습 간의 관계 등의 문제와 연관해 해명할 필요가 있다.

|4| 학생들의 정체성 형성과 문화교육에서의 대화 문제

정체성이란 문화와 교육 간의 관계를 따지는 데 있어 가장 중요한 주제 중의 하나이다. 학생들이 어떤 문화 텍스트를 읽을 때, 그 해석에는 인지적이고 논리적인 과정 뿐만 아니라 감성적이고 정서적인 측면도 작용한다. 그것은 학생들이 처해 있는 맥락과도 상호작용하면서 학생들의 정체성을 형성하는 데 개입한다. 이에 대한 연구를 수행한 크리스쳔 스미드는 '읽기 및 쓰기 행위는 독자가 글쓴이가 생산한 책이나 텍스트와 맺는 사회, 경제, 정치적 관계를 구현하고 있다. 리터러시는 독자의 정체성과 의식의 구성을 포함하여 집이나 학교, 그리고 사회에서 배우는 사회적 실천의 모든 범위를 반영한다."고 말한 바 있다 (Christian-Smith, 1993).

그런데 여기서 말하는 정체성이란 독자들이 사회문화적으로 갖고 있는 차이로 환원되는 것이 아니다. 예를 들어 여기서 말하는 차이란, 중산층 가정에서 자란 남학생의 텍스트 해독은 노동자 가정에서 자란 여학생의 해독과 다르다는 식의 개념이 아니라는 뜻이다. 정체성은 언제나 유동적인 것이고 복수적인 것이기 때문이다. 이런 관점에서 그로스버그는 독자들, 즉 읽기 행위의 주체들이 갖는 차이를 권력 효과로 보는 '행위자 이론'을 제안했는데, 그것은 주체들 간의 차이 자체를 강조하는 것이라기보다는 타자성을 강조하는 것이다. 이것은 한 사람의 독자마다 하나의 정체성이 있는 것이 아니라 어떤 고정된 패턴으로 환원할 수 없는 복수의 정체성이 있고, 그것은 언제나 그 정체성들 간의 힘과 갈등 관계에 의해 달라질 수 있다고 보는 것이다(Grossberg, 1994: 14-15). 따라서 문화교육이 학생들의 정체성 구성에 개입하는 적절한 방법은 무엇인가가 문제된다.

그런데 학생들의 정체성 형성을 문제 삼는 이러한 문화교육적 질문은 사실상 문화 연구가 형성되기 시작된 초기부터 제기되어왔던 질문이다. 문화 연구를 시작한 주요 연구자들 모두가 대학 바깥에서 이루어지는, 그리고 학문간의 벽을 넘어서는 교육적 실천을 하면서 문화적 질문을 던지기 시작한 것은 우연이 아니다(Grossberg, 1994: 203). 윌리엄스의 초기 저작인 <문화와 사회>는 옥스퍼드 대학 영문학 박사로서 평생교육원에서 노동계급에게 세익스피어를 가르치며 겪었던 경험을 통해 나온 것으로, 여기서 윌리엄스는 영문학 교육을 통한 특정한 가치의 옹호가 대다수의 평범한 사람들이 살아가는 평범한 삶을 평가절하하는 수단이 되고 있는 점을 고발하고자 한 책이다(Turner, 1995: 47-48). 이러한 그의 생각은 앞서 말했던 바와 같은 보수주의자들이나 좌파들의 엘리트주의에 대한 적절한 비판인 동시에, 교육에서 문화를 다루어온 전통주의적 시각에 대한 문화주의적 반론의 중심 생각을 보여준다. 교사들이 스스로를 계몽적인 진리의 담지자로 여기고 학생들이 갖는 문화적 판단력을 평가절하하는 것 역시 평범한 사람들의 문화에 대한 엘리트주의적 오만함을 표출하는 것이 되기 때문이다. 문화적 질문을 던지는 것이 교사와 학생 간의 전통적인 권력 관계를 해체하는 의미를 갖는 것은 이 때문이다. 만약 '역사의 진보란 과연 어떤 것인가'라는 문제에 대해 아무런 확언을 할 수 없다면, 어떤 특정한 가치를 미리 규정하는 어떤 지식도 보편타당하고 안전한 것으로 보장받을 수 없다. 다른 평범한 사람들과 마찬가지로 학생들 역시 지배적인 문화의 어떤 이데올로기에 아무 생각 없이 끌려가 미혹되는 존재가 아니라는 점을 받아들여야 한다.

그러나 이것이 곧 사람들이 처한 현실, 그들의 상식, 그들의 자기 정체감을 교사가 단순히 받아들이고 찬양해야 함을 뜻하지는 않는다. 왜냐하면 그 지점들이야말로 문화적 갈등이 벌어지는 장소이기 때문이다. 교사가 해야할 일은 복수의 정체성을 갖고 있는 개개인들이 텍스트를 읽으면서 벌이는 자기 안의 다양한 정체성들 간의 내적 대화를 촉진하는 것이다. 이 대화는 개인 안에 들어와 있는 타자들과의 대화로, 매우 갈등적인 것이다. 그로스버그가 제안하는 바, '접합과 위태로움을 본질로 하는 교육'에서는 시간을 뛰어넘는 적절한 지식이나 언어, 혹은 읽기 기술이 있다는 생각을 거부한다. '이것은 문화가 어떻게 작용하는가를 이론적으로 또 실천적으로 알기 위해 다른 영역들, 담론들, 실천들을 연결짓고, 혹은 선을 긋고, 또 접합시키는 위험을 기꺼이 감수하는 상황맥락적 실천이다. 이러한 교육은 학생들에게 자신의 세계를 새로운 방식들로 재구성할 수 있는 힘을 부여하며, 더 나아가 자신의 미래를 이제껏 생각해보지 않은 방식들로 다시 접합시킬 수 있는 힘을 부여하는 교육이다."(Grossberg, 1994: 18) 나 자신을 아는 것은 내 안의 타자를 인식함으로써 가능하게 된다(Brantlinger, 1990: 3).

이러한 이론을 학교 수업에서의 실천으로 결합시키기 위해 런던 시

내의 학교에서 현장 연구를 실시한 데이비드 버킹엄과 줄리안 세프턴 그린은 대중문화에 대해 가르치고 배우는 일을 변증법적이고 대화적인 과정으로 보아야 한다고 주장한다. 이들은 계속해서, 대중문화의 교육이 '행위와 반성, 이론과 실천, 언어 사용과 언어 연구가 끊임없이 반복되는 운동'이어야 함을 주장한다. '학습이 일어나는 것은 바로 문화 텍스트들에 대한 말하기, 쓰기, 시뮬레이션 활동, 그밖의 실천 행위 등, 다양한 경험과 언어 양식들 간의 상호작용과 전이를 통해서이다. 학생들이 이미 갖고 있는 지식을 명확하게 드러내도록 하고, 다시 구성하고 하고, 거기에 대해 문제제기하게 하는 것이 무엇보다 중요하다. 이러한 반성과 자기 평가 속에 학습 과정의 중요한 국면이 들어 있다.'는 것이다.

그러나 이들이 주장하듯이, 대중문화에 대해 가르치는 것은 학생들에게 또 하나의 문화적 자본을 갖도록하는 것, 다시 말해 그들에게 '해체'니 '이데올로기'니 하는 말을 사용하여 문화 텍스트를 분석할 수 있는 능력을 심어주는 것이 되어서는 안된다. 그 대신에 우리는 언어와 문화에 대한 보다 폭넓은 리터러시를 학생들에게 제공함으로써, 그들로 하여금 점점더 증대하는 기술공학적이고 미디어 지향적인 사회를 대비할 수 있게 해 주어야 한다.[64] 중요한 것은 그 범위와 방법이다.

여기서 다시 그로스버그의 사고가 도움이 된다. 교사가 교실 내의 지식 생산에 책임을 져야 한다는 통념에 반대하면서, 그는 교사와 학생들 간의 대화, 또 학생들 간의 대화를 통한 지식 생산을 주장한다. 이러한 대화는 교사가 학생들을 교육 대상으로가 아닌 교육의 동등한 동반자로 볼 때 가능해진다. 앞서도 말했듯이 미래의 문화가 어떤 방향으로 흘러갈지에 대해서는 장담할 수 없다. 문화가 의존하고 있는

---

64) 리터러시의 사회문화적 개념을 역사적으로 고찰한 Ong(1995)을 참조할 것.

기술공학의 발전 속도와 방향에 대해 누구도 예측할 수 없기 때문이다. 또 그러한 기술 및 문화의 변화와 발전이 또 어떤 문화적 차이를 낳고 우리의 해석을 기다릴지에 대해 알 수 없기 때문이다. 따라서 대화적 교육은 단지 현재의 문화적 차이와 갈등의 해소만을 위해 필요한 것이 아니라 교사와 학생이 함께 미래를 준비해갈 수 있는 방법이 된다는 점에서도 중요하다. 이것은 민주주의의 작은 실천을 시작하는 것이기도 하다.

▌5▌ 문화교육과 문학교육의 관계

문화 연구의 시작은 전통적인 문학교육이 특정 계층의 문화적 가치를 옹호하고 다른 문화적 가치를 배제함으로써 갖는 일종의 권력 효과에 문제를 제기하는 차원에서 비롯되었다. 그런만큼 전통적인 문학적 가치를 옹호하는 순수문학 위주의 문학교육과 대중문화의 가치를 옹호하는 문화교육은 갈등 관계에 있다고 볼 수 있다. 그러나 그렇다고 해서 문학교육이 문화교육적 문제제기를 외면할 수 있는 것은 아니다.

사실 우리의 중등학교 문학교육에서는 김소월, 한용운, 윤동주 등등의 작품을 가르치기만 할 뿐, 학생들이 즐겨 읽는 원태연 등의 연애시류는 왜 학교에서 가르치지 않는 것인지, 또 이광수, 염상섭 등의 소설은 가르치면서 베스트셀러 목록에 올랐던 무수한 대중소설들을 가르치지 않는지에 대해 설명하지 않는다. 그것들은 문학성이 낮거나 아직 검증되지 않았다는 이유만이 반복될 뿐이다. 문제는, 그런 과정에서 학생들은 학교에서의 문학교육이 학교 바깥에서 벌어지는 문화적 상황에 대비하도록 도와주지 않는다는 것을 간파한다는 데 있다. 학생들이 단지 시험을 잘 보기 위해 문학 공부를 하고, 문학 과목에 아무리 공부해도 성적이 오르지 않는, 일부 문학도들을 위한 과목으로 치부해 버리게 되는 이유가 이 때문이다. 이러한 지적은 지금까지의 문학교육의 대상이었던 순수문학 교육을 거부하려는 것이 아니라, 그것과 대중문화와의 관계 설정을 문제삼으려는 것이다.

한편 문화교육은 지금까지 이론적으로만 상정되어 왔던 수용자, 독자의 능동성 문제가 문학 수업을 운영하는 데 있어 현실적으로 적용될 수 있고, 또 되어야 함을 시사한다. 학습자 중심의 교육은 이론적으로나 이념적으로만 천명되는 데 그쳐서는 안 되고 문학 수업에 적용되어야 한다. 문학교육과 문화교육의 관계는 앞으로도 계속 이론적, 실천적으로 논의해야 할 여러 쟁점을 안고 있지만, 문화교육이라는 문제 설정은 문학교육을 한 단계 진전시키는 데 있어 긍정적으로 기여할 수 있다고 본다. 문화교육의 연구성과를 문학교육에 수용하는 일이 보다 다각적으로 이루어져야 할 것이다.

제 **2** 부

다매체 시대의 국어교육

제 6 장
미디어 리터러시의 국어교육적 수용

▌1▐ 문화교육으로서의 미디어 리터러시 교육

흔히 '영상 미디어 세대' 혹은 'N 세대'로 불리는 요즘 아이들을 교육의 장에서 보다 의미 있는 방식으로 만나고자 노력하는 교사, 그리고 아이들이 경험하는 새로운 미디어 환경과 이를 통한 새로운 커뮤니케이션 방식을 국어교육의 장에서 어떻게 수용할 것인가를 고민해 온 국어교육 연구자들이라면 누구나, 학생들의 실제적 국어 사용 경험을 반영하는 다양한 미디어 텍스트를 국어교육의 장에 포함해야 한다는 주장을 반복해서 들어왔을 것이고, 또 어느 정도 이에 공감하고 있을 것이다. 그러나 학생들의 삶에 있어 대중문화, 그리고 그것이 소통되는 경로인 다양한 미디어의 중요성 및 이에 대한 교육적 접근의 필요성을 국어교육 내에 수용하자는 담론은 단지 국어교육의 내용적 영역을 확장하는 차원을 넘어서는 것이어야 한다고 본다. 구체적으로 왜, 어떻게 미디어교육을 국어교육이 끌어안을 것인가에 대한 보다 섬세한 논의를 바탕으로 구체적인 교육방법론을 수립하는 단계가 필요하다는 뜻인데, 이러한 논의는 국어교육을 '리터러시 교육'이라는 보다 넓은 커뮤니케이션 교육의 영역 속에서 그 위상과 사회적 역할을 재고하는 데에서 출발할 수 있다.

전통적인 리터러시 교육의 한계는 단순히 인쇄 매체를 기반으로 해 왔다는 점, 다시 말해 대상 매체의 가짓수가 부족했다는 점에만 있는 것이 아니다. 그 매체 언어인 모국어, 특히 표준어의 '올바른' 사용 규칙이라든가 '좋은' 문학예술작품의 이해를 강조했던 데서 볼 수 있는 바와 같이, 전통적인 리터러시 교육 자체에 내재해왔던 문화적 한계는 근대적 국민국가의 언어 문화적 통일을 담당해왔던 각 나라의 언어교육이 공통적으로 지녀온 것이기 때문이다. 따라서 미디어 리터러시 교육이 보다 의미 있는 기획이 되기 위해서는 영상 언어 등을 포함한 다양한 미디어 '언어'의 사회 문화 제도적 의미 작용에 대한 비판적 이해를 바탕으로, '보편적'이거나 '정상적'이지 못하다는 이유로 교육의 장에서 밀려나 있는 다양한 문화적 가치를 수용하고 생산할 수 있는 능력을 청소년들에게 길러주기 위한 교육을 지향해야 한다. 다시 말해, 미디어 리터러시에 대한 사회적 관심은 '리터러시'의 개념을 매체의 다양성 뿐 아니라 가치의 다양성, 그리고 의미의 다양성 및 문화적 제도와 그 역학 관계 속에서의 의미 작용에 대한 이해와 개입을 중심으로 새롭게 규정하는 것이어야 한다.

이처럼 커뮤니케이션 경로의 다양성 및 문화적 다양성에 대한 인식을 바타웅로 한 사회문화적 기획으로서의 미디어 리터러시 교육은 미래 사회를 능동적으로 '디자인'하는 의미생산자, 이런 의미에서 사회적 변화의 능동적 참여자로서의 청소년을 길러내기 위한 리터러시 교육의 필요성에 대한 인식을 바탕으로 한 '멀티리터러시 교육(mululiteracies pedagogy)'의 기획과 맞닿아 있다. 미국, 영국, 오스트레일리아 등 영어권 국가들의 저명한 언어, 커뮤니케이션 학자들이 미국의 뉴런던에 모인 것을 시작으로 1년여 동안 공동 연구한 결과를 발표해 화제가 되었던 뉴런던 그룹(The New London Group)의 새로운 리터러시 교육에 대한 선언문, '미래 사회를 디자인하는 멀티리터러시 교육'에서는 언어적 의미, 시각적 의미, 음성적 의미, 제스처의 의미, 공간적 의미, 그리고 이들의 복합적 작용으로 생산되는 멀티모드적 의미 패턴 등 여섯 가지 의미 요소의 '디자인' 능력을 새로운 리터러시 교육의 핵심으로 제안하면서, 청소년들로 하여금 그들의 다양한 사회적 삶에서 일어나는 의미작용에 능동적 비판적으로 참여하게 하는 새로운 교육 기획의 필요성을 역설했다.[65](The New London Group, 1996: 65)

새로운 미디어 '언어'를 통한 '읽기, 쓰기' 능력에 대한 멀티리터러시 교육에 대한 관심은 새로운 소통 매체의 다양성을 교육의 장에서 수용하는 차원을 넘어서 각각의 '매체' 언어에 대한 청소년들의 비판적 개입을 바탕으로 한 소통과 협상 능력을 강조하고 있다. 이런 점에서 볼 때, 이제는 미디어교육의 고전적 매뉴얼이 되다시피 한 영국영화연구소의 다음과 같은 여섯 가지 범주는 영상미디어나 뉴미디어와 같은 새로운 미디어 텍스트의 읽고 쓰기 뿐 아니라 책이나 잡지, 신문 등과 같이 인쇄 매체를 기반으로 한 '올드 미디어' 텍스트의 읽고 쓰기에도 적용되어야 한다고 본다.

---

65) 뉴런던 그룹에 참여한 학자들은 코트니 카즈덴(Courtney Cazden), 빌 코오프(Bill Cope), 제임스 쿡(James Cook), 노만 패어클라프(Normal Fairclough), 짐 지(Jim Gee), 매리 칼란치스(Mary Kalantzis), 군터 크레스(Gunther Kress), 알랜 루크(Allan Luke), 카먼 루크(Carmen Luke), 새라 마이클즈(Sarah Michaels), 마틴 나카타(Martin Nakata) 등이다.

  (1) 소통의 주체는 누구이며 어떠한 목적으로 소통하고 있는가?
     (media agencies)

  (2) 주어진 미디어 텍스트는 어떤 종류의 것인가? (media categories)

  (3) 주어진 미디어 텍스트는 어떻게 생산되었는가? (media technol-
     ogies)

  (4) 그것이 무엇을 의미하는지 어떻게 알 수 있는가? (media audi-
     ences)

  (5) 누가 그 텍스트를 수용하며 그 의미를 이해하는가? (media audi-
     ences)

  (6) 주어진 미디어 텍스트는 그것이 다루는 대상을 어떻게 제시하
     고 있는가? (media representation)

■ ■ ■ (Bowker, 1991: 6)

이와 같은 여섯 가지 질문들을 다양한 미디어 '언어'의 의미 작용에 적용함으로써, 신문, 잡지, 책 등 문자 언어를 기반으로 한 보다 전통적인 인쇄매체를 포함해, 라디오, 영화, 텔레비전, 비디오와 같은 영상, 음성 매체, 그리고 최근의 인터넷, 핸드폰, **PDA**, 디지털 텔레비전 등과 같은 뉴미디어를 아우르는 커뮤니케이션의 방식에 대한 학습에 있어 리터러시 교육이 갖는 의미를 중심으로 국어교육의 영역과 목표를 새롭게 구성할 수 있을 것이다. 어떠한 방식의 커뮤니케이션이든 그것을 가능하게 하는 매체적 특성, 그리고 이를 둘러싼 의미 생산자 및 수용자의 관계를 고려해야 하기 때문이다.

▎2▎ 커뮤니케이션 교육으로서의 국어교육과 미디어교육

어느 특정한 사회적 사건에 대해 보도하고 있는 다양한 신문 혹은 방송 뉴스의 기사들을 텍스트로 삼아, 헤드라인의 언어만을 통해 뉴스의 가치를 분석하고, 각각의 신문들의 '개성'을 묘사해 보는 것, 이를 통해 각 신문 혹은 방송이 무엇에 집착하고 있는지(주제), 그리고 각 기사에서 긍정적으로 그리는 '주인공'은 누구이고, '악당'은 누구인지를 분석하는 언어교육적 활동을 생각해 볼 수 있다. 남북한 사이의 서해교전을 다룬 기사여도 좋고, 미국의 9·11 사태를 다룬 기사여도 좋다. 이러한 학습 활동을 하는 데 있어서도 미디어 텍스트를 보는 여섯 가지 측면, 즉 누가 어떠한 목적으로 소통하고 있는가 주어진 텍스트는 어떤 종류 혹은 장르의 것인가, 어떻게 생산된 텍스트인가, 어떠한 언어로 씌어진/말해진/보여진 것인가, 대상으로 하고 있는 수용자는 누구인가, 수용자들은 그 텍스트를 어떻게 이해하고 있는가, 그 텍스트는 다루는 대상을 어떻게 재현하고 있는가 등을 유념해야 할 것이다. 이러한 학습활동을 통해 학생들은 신문이나 방송과 같은 미디어가 특정한 사회적 정치적 입장과 관점에서 어떻게 독자 혹은 시청자와 소통하고 있는가, 그러한 이처럼 특정한 사건에 대한 다양한 입장과 관점 그리고 메시지는 어떠한 언어(음성 언어, 문자 언어, 이미지 및 영상 언어 등)를 통해 어떻게 각인되고 있는가, 또 그러한 언어를 통해 메시지를 읽어내는 수용자로서의 자신의 입장과 의미 생산 방식에 대해 이해할 수 있게 될 것이다.

이러한 방식의 미디어 수용은 미디어를 통한 언어적 실천, 즉 생산에 대한 교육으로도 확장되어야 한다고 본다. 예를 들어 어떤 신문이나 방송을 통해 어떤 자원봉사활동 단체에 관한 기사를 접한 학생이 그 단체에 대해 좀더 자세하고 다양한 정보를 얻기 위해 하게 되는 다양한 메시지 생산 방식을 고려해 볼 수 있다. 우선 아는 사람에게 물어볼 수 있을 것이다. 이 경우에도 직접 얼굴을 마주한 자리에서 말하고 들을 수도 있지만, 전화나 이메일과 같은 통신 미디어를 경유할 수 있는데, 어떠한 매체를 통할 것인가에 따라 메시지를 조직하고 전달하는 방식, 음성 언어 혹은 문자 언어의 톤, 스타일 등은 크게 달라질 것이다. 얻어진 정보를 보다 많은 사람들과 나누기 위해 비디오를 제작해 동영상 파일로 저장해 웹사이트에 올리기로 한다면, 영상 언어의 작용 방식 뿐 아니라 웹사이트를 통한 소통에 있어 고려해야 할 점 등 알아야 할 것들이 더 많아질 것이다. 따라서 이제 전통적인 언어를 통한 소통 능력을 가르치고 배우는 것 역시 경유하는 매체의 특성에 따른 차이점을 이해하고 적용할 줄 아는 문화적 능력을 포함해야 한다고 본다.

　한편, 전통적인 언어 및 다양한 미디어를 통한 소통 활동과 생산물을 문화교육적 관점에서 재규정하는 것은 전통적인 문학교육에서 다소 소홀히 다루어졌다고 할 수 있는 문학의 산업적 측면을 고려하여 문학 텍스트를 읽고 쓰게 하는 교육에 관심을 기울일 것까지도 요청한다. 예를 들어, 문학 텍스트 읽기와 관련해서는 특정한 문학 텍스트가 '문학성' 있는 것, 가치로운 것, 혹은 대중적이거나 인기 있는 것으로 판단되는 현상을 온라인/오프라인 그리고 단행본/계간지/무크지/동인지/일반 잡지/교육용 도서 등과 같은 출판 산업 및 인쇄 매체 내의 다양한 출판 방식이라는 맥락 속에서 이해하는 것이 필요할 것이다. 또, 문학 텍스트 쓰기와 관련해서는 학생들의 창작물을 어떠한 매체를 통해 독자와 만나게 할 것인가를 고려하게 하는 거도 필요할 것이다. 이는 단지 도서의 판매 부수와 웹사이트의 조회 수를 고려하도록 가르쳐야 한다는 것이 아니라, 문학 텍스트의 독자 혹은 작가로서의 학생들이 내리게 되는 문학적 가치와 소통 방식에 대한 입체적인 이해를 도모해야 한다는 것이다.

이러한 학습은 예를 들어, 인쇄 매체를 통해 '뜨는' 문학에 대한 이해, 그리고 '스타' 작가라는 사회 문화적 현상에 대한 이해를 포함할 것인바, 이는 대중 매체를 통해 '뜨는' 영화/TV 드라마/음악과 '스타' 배우/뮤지션 등에 대한 비교를 통해 더욱 효과적으로 이루어질 수 있을 것이다. 이 경우 최근 '주례사 비평' 등의 용어를 만들어내기도 한 '문학권력논쟁'을 문학 텍스트의 생산 및 가치 부여와 밀접히 연관되어 있는 신문, 계간지 등과 같은 매체적 환경에 대한 이해를 깊이 할 수 있을 것인데, 이는 우리로 하여금 문화적 가치 판단을 내리도록 하는 시스템에 대한 이해라는 점에서 문화교육으로서의 리터러시 교육에 있어 중요한 영역으로 포함되어야 할 것이다. 이런 점에서 다양한 매체를 통한 커뮤니케이션 교육의 영역 안에 국어교육의 위상을 설정하는 것은 비판적 사고 능력의 함양을 통해 문화 현상에 대해 깊이 있게 이해하며, 그러한 문화 현상의 수용자 및 생산자로서의 학생들의 위치를 고려하게 한다는 의미에서 성찰적 문화교육으로 나아갈 수 있다고 본다.

|3| 능동적이고 성찰적인 '독자'로서의 의미생산자를 길러내는 미디어 리터러시 교육

다양한 미디어를 통해 문화적 다양성을 존중하는 커뮤니케이션 능력을 갖춘, 능동적이고도 성찰적인 의미생산자를 길러내는 것이 미디어교육의 목표라고 규정할 때, 과연 '능동적', '성찰적' 미디어 읽기란 무엇인가를 어떻게 규정할 것이며, 이를 위한 교사의 역할은 어떻게 규정할 것인가가 핵심적인 문제로 떠오른다. 이를 논의하기에 앞서 우선 미디어 연구 및 교육에서 학생들의 미디어 읽기를 어떤 시각에서 바라보아 왔는가에 대해 간략히 언급할 필요가 있겠다.

70년대에서 80년대에 이르는 기간의 미디어 및 문화연구의 주된 패러다임은 미디어와 대중문화의 이데올로기적 측면을 강조하는, 이른바 '저항적' 접근이었다고 할 수 있는데(Turner, 1996), 이러한 접근법에서는 청소년들로 하여금 미디어의 부정적 영향력으로부터 '비판적 자율성'을 갖도록 하는 데 주력했으며, 이 점에서 미디어교육이 일종의 문화정치적 기획으로 자리매김되기도 했다(Masterman, 1980; 1985). 한편, 이러한 생각은 미디어 텍스트의 의미를 텍스트 자체에 내재해 있는 이데올로기적 메시지로 규정하는 롤랑 바르트의 '신화론'에 그 뿌리를 두고 있었는데(Barthes, 1972), 청소년들을 그러한 텍스트의 의미를 그대로 받아들이는 수동적 존재로 보는 이론적 가정에 의해 뒷받침되고 있었다.

그러나 80년대 초반부터 서서히 미디어 텍스트의 이데올로기적 의미에 '저항'하는 비판적 의미생산자로서의 수용자에 대한 가설 및 경험적 연구결과가 축적되기 시작했다. 스튜어트 홀(Stuart Hall)의 '선호된 해독(preferred code)', '협상된 해독(negotiated code)', '저항적 해독(oppositional code)'의 세 가지 의미 생산 가설을 통해 미디어 수용자의 능동성을 주장했다(Hall, 1980). 비록 홀의 의미 생산 이론을 경험적으로 입증하고자 한 데이비드 몰리(David Morley)의 선구적 연구가, 스스로도 인정했듯이 초기에는 수용자의 사회적 지위나 직업 등에 따라 저항적 해석이 가능하다는 식의 '계급결정론'에 빠지는 오류를 범했던 것은 사실이다(Morley, 1981). 그러나 보다 섬세한 연구방법의 도입을 통해 이러한 오류를 극복해 가면서 90년대의 미디어 문화 연구는 어린이와 청소년을 포함한 수용자들의 미디어 수용의 능동적이고 성찰적인 측면 및 미디어 텍스트 읽기의 사회문화적 측면에 대한 문화기술적 연구를, 수용자 연구'라는 패러다임으로 발전하게 되었다(Moores, 1993).

　수용자 연구는 어린이와 청소년 수용자를 미디어의 부정적 영향력의 '희생자'가 될 가능성이 짙은 '수동적 수용자'로 규정했던 이전의 패러다임에 반발한 나머지, 어린이와 청소년들이 늘 미디어와의 관계에 있어 '현명한', 그리고 그 부정적 영향력으로부터 '해방된' 존재라고 부장하는 극단적 주장의 오류를 범하기도 했다(Buckingham, 1993: 18). 그러나 어린이와 청소년 수용자의 '능동적' 혹은 '비판적' 미디어 읽기에 작용하는 사회문화적 관계, 즉 그들이 미디어를 접하게 되는 사회적 컨텍스트 및 텍스트를 읽는 데 영향을 주는 수용자 자신들의 사회적 포지션, 그리고 그들이 특정한 미디어 텍스트를 접한 후 이에 대해 이야기를 나누며 그 의미를 만들어가게 되는 사회적 관계 등이 텍스트의 의미를 이해하는 데 관련된 어린이와 청소년들의 인지적 능력 못지않게 커다란 작용을 하고 있다는 사실에 점차 주목하기 시작했다.

　이와 관련하여 어린이들의 텔레비전 읽기를 중심으로 미디어 리터러시 발달에 대한 사회문화적 연구 패러다임의 새로운 전환을 이룬 것으로 평가되는 밥 호지(Bob Hodge)와 데이비드 트립(David Tripp)의 저서, <어린이와 텔레비전의 관계에 대한 기호학적 접근(Children and Television: A Semiotic Approach)>을 주목할 필요가 있다. 이에 따르면, 어린이들이 보이는 특정한 텔레비전 프로그램에 대한 반응은 어른들의 그것과 매우 다를 수 있는데, 어린이들의 반응은 그들 자신의 삶에 유효한 의미들을 생산하는 매우 복잡한 인지적, 사회적 행위로 이해되어야 한다.

예를 들어, 텔레비전 만화영화에 대해 어린이들이 보인 반응과 이에 대해 어른 연구자가 행한 기호학적 텍스트 분석을 비교해 보면 그 만화영화의 의미 구성이라든가, 이에 대해 말하는 방식 등에 있어 엄청난 차이가 나타나고 있는데, 그 근본적인 이유는 어린이들의 경우 '만화영화'라는 특정한 장르 및 텔레비전 보기 행위에 대한 그들의 이해가 인지적인 측면에서나 사회적인 측면 모두에서 발달 단계에 있기 때문이다. 예를 들어 특히 9세 이하의 어린이 시청자들에게는 음성 혹은 문자 언어의 코드보다는 영상 언어적 코드가 더 많은 의미를 만들어내는데, 그것은 이들이 눈에 보이는 것들을 있는 그대로 받아들이는 경향이 있어서, 여러 가지 단편적인 영상 이미지들이 프로그램 전체로 보면 복잡한 의미 체계 내에서 하나의 일관된 의미를 만들어낸다는 점을 이해하기보다는 여러 가지 모순들이 단순히 얽혀 있는 것으로 이해하는 경향이 있다는 것이다(Hodge & Tripp, 1986: 71).

이런 점에서 볼 때 흔히 부모나 교사를 포함한 어른들에 의해 단지 '시간 낭비'일 뿐인 것으로 여겨지곤 하는 어린이들의 텔레비전 시청은, 사실상 어린이들이 하나의 TV 프로그램 안에 들어있는 영상 이미지들로부터 특정한 의미를 보다 일관되게 이끌어낼 수 있는 그들 나름의 '문화적 지식'을 축적해가고 있는 시간으로 이해되어야 하며, 더 나아가 그들이 장기적으로 형성하게 될 일종의 '사회에 대한 이해'의 바탕을 이루는 태도 형성에 영향을 주는 '능동적 학습 행위'로 보아야 한다는 것이다(Hodge & Tripp, 1986: 52). 호지와 트립의 이러한 연구 결과는 한국의 어린이들의 미디어 텍스트 수용에 대한 발달심리적, 문화기술적 연구를 통해 비교 검토될 필요가 있으나, 어린이들이 미디어를 통해 사회문화적 지식을 축적해가는 과정을 이해하는 데 있어 중요한 시사점을 던져주고 있다고 본다.

어린이들의 텔레비전 시청을 문화적 지식의 축적 및 사회적 이해의 심화 및 인지적 발달 과정의 일부로 이해하는 것 이외에, 또 한 가지 호지와 트립의 연구에 대해 주목해야 할 점이 있다. 어린이, 청소년의 텔레비전 프로그램에 대한 의미 형성 과정이 다름 아닌 '담론적 과정(discursive processes)'이라는 점, 그 과정에 있어 부모나 교사와 같은 어른 혹은 자기보다 더 나은 이해력을 갖고 있는 동료 아이들의 이야기가 미디어 텍스트에 대한 아이들의 해석에 영향을 미친다는 점, 이 점은 단지 인지적인 과정이 아니라 매우 사회적인 관계라는 점을 보여준 점이 바로 그것이다. 예를 들어 어린이들의 만화영화 해석은 그들이 관계를 맺고 있는 다른 사람들과의 사회적 관계, 특히 어린이들과 이야기를 나눈 어른 연구자와의 대화라는 사회적 컨텍스트를 고려해야 제대로 이해할 수 있다는 것이다.

좀더 자세히 말하자면, 어린이들은 어떤 (텔레비전) 텍스트에 대해 이야기할 때, 크게 두 가지 유형의 서사구조를 보이는 경향이 있는데, '파라탁시스(parataxis)'와 '하이퍼탁시스(hypotaxis)'가 그것이다. '파라탁시스'란 예를 들어 'A는 B이구요, A는 C를 했구요, D랑 친하구요, 나는 B가 좋아요.'라는 구조에서 볼 수 있는 것처럼, 종속 관계를 보이지 않는 병렬적 서사 구조를 말하고, '하이퍼탁시스'란 예를 들어 'A는 B 인데, 그 이유는 A는 C를 했기 때문이다. A는 D랑 친한데 그것은 A가 B라는 점, 혹은 A가 C를 한 것과 관련이 잇고, 그런 점에서 볼 때 나는 B가 좋다.'라는 식으로 종속 관계를 보이는 서사 구조를 말한다. '파라탁시스'는 아직 조리 있게 이야기를 구성할 줄 모르는, 아직 발달 단계에 있는 어린이들의 이야기에서 흔히 볼 수 있다. 흥미로운 점은, 이렇게 '파라탁시스' 서사구조로 만화영화에 대해 이야기할 때의 아이들은 서로 간에 차이가 나는 텍스트 이해에 대해 이의 제기를 하지 않는 반면, '하이퍼탁시스'를 통해 비교적 조리 있게 이야기를 전개하는 어른 연구자의 이야기를 들은 후에는 이를 자신들의 이야기 전개 구조에 적극 반영하는 한편, 어른 연구자에게 자신들의 이야기를 인정받으려는 과정에서 어린이들 사이의 의견 대립을 보이기 시작한다는 점이었다(Hodge & Tripp, 1986: 146).

이 연구의 탁월한 점은, 좀더 일관성 있고 논리 정연한 이야기 구조를 만들어간다는 의미에서의 인지적 발달 과정의 사실은 어린이들과 어른 연구자 사이의 사회적 상호작용, 또 어린이들 서로 간의 사회적 상호작용 과정과 분리시킬 수 없다는 점을 일깨워준 데 있다. 어른 연구자의 위치를 교사 혹은 부모와 바꾸어 놓고 사고할 때, 이 연구 결과는 미디어 리터러시의 교육에 있어 학습 상황이 갖는 사회적 담론적 과정의 중요성을 강조하고 있는 점, 다시 말해 미디어 텍스트를 접하는 것 뿐 아니라 그것에 대해 이야기하는 방식을 주도해 나가는 어른들의 교육적 역할이 어린이들과 청소년들의 리터러시 발달에 중요한 영향을 미친다는 점을 강조하고 있는 것이다. 이처럼 사회적 과정으로서 미디어 텍스트 읽기를 이해하는 것은 미디어 텍스트 읽기에 대해 얼마나 문화적 교육적 다양성을 견지할 것인가와도 직결되는 문제이다. 단편적인 영상 이미지와 언어적 모티브에 불과한 '파라탁시스'적 의미 서술을 보다 논리적으로 일관된, 그리고 인과관계 설정 및 가치 판단을 요구하는 '하이퍼탁시스'적 의미 체계로 만들어가는 데 있어 어른들의 언어적 설명이 영향을 미치기 때문이다.

한편 십대 중후반의 청소년들을 대상으로 그들이 즐겨보는 텔레비전 프로그램에 대한 수용자 연구를 수행한 바 있는 데이비드 버킹엄(David Buckingham)은 어린이와 청소년 모두에게 있어 텔레비전 프로그램의 줄거리를 다시 이야기해 보는 것, 그리고 그 프로그램의 장르와 현실 재현 등에 대해 일정한 판단을 내리는 것과 같은 행위는 그들의 지속적인 자아정체감의 형성과 밀접하게 관련되어 있다고 말한다(Buckingham, 2000). 이는 어린이와 청소년들이 미디어에 대해 이야기하는 것에 대한 담론 분석을 통해 드러나는데, 어떤 대상이나 인물, 사건에 대한 그들의 이야기가 어떠한 사회적 가정과 가치, 그리고 자신의 판단을 통해 규정하고 있는가는 그들이 의식적 혹은 무의식적으로 선택하는 단어의 성격이나 말하기 방식 등을 통해 드러난다.

이런 점에서 볼 때, 미디어 리터러시의 교육은 단지 읽고 쓰기라는 인지적 과정만을 강조하는 데서 벗어나, 미디어와 어린이, 청소년이 맺는 사회적, 담론적, 정서적 관계에 주목하면서 이를 토대로 하는 의미 협상 과정 및 자아정체감의 형성에 대해 학생들 스스로 인식하게 해야 한다고 본다. 미디어 텍스트에 대한 비판적 의미 분석을 중심으로 한 접근 방법이 자칫 텍스트에 대한 교사의 해석과 입장을 마치 정답인양 제시하게 될 우려가 있다는 점 또한 텍스트 해석을 중심으로 한 교사와 학생의 교실 안 소통에 있어 조심스럽게 고려하면서, 학생들 스스로의 개인적 사회적 경험과 위치를 반영한 다양한 문화적 읽기를 학습공동체 혹은 해석공동체로서의 국어 교실 안에서 나누게 할 필요가 있는 것이다. 이런 점에서 볼 때 그러한 과정을 주도적으로 이끌어갈 주체로서의 교사의 역할이 지니는 중요성은 아무리 강조해도 지나침이 없을 것이다.

|4| 미디어 텍스트 '작가'로서의 의미생산자를 길러내기 위한 미디어 교육

미디어 텍스트를 '읽는' 교육 혹은 '비평' 교육은 국어교육 내에서 그 영역을 비교적 점차 넓혀 온 반면, 미디어 텍스트를 '쓰는' 교육 혹은 '제작' 교육은 아직까지 많은 경우에 있어 특별 활동의 영역 속에 남겨져 있다. 그 이유는 현실적으로 영상 촬영이나 편집 등을 위한 기자재 등의 시설이 학교에 제대로 갖추어져 있지 않다는 점, 그리고 이러한 시설을 활용해 새로운 미디어 '언어'로 커뮤니케이션할 줄 아는, 그런 의미에서 '미디어 이해력이 있다(media literate)'고 말할 수 있는 교사의 절대 부족에 기인할 것이다.

그러나 미디어 '쓰기' 교육의 이러한 현실은 인문학에 뿌리를 둔 국어교육의 테크놀로지에 대한 두려움 뿐 아니라, 학생들의 감성적 자기표현을 위주로 한 글쓰기 교육이 뒷전으로 밀려나다시피 한 논리적 글쓰기 위주의 편향적 쓰기 교육에도 기인한다고 본다. 따라서 미디어 텍스트 '쓰기' 혹은 제작 교육이 새로운 기술을 바탕으로 한 일종의 '타이핑' 기술의 습득이라는 차원을 넘어서 새로운 매체 '언어'를 통한 커뮤니케이션의 주체, 다시 말해 미디어 텍스트의 '생산자/작가'로서의 능력을 학생들에게 길러주는 차원으로 사고되기 위해서는 일종의 창작교육적 차원에서 미디어 리터러시의 교육을 바라볼 필요가 있으며, 이러한 교육을 통해 어떠한 감수성을 가진 아이들을 길러내고자 하는가 하는 근본적인 문제를 고민해야 한다.

미디어교육이 발달한 외국의 경우에도 대체로 미디어에 대한 비판적 분석을 위주로 한 접근은 학교교육에서 많이 다루어져 온 반면, 청소년들만의 독특한 목소리를 표현하는 방식으로서의 미디어 제작을 통한 일종의 표현교육은 학교 밖 청소년 문화시설들에서 주로 청소년 문화교육 내지 시민교육 차원에서 이루어져 온 경우가 많다. 역사적으로 보자면, 1960년대 말 유럽에서 벌어진 새로운 정치, 사회, 문화 운동이 비디오의 대중적인 보급과 맞물리면서 사회 운동을 활성화할 수 있는 새로운 정치, 사회, 문화 운동이 비디오의 대중적인 보급과 맞물리면서 사회 운동을 활성화할 수 있는 새로운 종류의 매체로서 비디오가 주목받게 된 점, 일반인이 접근하기에는 너무나 세련된 테크놀로지와 특정한 이데올로기적 체제에 기반하고 있는 것으로 보여졌던 주류 텔레비전 방송에 대한 대안적 문화 운동의 매체로서 비디오가 떠오르게 된 것과 맞물리면서, 비디오 제작 교육은 사회 문화를 변화시킬 수 있는 새로운 시대의 리터러시 교육의 핵심으로서 그 교육적 중요성을 주목받게 된 점을 들 수 있다(Willener et al, 1976: 132).

이러한 시대적 배경과 유사한 움직임이 현재 한국 상황에서는 디지털 비디오 카메라 및 인터넷의 대중적인 보급, 그리고 시민사회의 성숙을 바탕으로 한 '퍼블릭 액세스(public access)' 운동으로 나타나고 있다. 시민이 직접 참여하는 방송을 공중파, 케이블, 위성 방송에 의무적으로 내보내도록 한 방송법의 개정(2000년)[66]을 계기로 일반 시민과 청

---

66) 이주영, '퍼블릭 액세스의 한국적 실험 : KBS 열린 채널' 참조.

소년을 대상으로 각종 미디어 제작 능력에 대한 교육의 필요성이 제기되게 되었고, 이는 각 지역의 (영상) 미디어센터 건립과 맞물리면서 미디어교육에 대한 관심을 증폭시키게 되었다. 새로운 매체로 '씌어진' 텍스트의 의미를 능동적, 비판적으로 생산하는 '읽기' 차원에서의 미디어교육 뿐 아니라, 청소년과 시민 한 사람 한 사람이 새로운 매체를 통해 자신의 생각과 느낌을 표현할 수 있도록 하는 '쓰기' 차원의 미디어교육의 중요성이 강조되고 있는 것이다.

그런데 사실 이러한 의미에서의 미디어교육은 학교 밖 사회시설에서만 강조될 성질의 것이 아니라, 학교교육에서도 특히 국어교육의 영역 안에서도 적극적으로 포용되어야 하는 것이다. 비디오 촬영이나 편집 시설과 기법에 대한 이해가 교사와 학생들에게 현실적으로 부담스럽게 여겨진다면, 스토리보드 등을 활용하여 구상 차원까지만 해 보는 연습 활동으로 그쳐도 상관없다. 좀더 전문적인 제작 교육은 그것을 담당할 곳과 학교가 연계해서 하는 방안을 고려할 수 있기 때문이다. 여기서 문제의 핵심은 리터러시 교육의 대상이 되는 커뮤니케이션 매체의 다양성을 인정하면서 각각의 매체 '언어'를 통해 학생 스스로가 소통의 주체가 되어 특정한 종류의 미디어 텍스트를, 구체적인 수용자를 대상으로 생산할 수 있는 능력을 가르치는 데 있기 때문이다. 예를 들어, 어떤 시 작품, 신문 1단 기사, 혹은 만화 한 컷 등을 보고 받은 느낌을 바탕으로 단편 영화를 만드는 작업을 한다고 생각해 볼 수 있다. 이러한 작업 과정에서 가장 중요한 것은 동기를 부여하는 시, 신문 기사, 만화 등의 텍스트를 나르대로 해석하고 그 해석을 교사 및 동료 학생들과 토론하면서 자기의 느낌, 그리고 만들고자 하는 이미지를 정확한 언어로 표현해 내는 것, 이를 통해 자신의 영상 언어적 소통 능력

http://www.coincine.co.kr/essay/kbs.html)

을 길러나가는 것이다. 이러한 과정은 그 자체로 시, 신문 기사, 만화 등과 같은 언어적 텍스트에 대한 해석 능력을 기르는 과정이라는 점에서 전통적인 국어교육에서 얻고자 하는 효과를 정확히 반영하고 있는 것이다. 한편, 음성이나 문자 언어를 완전히 배제한 순수한 영상 언어는 거의 존재하기 어렵다는 점, 달라진 매체 환경 속에서 음성이나 문자 언어는 이미지와 영상 언어가 공존하는 방식으로 존재하는 경우가 많다는 점, 따라서 멀티리터러시의 관점에서 소통의 방법을 교육하는 것이 필요하다는 점 등에서 이러한 활동의 국어교육적 효과를 설명할 수 있을 것이다.

그렇게 했을 때 정작 문제가 되는 것은, 미디어 제작이라는 사회적 실천과 관련하여 어떻게 미디어 테크놀로지에 대해 가르칠 것인가라고 본다. 이런 문제를 고민하는 데 있어 진 레이브(Jean Lave)와 에티엔 웽거(Etienne Wenger)의 <상황학습(Situated Learning)>은 미디어교육을 커리큘럼적인 측면에서 새롭게 고려하는 데 많은 시사점을 준다. 레이브와 웽거에 따르면, 테크놀로지를 배우는 것은 단지 그 도구의 사용법을 배우는 것이 아니라 "특정한 테크놀로지가 실현되어 온 역사에 대해 배우고, 그것을 바탕으로 한 문화적 삶에 직접적으로 참여하는 것"이다(Lave & Wenger, 1991: 101). 이를 미디어교육에 적용하면, 미디어 제작을 위해 미디어 테크놀로지와 테크닉에 대해 배우는 것은 단지 카메라나 컴퓨터의 작동법에 대해 배우는 차워에 그치는 것이 아니라, 스크린 상에 이미지를 특정한 방식으로 구성하는 것과 관련된 특정한 사회역사적 실천으로서의 미디어 관습과 만나는 의미를 갖는다.

레이브와 웽거의 예를 들어 설명하자면, 우리는 창문이 존재함에도 불구하고 그것을 통해서 건물 안에서 건물 밖의 풍경을 바라볼 수 있다. 이처럼 우리가 창문을 통해 창문 너머의 사물을 바라볼 때 창문은 우리에게 '보이지 않는(invisible)' 존재이다. 다른 말로, 이 때 우리는 창문에 주목하거나 신경을 쓰지 않는다. 그러나 만약 창문이 깨끗하게 닦여 있지 않다면 우리에게 창문 너머의 사물이 보이게 되는 방식에 대해 주목하게 될 것이다. 다시 말해, 창문은 우리에게 '보이는(visible)' 존재가 된다. 이를 영화나 텔레비전과 같은 미디어 텍스트에 적용해 보면, 보통의 경우 우리는 특정한 영화나 텔레비전 텍스트의 제작에 사용된 테크닉에 그다지 주의를 기울이지 않는다. 다시 말해 그 테크닉들은 우리에게 '보이지 않는' 존재이다. 그러나 만약 영화나 텔레비전이 특정한 현실을 구성하는 방식에 의해 우리의 인식이 어떻게 영향을 받는가에 대해 문제 삼으며 보기 시작하면 그 테크닉들은 우리 눈에 띄게 된다. 그것들이 '보이는' 것이다. 스크린 상의 현실 구성을 관객들에게 노출시키지 않기 위해 보통은 사용하지 않는 '점프 컷(jump cut)'을 일부러 사용함으로써 영화를 보는 행위 자체에 대한 관객의 의식을 일깨우려 했던 장 뤽 고다르(Jean Luc Godard)의 편집 기법은 이처럼 '보이지 않는' 테크닉을 문제 삼는 방식의 테크닉을 사용한 감독이었다는 점을 기억할 필요가 있다. 이와 같은 예에서 볼 수 있는 바와 같이, 미디어 제작 교육을 '쓰기' 교육 혹은 '표현' 교육 차원에서 국어교육에 수용하는 경우, 이러한 새로운 매체 '언어'를 통한 의미 구성 방식이 어떠한 사회문화적 실천을 의미하는가에 주목하는 것을 포함해야 한다는 점을 강조하고 싶다.

|5| 미디어 리터러시 교육에 있어서 교사의 역할

학생들과 교사들이 내리는 문화적 가치의 판단을 포함한 미디어 텍스트 의미의 구성은 그들의 사회적 경험 등에 따라 각기 다르게 마련이다. 이 점을 고려할 때, '텍스트 의미의 다양성'이라는 문제를 구체적인 '비평'과 '제작'을 다루는 교육의 장에서 어느 정도로 허용할 것인가 하는 점은 매우 근본적인 고려 사항으로 제기된다. 교사가 가르칠 만 하다고 혹은 '교육적'이라고 판단하는 가치적 측면을 어느 정도로 교실이라는 '학습 공동체'에서 합의하도록 할 것인가의 문제인데, 자칫 잘못하면 원칙 없는 다양성을 허용하는 방향으로 나아갈 수도 있고, 또 반대로 의미의 다양성을 허용하지 않으면서 교사의 읽기만을 일방적으로 강요하는 방향으로 나아갈 수도 있기 때문이다.

레이브와 웽거의 인류학적 학습 이론에 따르면, 학습자들은 어떤 특정한 사회적 실천을 공유하는 '커뮤니티(community of practice)'의 새로운 '구성원'으로 학습의 장에 들어온다. 수영을 배우러 수영장에 간 사람이 이미 수영할 줄 아는 사람들의 커뮤니티에서 인정하는 '수영 능력'을 배움으로써 '수영할 줄 아는 사람'으로서의 일종의 '멤버십'을 얻을 수 있는 것처럼, 미디어 '읽기' 혹은 '쓰기'를 배우는 학생은, 미디어 비평 혹은 제작에 관련된 일정한 훈련을 이미 거쳐 미디어 비평 혹은 제작 활동을 하고 있는 사람들이 구성한 일종의 '커뮤니티'에서 인정하는 특정한 능력을 배움으로써 일종의 '멤버십'을 얻게 된다. 이와 같은 멤버십을 얻는 과정을 매개하는 곳 중의 하나가 학교이고, 또 구체적인 매개자가 바로 교사라고 할 수 있다. 미디어 비평이든 제작이든 학교에서 가르치는 이에 대한 특정한 능력은 학교 안에서만 통용되는 것이 아니라, 현실 사회의 맥락 속에서 통용되는 것이 일정하게 걸러진 것이기 때문이다.

그런 점에서 미디어교육은 미디어 텍스트 읽기를 중심으로 하는 데서 벗어나 미디어가 어떻게 사회적으로 배포되고 사용되는가에 보다 더 많은 관심을 기울일 필요가 있다는 문화교육적 관점에 귀를 기울일 필요가 있을 것이다. 미디어에 대한 보다 본격적인 교육은 미디어 텍스트의 생산과 수용을 둘러싼 '문화적 과정'에 대한 탐구라는 보다 넓은 영역 속에 위치 지워져야 하며, 이런 점에서 미디어교육은 문화연구의 일부가 될 필요가 있다. 학생들에게 문화연구라는 특정한 학문의 이론을 가르치자고 주장하는 것은 아니다. 학생들이 자신의 문화적 경험을 통해 발달시키는 그들 나름의 일상적 능력과 이론에 대해 이해하고 그것들에 대한 존중을 바탕으로 문화를 학습하자는 것이다.

누구나 다 전통적인 리터러시 교육을 통해 글을 쓰고 읽는 법을 배웠듯이, 이제는 누구나 다 새로운 의미의 리터러시 교육을 통해 다양한 매체를 통한 커뮤니케이션 능력을 배울 필요가 있는 시대가 되었다. 다양한 매체 '언어'를 통해 텍스트를 '읽고 쓰는' 능력의 교육이, 앞서 제시한 바와 같이 단지 매체의 다양성 뿐 아니라 가치의 다양성을 포괄하는 문화교육적 차원에서 이루어져야 한다는 점, 그러한 교육에 있어 학교 안팎의 사회문화적 실천으로서의 미디어 리터러시를 가르칠 수 있는 교과로서 국어 교과는 큰 역할을 담당해야 한다고 본다. 이를 위한 보다 실천적인 방안으로서의 교사 양성 및 연수 프로그램에는 신문, 잡지, 책 등과 같은 인쇄 매체, 텔레비전, 영화 등과 같은 영상 매체, 인터넷을 포함한 멀티미디어의 작용 방식에 대한 이해 및 문화사적 이해, 청소년들의 미디어 문화에 대한 이해, 미디어교육의 다양한 접근방법의 이론 및 실천의 사례, 학교 안팎의 미디어교육 현장의 참여 관찰, 국내외의 미디어교육 학습 자료 검토 및 제작 능력 배양, 미디어교육 실습 등의 다양한 프로그램이 포함되어야 할 것이다. 이에 대한 보다 체계적인 논의가 필요하다고 본다.

제 7 장

문화적 담론으로서의 국어교육 교재

┃1┃ 다양한 입장을 바탕으로 씌어지는 영국의 자국어교육 교재들

'교과서'라는 말은 교사와 학생이 일년 내내 공부하도록 정해진 어떤 특정한 책을 의미한다. 그리고 '교과서적'이라는 말은 '규범적이다', '틀에 박혀있다', '고리타분하다', '시대와 상황의 변화에도 불구하고 변하지 않는다'라는 부정적 느낌을 연상시키는 경우가 많다. 그런데, 이런 의미의 교과서는 우리의 역사적 현실에서 특수하게 생겨난 것일 수도 있다. 사실 영국에는 이러한 의미의 교과서가 없다. '텍스트북(text-book)'이라는 단어가 있기는 하지만, 이 말은 대체로 어려운 개념이나 지식을 학생들이 이해할 수 있는 말로 쉽게 풀어놓은 책을 뜻하는 것으로, 교사가 수업을 위해 활용할 수 있는 교재 가운데 하나라고 보면된다. 다시 말해, 영국에는 우리처럼 특정한 책 하나를 교과서로 지정해 전국의 모든 학생이 다같이 일년 내내 밑줄을 그어가며 샅샅이 공부하는 경우는 없다.

한편 영국의 교재들은 어떤 텍스트이건 저자의 특정한 관점과 입장을 바탕으로 만들어지며, 따라서 교재마다 다양한 '색깔'을 보여준다.67) 문학 교재로 범위를 좁혀 좀더 구체적으로 말하자면, 영국의 문학 교재들 중에는 매우 전통적인 관점의 '문학성'을 바탕으로 씌어진 교재들이나, '영국 문학의 위대한 전통'을 강조한, 주로 세익스피어 문학 읽기에 치중한 교재들도 있지만, 문학 자체보다는 학생들이 문학 작품을 읽음으로써 느낄 수 있는 정서와 인식에 더 관심을 기울이고 있는 교재들, 또 소위 '문학성'을 인정받은 기존 작가들의 작품이 아니라 어린이와 청소년들이 성장 과정에서 부딪칠 수 있는 여러 가지 문제들을 탐구하고 있는 현대적인 어린이·청소년 문학 읽기를 중심으로 하는 교재들도 있고, 문학 자체를 역사 사회적 '담론'으로 보는 문화 연구의 성과에 바탕을 둔 교재들, 예를 들어 우리나라에도 번역되어 있는 테리 이글턴(Terry Eagleton)의 <문학이론입문> 같은 책의 문학관을 적용한 교재들이나, 페미니즘적 문학 연구 성과를 적용해 문학 작품에 나타난 '남성중심주의' 읽기를 강조한 교재들, 그리고 영국 근대 문학 작품들의 제국주의적 인식에 대한 비판을 바탕으로 탈식민주의적 문학 읽기를 시도하는 교재들도 있다. 이처럼 영국의 문학 교재들은 문학과 언어에 대한 서로 다른 관점과 그 교육적 의미에 대한 서로 다른 '담론'을 중심으로 구성되어 있다. 이 글은 이러한 영국의 국어교육 교재를 살펴보는 과정을 통해 언어, 문학, 문화에 대한 관점과 목소리를 가진 '담론'으로서의 교재의 출현을 기대해 보려 한다.

---

67) 우리 나라의 경우 문학 교과서가 특정한 문학 및 언어관에 바탕해 씌어진 경우는 매우 드물었지만, 그럼에도 불구하고 그 대체적인 경향은 '민족문학'과 '순수문학'의 모순적 결합에 바탕을 두고 있다는 연구가 나와있다. 자세한 내용은 정재찬(1996)을 참조할 것. 이런 분석에 근거해 볼 때 우리 나라 문학 교과서에도 좀더 다양한 색깔이 없을 뿐, 색깔 자체가 없다고 볼 수는 없을 것이다.

|2| 영국의 역사적 흐름 속에서 본 자국어교육 담론의 형성

이러한 다양한 목소리와 색깔을 가진 교재들은 지난 백여 년 동안 역사 사회적으로 변화해 온 영어교육(자국어교육)의 목적, 방향 및 방법에 대한 논쟁을 바탕으로 하고 있다. 여기서는 이러한 논쟁들이 영어교육 현장에 미친 영향을 간략히 살펴보고자 한다.[68) 여기서 살펴볼 다양한 접근법들이 우리 교육 및 국어교육 속에서도 이미 상당 부분 자생적 발생 혹은 이론적 도입을 통해, 적어도 이론적으로는 자리잡아 왔다는 점을 독자들이 읽어낼 수 있기를 바란다.

세계 제 1차 대전 이후의 영국에서는 전쟁을 겪으며 혼란스러워진 사회를 안정시키기 위해 교육을 재정비하려는 움직임이 일어났는데, 이는 특히 모국어인 영어와 영문학에 대한 학습을 중심으로 학교 교육을 재편함으로써 "영국인다운 가치"를 강조하려는 것이었다. 그 내용은 1921년에 발표된 정부 보고서인 <뉴볼트 보고서>(부제는 "잉글랜드에서의 영어교육")와 같은 해에 출판된 조지 샘슨(George Sampson)의 <영국인을 위한 영어교육>에 잘 나타나 있는데, 이에 따르면 영어교육의 목적은 학생들에게 문학을 가르침으로써 계급의 차이를 초월한 "공동의 문화"를 가르치는 것, 그리고 노동계급의 자녀들을 그들의 "야만성"과 "물질적 가치 숭상"으로부터 구제하여 "영국인다운 문명의 세계"로 진입하게 하려는 데 있었다.[69) 이러한 주장의 배경에는 세계

---

68) 여기서는 특히 교사들 사이에 널리 알려진 글인 Simons & Raleigh(1981)을 참조했다.
69) 영국 학교교육의 시작은 각 가정에서 가정교사를 두고 자녀를 교육하던 귀족이나 부르주아들이 사적인 가정교육을 '공적인(public)' 교육으로 바꾸는 데서 비롯되었다. 이러한 역사 때문에 영국 영어에서의 '퍼블릭 스쿨(public school)'은

제 1차 대전 이후의 뒤숭숭한 사회적 분위기에서 노동 계급이 "물질적 가치"를 숭상하는 공산주의에 젖어드는 것을 방지하려는 정치적 목적이 깔려있기도 했다.

이러한 근대 영어교육 초기의 목적은 1930년대 케임브리지 대학교 영문학과 교수였던 리비스(F.R. Leavis)와 그 제자 톰슨(Denys Thompson)의 문학 비평 이론을 통해 보다 이론적인 세련됨을 더하게 되었다. 이들에 따르면 문학은 사람들의 도덕적, 정신적 발달에 가장 중요한 수단이다. 하지만 아무 작품이나 골라서 아무렇게나 읽어서는 소용이 없고, "위대한 문학 작품"을 골라 이를 제대로 읽을 줄 아는 '비평적 훈련'을 받아야만 그 목적을 달성할 수 있다. '리비스주의'라고 불리는 이 문학교육관에서는, 젊은이들, 특히 노동계급의 젊은이들을 제대로 문화적으로 교육시키기 위해서는, 그리고 당시 유행하기 시작한 광고, 잡지, 영화, 대중 소설 등과 같은 "타락한 문화"와 그 상업주의적 유혹으로부터 젊은이들을 구제하기 위해서는, 이들로 하여금 "좋은 문화"와 "나쁜 문화"를 구별할 수 있는 눈을 길러주기 위한 비평적 훈련이 절대적으로 필요하다고 보았다. 이러한 문학교육관은 영어교사들에게 문학교육을 통해 젊은이들에게 "건강한 문화"를 함양시킨다는 막중한 임무를 부여함으로써 영어교육을 도덕적으로 정당화했다. 이 때문에 리비스주의의 보수적인 문학관은 70년이 지난 지금까지도 영어교육의 목적과 방향을 설정하는 주요한 근거로 남아있다.

부모들이 수업료를 부담하는 "사립학교"를 뜻한다. 수업료를 부담하지 않고도 다닐 수 있는 본격적인 의미에서의 공립학교는 그 수업료를 국가가 부담한다는 의미에서 '국가에 의해 운영되는 학교(state school)'라고 부른다. 아무튼 이러한 공립학교에서의 교육이 본격화되던 시기에 영어교육은 학교 교육을 받는 모든 학생들에게, 귀족, 부르주아, 노동 계급 등의 계급적 구분을 초월해 '영국인으로서 공통적으로 가져야 할 가치'를 가르칠 수 있는 수단으로 인식된 것이었다.

한편 1940년대 말에서 1950년대 초에는 영어교육을 보는 새로운 관점이 생겨났는데, 그것은 바로 어린이들의 '창의력'을 키워주는 것을 목적으로 하는 영어교육, 즉 교사 중심의 교육과정에서 어린이 중심의 교육과정으로 옮아간 진보주의 전통의 영어교육이었다. 미국의 존 듀이(John Dewey)와 영국의 캘드웰 쿡(Caldwell Cook)의 사상으로부터 발전하기 시작한 이 이론을 뒷받침하는 책으로는, 1946년에 출판된 허버트 리드(Herbert Read)의 <예술을 통한 교육>과 1949년에 출판된 마조리 하워드(Marjorie Hourd)의 <시적 정신의 교육>이 있다. 본래는 사립 학교의 어린이 교육을 대상으로 시작되었다가 이후 점차적으로 공교육 체제의 청소년들에게까지로 확산, 적용된 이러한 진보주의 교육 운동은, 어린이들로 하여금 어른들의 문학적 기준에 구애받지 않고 자유롭게 이야기와 시를 창작하게 하는 것을 가장 큰 목적으로 했다.

1963년에 출판된 책 <성찰>은 앞서 살펴 본 리비스주의, 즉 '위대한 문학 작품' 읽기 중심의 영어교육에 반기를 들고, 어린이 · 청소년들이 보다 쉽게 이해할 수 있는, 그리고 이들의 개인적, 사회적 경험을 담은 문학 작품의 교육, 특히 노동 계급 청소년들의 개인적 사회적 경험에 적합한 문학 작품의 교육에 주력함으로써, 이전까지의 영어교육에 대한 관점을 혁명적으로 바꾸려한 책이었다. 한편 이 책에서는 영국 영화연구소(BFI)에서 주장한 보다 진보적인 미디어 교육관에 동의하면서, 미디어 자체에 대해 무조건 비판하는 방식의 교육보다는 미디어 자체 내에서 '고급' 미디어와 '저급' 미디어를 비판적으로 가려낼 수 있는 방식의 교육이 필요하다고 주장하기도 했다. 이 책은 당시 20만 부가 넘게 팔릴 정도로 교사들에게 영향력을 행사하며 영어교육의 판도를 빠르게 바꾸어나가는 데 기여했다.

60년대 중 · 후반은 교사들의 자율성 증대와 '저항 문화'의 발전에 힘입어, 어린이들이 하고 싶어하게 하는 것을 가르치는 영어교육, 어린이들의 감수성에 바탕을 둔 영어교육을 해야 한다는 낭만적인 생각이 유행했던 시기이기도 했다. 그래서 영어교사들은 전통적인 수업 방식을 집어치우고, 안개 짙은 날 오후에 학생들과 함께 산책을 나가 밥 딜런(Bob Dylon)의 노래를 들으며 그 가사를 음미한다든가, 학생들과 함께 수업 시간에 재미있는 만화 영화를 만든다든가, 휴지통에 불을 붙여 그 타는 불꽃을 바라보며 느끼는 것들에 대해 글을 쓰게 하는 등의 갖가지 파격적인 방식을 통해 학생들의 감수성을 불러일으키고자 했다. 그런데 이런 방식의 수업이 교사들 사이에 유행하게 된 이유 중의 하나는, 이런 파격적이고 재미있는 방식의 수업이 소위 '공부 못하는' 혹은 '하기 싫어하는 학생들'에게 보다 유용한 것으로 여겨졌기 때문이기도 했다.

그러나 이러한 '학생 중심'의 영어교육은 1964년 이후 당시 런던대학교 영어학과 교수로 있던 기능주의 언어학자 마이클 할리데이(Michael Halliday)에 의해 철퇴를 맞게 되었다. 기능주의 언어학을 바탕으로 한 영어교육에 동조한 이들은, 학생들의 감성을 길러주는 문학교육보다는 보다 더 '기술적이고 유용한' 언어교육을 중심으로 영어교육이 재편되어야 한다고 주장하면서, 문학교육을 중심으로 하는 영어교사들을 '아마추어'로 몰아붙이기까지 했다. 그 핵심적인 주장은, 학생들에게 '언어학적으로 올바른 언어'를 구사할 수 있도록 가르치는 것이 진짜 영어교육이라는 것인데, 사실상 이는 '문학 작품의 교육을 통해 표준어로 말하고 표현할 수 있는 교육을 실현해야 한다'라는 1921년의 <뉴볼트 보고서>의 입장을 언어학적으로 좀더 세련화시킨 것일 뿐이었다. 그러나 어쨌든 이러한 기능주의 언어학의 입장에 동조하는 교사들의 공부 모임이 점차 발전되었고, 1963년에는 이를 모태로 오늘날의 전국영어교육협회(NATE: The National Association for the Teaching of English)가 결성되기에 이르렀다. 그러나 언어학에 치우친 이 협회의 독선적 노선에 대항한 영어 교사들이 점차 문학교육을 통한 어린이/청소년의 정서적 성장의 중요성을 다시 강조하게 되었는데, 이들의 견해는 런던대학교 교육연구소의 영어교육과 교수였던 존 딕슨(John Dixon)의 책 <영어를 통한 성장>에 잘 나타나 있다.

한편 1968년에 유럽과 미국을 중심으로 일어난 문화적 격변은 영어 교사들을 급격히 정치화시키면서, 교사들이 노동계급 청소년들의 경험에 보다 가까이 다가가려는 노력을 기울여야 한다는 생각에 불을 붙이는 한편, 자본주의 사회에서의 학교 교육의 모순에 대한 교사들의 관심을 본격화하는 계기가 되기도 했다. 특히 1972년의 파울로 프레이리(Paolo Friere)의 책 <억눌린 자들의 교육학>의 영어판 출판은, 영어교사 및 언어학자들이 언어를 진공상태에 놓인 것처럼 보는 기능주의 언어학에 도전해 리터러시를 사회 문화적 실천의 중심에 놓인 것으로 재규정하는 데 있어 이론적 힘이 되었다. 이러한 문화적 변화에 힘입어 많은 영어 교사들은 언어와 문학에 대한 비판적 관점을 토대로 학생들로 하여금 언어 사용과 사회 문화에 대한 비판적 의식을 갖도록 하는 것을 중심으로 한 비판적 영어교육관을 발전시키기도 했다.

이처럼 영국의 영어교육은 언어와 문학, 그리고 교육에 대한 서로 다른 관점들의 논쟁 속에서 변화, 발전해왔는데, 이 서로 다른 입장들은 조금씩 변화된 형태로, 또 모순적이나마 혼합된 형태로 현재의 영어교육 속에 남아 서로 논쟁을 벌이고 있다. 그리고 교재들은 영어교육에 대한 서로 다른 담론을 바탕으로 만들어지고 있다.

▌3▌ 교재의 사례들

여기서는 언어와 문학에 대해 보다 '진보적'인 담론을 바탕으로 만들어진 교재 셋을 예로 들어 보이고자 한다. 하지만 이 교재들이 적어도 영국의 상황에서는 정치적으로 지나치게 '과격한' 것들이 아니라는 점을 분명히 말해두고 싶다. 영국의 영어교육계에서는 사회언어학이나 담론 연구, 문화 연구의 발전과 그 학문적 연구 성과에 힘입어, 언어와 문학이 사회적 힘들에 의해 규정된다는 점, 또 이들이 사회적인 힘을 발휘하기 위해 쓰일 수 있다는 사실이 널리 받아들여지고 있다. 한편 환경 문제, 성적 평등과 성 정체성(sexuality)에 대한 인식, 인종적 편견과 제국주의적 인식의 문제 등에 대해 학교에서 가르치고 토론하는 것 역시, 학교에 따라 정도, 깊이, 방법의 차이는 있을지언정, 이런 문제에 대해 언급하는 것 자체에 대해 특별히 '정치적'인 것으로 여기지는 않는다. 이러한 사회적 문제들에 대해 균형잡힌 견해를 갖도록 가르치는 것이 21세기를 살아갈 건전한 시민 양성이라는 측면에서 매우 중요하다는 생각이, 적어도 지식인들 사이에서는 어느 정도 합의되어 있기 때문이다.

(1) 사회언어학적 시각의 언어 교재

이러한 입장의 언어 교육 사례로, 영어미디어센터(The English & Media Centre)에서 1997년에 발행한 교재인 <키 스테이지 3 영어 단원 교재>

의 '주장하기' 단원을 예로 들 수 있다. 영국 국정 교육과정에서의 '키 스테이지 3'에 해당하는 학생들의 나이는 11-14세로, 우리 나라 학생들로 치면 대략 중학생에 해당한다고 볼 수 있다. 이 '주장하기' 단원은 3주짜리 수업을 위한 것으로 기획되어 있고, 교재는 이 수업의 계획과 진행 방법을 설명하고 있는 '교사를 위한 설명'과 학생들의 '수업 활동 보조 자료'들로 구성되어 있다.[70]

우선 '교사를 위한 설명'을 보면, 이 단원의 주된 활동은 '환경 문제를 초점으로 하여 주장하는 방식을 배우되, 정보 책자, 시, 정치적 풍자 만화, 신문 기사, 선전 책자 등의 다양한 텍스트들의 정보 제공 및 주장 전개 방식에 대해 탐구하는 것'으로 제시되어 있다. 다시 말해 환경 문제에 대한 다양한 정보와 기존의 주장들이 나타나 있는 다양한 형식의 텍스트들을 접함으로써 이 문제에 대한 자신의 주장을 기존의 정보와 주장을 참조해 갖게 함은 물론, 이에 대한 자신의 주장을 전개하는 방식에 있어서도 전통적인 방식의 에세이 형식 이외의 다른 다양한 방식을 이용할 수 있도록 하는 것이다. 이에 따른 학습 단계는 모두 일곱 단계로 구성되어 있다.

1단계 : 학생들은 여러 가지 정치적 풍자 만화를 보면서 환경 문제

---

70) 참고로, 영국의 교사들은 교육과정에 규정된 학습 내용과 일정한 학년의 학생들이 도달해야 할 학습 수준, 혹은 각 시험 기관에서 제시한 실러버스에 규정된 학습 영역을 직접 참조하면서, 이러한 다양한 교재들 중에서 특정한 내용을 선택해 가르친다. 다시 말해, 영국의 교사들은 다양한 교재들 중에서 뽑은 내용들을 하나의 폴더에 모아 가는 방식으로 교재를 이용한다고 보면 된다. 학습 교재들은 학생이나 교사가 개인적으로 사서 보도록 기획, 출판되는 것이 아니라 각 학교의 영어과에서 일괄 구입해 수업 시간에 복사해서 사용할 수 있도록 되어 있는 것이 대부분이며, 따라서 교재 한 권당의 값도 비싸다. 값이 비싼 만큼 학생들은 교재를 구입할 수도 없고, 설령 구입한다 하더라도 수업 시간에 그룹 활동으로 하게 되어 있는 것들을 혼자서는 할 수 없기 때문에 소용이 없다.

의 여러 가지 주제에 대해 이해하고, 왜 이러한 문제들이
제기되었는지에 대해 분명히 설명할 수 있어야 한다. 그런
후 환경 문제에 대한 다양한 진술들에 동의하거나 반대함
으로써, 특정한 문제에 대한 입장을 채택하거나 이에 대해
방어하는 연습을 하게 된다.

2단계 : 학생들은 퀴즈 게임에 나갈 준비를 한다고 가정하고, 공해
　　　　에 대해 설명한 글을 읽으면서 이에 대한 정보를 이해한다.

3단계 : 학생들은 과학 학술지에 나온 도로교통에 관한 논문에 대
　　　　해 공부하되, 여기에 사용된 언어와 주장의 조직·전개 방
　　　　식에 중점을 둔다.

4단계 : 학생들은 자동차 공해 문제를 다룬 두 가지의 상반된 텍스
　　　　트를 읽고 공부한다. 교사는 이 텍스트들이 어떻게 다양한
　　　　의미로 해석될 수 있는가에 대해 가르쳐준다.

5단계 : 학생들은 '정보'가 담긴 텍스트와 '주장'이 담긴 텍스트의
　　　　'의도' 및 예상되는 '독자'에 초점을 맞춰 텍스트를 읽는
　　　　훈련을 한다.

6단계 : 학생들은 도로 교통에 관한 문제를 지적하는 내용을 국회
　　　　의원에게 보내는 공개편지 형식으로 지역 신문에 내기 위
　　　　해 작성한다.

7단계 : 학생들은 앞서 공부한 다양한 주장하기 방식 중 하나를 택
　　　　해 환경 문제에 대한 스스로의 주장을 펴는데, 그 '독자'와
　　　　'목적'을 분명히 규정해야 한다. 그 형식은 편지, 연설문,
　　　　라디오 연설문, 리플렛 등 다양할 수 있다.

　학생들이 환경 문제에 대한 입장을 개진하기 위해 이용할 수 있는
진술문들의 예는 다음과 같다.

1. 많은 사람들이 환경 문제를 고려해 종이와 병을 정기적으로 재
　 활용하고 있다.

2. 가난한 개발도상국가들이 세계 환경을 가장 많이 손상시키고 있

다.

3. 영국 국민들은 환경 문제보다는 범죄나 경제 같은 문제에 보다 걱정하고 있다.

4. 값싼 대중 교통은 우리 모두의 삶의 질을 향상시킬 것이다.

5. 집에서 쓰는 세제를 보다 환경 친화적인 것으로 바꾼다고 해서 지구의 대기 온도가 점점 높아지는 문제를 해결할 수 있는 것은 아니다.

6. 화단을 꾸미는데 빈 병을 활용한다든가 하는 방식으로 가정에서 나오는 폐기물을 재활용하는 것을 법으로 강제해야 한다.

7. 환경 문제를 해결하는 데에 돈을 써서는 안된다. 왜냐하면 영국 정부는 그런 돈을 감당할 수 없기 때문이다.

8. 재활용 종이를 사용하는 것과 같은 개인적 차원의 행동은 소용이 없다. 지구를 재난으로부터 구제하기 위해서는 획기적인 정부 차원의 실천이 요구된다.

이러한 다양한 활동을 소그룹 활동을 통해, 혹은 전체 토론을 통해 진행하는 과정을 통해, 교사는 학생들의 말하기/듣기, 읽기, 쓰기 등의 다양한 활동에 대해 가르치고 평가하게 된다. 교사는 3주라는 충분한 시간을 들여 '주장하기'에 대해 배우는 동안 '수행평가'를 동시에 진행한다. 이러한 활동을 통해 학생들은 '환경 문제'라는 특정한 문제에 대한 정보와 주장이 특정한 텍스트 형식을 통해 나타나는 방식 및 그 효과에 대해 배우고, 특정한 문제와 대상을 설명하는 언어가 특정한 관점을 배경으로 특정한 사회 정치적 효과와 힘을 갖게 된다는 점을 배우도록 되어 있다. 이 교재는 '환경 문제'라는 현실적 문제에 대해 다양한 현실 자료를 가지고 접근한다는 점, 학생들로 하여금 다양하고 갈등적이며 모순적이기까지 한 현실적인 문제 상황에 대해 스스로의 주장을 펴게 함으로써, 특정한 사안에 대한 주장하기가 단지 '말을 잘하는 것'의 문제에 그치는 것이 아님을 학생들에게 가르친다는 점 등

에서, 언어의 사회 정치적 성격과 힘에 대한 인식을 바탕으로 한 언어
교육의 특징을 잘 보여주고 있다.

(2) 담론으로서의 문학관에 따른 문학 교재

‘문학이란 무엇인가’의 문제에 있어, 문학에는 어떤 고유한 특성이
있는 것이 아니라 그 자체가 시대와 사회적 상황에 따라 생겨난 ‘특정
한 관점과 목적에 의해 구성된 담론’이라는 관점에서 접근한 문학교육
교재 중에 <변화하는 이야기들>이 있다. 이 교재는 민담에 대한 역사
문화적 연구의 성과를 반영한 것인데, 여기서는 구전 설화였던 <빨간
두건 이야기>가 시대에 따라 어떻게 변천해갔고, 근대적 동화로 정착
하게 되었는가를 재미있게 살펴보는 가운데, 문학이 사회 문화적으로
‘구성되는 것’이라는 인식을 할 수 있도록 기획된 단원을 소개하고자
한다.[71] 이 교재는 중등학교 7학년과 8학년 학생들(우리로 치면 초등학
교 6학년에서 중학교 1학년 수준의 아이들)에게 적합한 교재로 만들어졌
다. ‘이야기를 다시 쓰는 것은 새로운 것이 아니다’라는 소제목이 달린
부분을 살펴보면 다음과 같다.

---

[71] 민담이 구술 과정 및 문자 언어로의 정착 과정에서 변화해왔다는 사실, 특히 이
것이 향유되는 계층이 누구인가에 따라 그들의 기호에 맞게 변화해왔다는 사실
은, 문학에는 고유의 특성이 있다고 보는 전통적인 문학관에 도전해 ‘구성된
것’으로서의 문학관을 입증하는 강력한 증거가 되어왔다. 우리 문학의 경우에도
구술 문학이었던 판소리가 서민층에서 양반층으로 향유 계층을 달리하는 과정
에서, 또 이것이 문자로 정착되는 과정에서 생긴 내용상의 변화에 대한 실증적
연구가 고전문학계에서 이미 이루어졌다. 이러한 연구 성과를 토대로 “변화해온
춘향 이야기”와 같은 문학 교재를 만들 수 있지 않을까?

<이야기를 다시 쓰는 것은 새로운 것이 아니다.>

동화와 민담에 변화를 주는 것은 전혀 새로운 일이 아니다. 초기의 이야기들은 오늘날과 같이 책으로 기록되었던 것이 아니라 여행자들이나 이야기꾼들의 입을 통해 말로 전해졌었는데, 이야기를 전달하는 사람에 따라, 또 이야기를 듣는 사람들에 따라 그 내용이 조금씩 달라졌다.

동화나 민담이 책으로 나오게 되었을 때도 작가들은 자신들이 들은 그대로의 내용을 정확히 적지 않고, 자신의 생각에 맞게, 혹은 마음에 두고 있는 독자들의 기호에 맞게 이야기를 조금씩 바꾸었다. 이런 과정에서 작가들은 다음과 같은 일들을 했을 것이다.

- 이야기의 길이를 줄였다.
- 이야기가 좀더 '세련되게' 들리도록 하기 위해 단어를 좀 바꿨다.
- 너무 무례한 부분은 빼버렸다.
- 너무 잔인한 부분은 빼버렸다.
- 이야기에 나오는 사람들의 이름, 하는 일, 나이 같은 것들을 바꿨다.
- 이야기가 일어난 장소를 바꿨다.
- 이야기에 나오는 사람들이 행동하는 방식을 바꿨다.
- 독자들이 특정한 '메시지'를 받을 수 있도록 이야기를 바꿨다.

이러한 예비 지식을 바탕으로 학생들은 역사적으로 생겨난 다섯 가지 버전의 <빨간 두건 이야기>를 읽으면서 각 이야기의 차이점들을 비교하는 활동을 하도록 되어 있다. 이야기들을 읽어나가는 동안 학생들은 '과연 작가가 어떤 사람들을 독자로 염두에 두었을까'를 생각해 보아야 한다. 그런 다음 학생들은 소그룹 활동을 통해 <빨간 두건 이야기>의 각 버전에 나오는 '빨간 두건'이라는 주인공의 성격이 어떻

게 다르고 각 이야기의 끝은 어떻게 다른가를 차트를 만들어 비교하게
되는데, 다음과 같은 단어들을 사용해서 학습 활동을 하게 된다.

<'빨간 두건'의 성격과 행동>   <이야기의 끝>

<'빨간 두건'의 성격과 행동>	<이야기의 끝>
약하다	행복하다
강하다	슬프다
용감하다	폭력적이다
겁이 많다	웃긴다
똑똑하다	희망적이다
귀엽고 착하다	도덕적이다
단순하다	심각하다
독립적이다	
사려 깊다	
순종적이다	

이런 학생들의 학습 활동이 다 끝나고 나면 교사는, 이 다섯 가지
버전의 이야기들이 각각 어느 시기에, 누구에 의해, 어떤 목적으로 씌
어진 것인지에 대해 설명해주게 된다. 그리고나면 학생들은 정리 활동
으로 '이 다섯 가지 버전의 이야기들 중 어떤 것이 가장 마음에 드는
가, 왜 그런가?'에 대해 각자 글을 써보게 된다.

이 교재는 문학 연구의 성과를 바탕으로 어린이들이 재미있게 읽을
수 있는 동화와 민담을 소재로 했다. 이는 역사적으로 변화해 온 이야
기들을 읽어 가는 동안 특히 성차(gender)에 따른 편견들이 갖는 문제
점들을 탐구하고, 문화적으로 다른 세계 여러 나라의 이야기들을 읽으
며 비슷한 점과 다른 점들을 비교하는 가운데, 왜 특정한 이야기가 시
대에 따라 다른 내용을 갖게 되었는가를 탐구하면서, '문학이란 무엇
인가'에 대한 생각을 키워나갈 수 있도록 고안되었다는 점에서 독특하

고 의미 있는 교재이다.

(3) 문화이론적 시각의 문학 교재

앞서 살펴본 <변화하는 이야기들>이 중학교 수준의 학생들을 위한 교재라면, <문학 연구>는 고등학생 정도 수준의 학생들을 위해 만들어진 것으로 그만큼 수준도 높다. 이 교재는 크게 세 단원으로 구성되어 있는데 단원 1에서는 '문학이란 무엇인가?'라는 주제로 여러 가지 시와 소설 작품을 읽으며 '문학'의 정의에 관한 다양한 견해들에 대해 공부하도록 되어 있고, 단원 2에서는 "'문학적' 텍스트 읽기"라는 주제로 문학 텍스트를 문화적 산물로서 이해하기 위한 공부를 하며, 마지막 단원 3에서는 '성차(gender)의 관점에서 읽기'라는 주제로 기존의 여러 문학 작품들에 대해 페미니즘의 관점에서 읽어보도록 되어있다. 여기서는 단원 2의 서술을 예로 들어보기로 하겠다.

<문화적 산물로서의 텍스트>

자동차, 컴퓨터, 옷가지, 그리고 다른 소비재와 마찬가지로 문자화된 텍스트 역시 문화의 산물이다. 문화의 산물인 이 모든 것들은 사람들의 삶과 그들의 특정한 사고 방식 및 행동 방식에 맞도록 만들어져 있다. 또한 사람에 의해 생산된 이러한 물품들과 마찬가지로, 텍스트 역시 원료를 가공하고, 디자인을 하고, 일정한 가이드라인을 따르는 생산 과정의 결과로 창조되며, 그 최종 생산물은 특정한 경로를 거쳐 배포되고 소비자에 의해 구매된다. 우리는 예를 들어 자동차의 생산 과정에 대해서는 너무나 잘 알고 있다. 문학 텍스트의 경우에는 어떤 요소들이 그 생산 과정에 동원되는 것일까?

소그룹 활동 제안 : 네 명의 학생이 그룹을 만들어 문학 작품의 생산 경로에 대해 다이어그램을 그려보자. 이 다이어그램에는 다음과 같은 내용이 설명되어야 한다.

❈ 문학 텍스트의 원료는 무엇이며 그것들은 어디에서 구할 수 있는가?
❈ 문학 텍스트 생산과정의 처음과 끝은 무엇인가?
❈ 문학 텍스트의 생산과정에서 작가의 역할은 무엇인가?
❈ 문학 텍스트의 생산과정에서 독자의 역할은 무엇인가?
❈ 문학 텍스트의 의미는 어디에서 찾을 수 있는가?
❈ 서로 다른 문화들이 가진 신념과 가치는 문학 텍스트의 생산 과정에 어떤 영향을 주는가? (예를 들어 '교육'과 같은 사회적 제도는 어디에 위치 지울 수 있는가?)

소그룹 활동이 끝나고 나면, 각 그룹에서 만든 다이어그램을 커다란 종이에 붙여 전시하고 다른 학생들에게 설명해보자.

이러한 소그룹 활동을 하고나서 교사는 문학이란 어떤 작가의 아이디어를 표현한 것이며 따라서 문학작품의 의미는 그 작가의 '의도'에 의해 결정된다고 본 고전적인 문학관으로부터, 문학 작품의 생산 과정 및 읽기 과정에 개입되는 사회 문화적 컨텍스트를 중시하는 보다 현대적인 문학관을 설명하면서 다양한 문학 작품을 이러한 문학관에 비추어 읽어보는 학습 활동을 제시하게 된다. 다음은 찰스 디킨스의 소설 <어려운 시대(Hard Times)>에 대한 서로 다른 방식의 읽기에 대한 서술이다. 이 부분은 독자들을 위해 요약적으로 번역했음을 밝혀둔다.

<지배적 독해(a dominant reading)>

이 소설에 대한 비평가들의 지배적 견해는, 이 텍스트를 산업화가 진행되던 빅토리아 시대의 현실에 대한 충실한 기술과 비판으로 보는 것이다. 이러한 방식의 읽기에서는 작가 디킨즈를 빅토리아 시대의 산업화에 대해 비인간적이고 자연에 역행하는 행위로서 고발한 사실주의 작가로 본다.

<텍스트의 모호성(ambiguities)>

그러나 텍스트를 읽는 모든 방식이 그러하듯이 위와 같은 '지배적 독해' 역시 이 소설에 나타난 부분들 중 특정한 부분들만을 의미심장한 것으로 선택해 읽은 결과일 뿐이다. 다시 말해 '빅토리아 시대의 산업화에 대한 고발'로 이 텍스트를 읽는 것은, 이 텍스트의 다른 부분들을 강조해서 읽을 경우 다른 방식의 독해가 가능하다는 점을 무시한 결과이다.

최근의 문학 이론에 따르면 어떤 텍스트이든 어떤 주어진 현실을 단순히 기술하거나 반영하는 것이 아니다. 오히려 이와 정반대로, 문학 텍스트는 특정한 관점으로 하나의 '현실'을 '구성'하는 것이며, 이는 특정한 그룹의 사람들이 가진 이해관계에 봉사하는 특정한 목적을 위해 구성된, '현실'을 보는 다양한 버전 가운데 하나일 뿐이다.

'지배적 독해'에 따라 문학 텍스트를 읽는 것은 이러한 '구성된 것'으로서의 텍스트에 대한 관점을 무시하는 것이며, 따라서 특정한 문학 텍스트를 다양하게 읽을 수 있는 가능성들을 무시한다. 그러나 아무리 비평가들이 '지배적 독해'를 강조해보았자 소용이 없다. 실제로 독자들은 특정한 텍스트에서 '지배적 읽기'와 모순되는 점들을 발견하고 그러한 모순을 통해 텍스트를 해석하기도 하기 때문이다.

이러한 사실은 텍스트를 '하나의 통일되고 일관된 전체'로 보는 견해에 대한 강력한 도전이 된다. 결론적으로 말해, 텍스트는 하나의 통일되고 일관된 전체가 아니라, 현실에 대한 '파편적 생각들을 모은 것'이다.

    이처럼 이 교재는 '문화적 산물'로서 문학을 보는 최근의 문학 이론을 바탕으로, 문학 작품의 생산 과정 및 다양한 읽기 가능성에 대해 사회 문화적으로 이해하도록 만들어져 있다.

|4| 담론으로서의 교과서와 교사의 전문성 및 자율성

    지금까지 나는 영국의 영어교육의 역사와 구체적인 교재의 사례를 보여줌으로써 '담론'으로서의 교과서(교재)라는 주제를 설명해왔다. 그런데 여기서 한 가지 짚고 넘어가야 할 점이 있다. 언어와 문학에 관한 다양한 관점과 학계의 연구 성과를 바탕으로 재미있게 만들어진 이러한 영어 교재들이 만들어지고 활용되는 데에는, 이를 만들고 활용하는 주체인 교사들의 전문성과 자율성이 절대적으로 밑받침되어 있었다는 점이다.

    앞서 예를 든 교재들을 만든 사람들은 정부의 관리나 대학교수들이 아니라 직접 교실에서 오랫동안 학생들을 가르쳐온 경험 많은 교사들이었다. 영국에서는 자신이 가르치는 교과에 대한 전문적 지식과 오랜 교육 경험을 가진 교사들이 혼자서, 혹은 여러 사람들과 함께 교재를 연구하고 개발하는 것이 보통이다. 이런 능력을 가진 교사들이 나오기 위해서는 교사 양성 과정 단계에서부터 연수 과정에 이르기까지의 교사교육의 질이 보장되어야 하고, 또 이를 보조하기 위한 정부와 학교 단위의 물질적, 시간적 투자가 전제되어야 하며, 교사들 스스로에게 교직을 전문직으로 인식하게 하는 각종 제도적 장치가 뒷받침되어야 한다. 예를 들어 교사들의 수업 및 평가에 대한 권리와 책임을 보장하는 것, 교사들이 여러 가지 전문단체 등을 통해 교재 제작에 참여한다든가, 시험 기관 등에 참여할 수 있는 길을 넓힌다든가 하는 것들이 그것이다. 물론 이러한 제도가 만들어지기 위해서는 정부와 학교 차원의 지원도 필요하지만 교사들 스스로의 자기 발전을 위한 노력이 상당히 요구되는 것이 사실이다. 영국의 교사들은 이러한 여러 가지 제도적 장치들과 스스로의 책임 의식을 바탕으로 상당한 자율성과 전문성을 갖고 있다.

다만 최근 15여 년 간 영국에서도 정부 주도의 교육 개혁 바람이 불면서 이러한 상황에 다소 부정적인 영향을 가져왔다. 교육 개혁의 주체가 정부라서 문제가 된다기보다는 교육 개혁을 실현하는 방식에 문제가 있기 때문이다. 현재 영국 교육 개혁의 주된 목표는 학생들의 학력 수준을 높이는 것인데, 현재 영국 정부는 교사의 자율성과 전문성을 비롯한 다양한 교육 여건의 질적 향상과 같은 장기적 안목을 통해 이를 실현하려고 하기보다는, 학생들의 학력 평가 성적 향상 등과 같이 당장 눈앞에 볼 수 있는 수치를 높이는데 혈안이 되어 있는 것 같다. 학생들의 학력 수준을 높임으로써 국가 경쟁력을 강화하겠다는 영국 정부의 교육 개혁 정책의 근본 목적에 대해 이의를 다는 사람은 아무도 없다. 그러나 이러한 교육 개혁이 보다 장기적인 교육의 발전과 이를 실현할 주체인 교사들의 전문성과 자율성에 위협을 가하는 방식으로, 또 각 지역과 학교의 여건을 고려하지 않은 채 모든 학교에 똑같이 적용되고 있어서, 뜻있는 여러 교육학자들과 교사들로부터 큰 반발을 사고 있다.

그러나 솔직한 심정으로 말하자면, 나의 눈에 비친 영국의 교사들은 여전히 우리보다 훨씬 더 많은 전문성과 자율성을 갖고 있는 것으로 보인다. 최근 15여 년 간 국정 교육과정이 각 학교 단위에 뿌리를 내리는 과정에서 교사들의 전문성과 자율성이 상대적으로 약화되어 온 것이 사실이고 이 때문에 많은 교사들의 반발이 있어온 것도 사실이지만, 이들이 말하는 '정부의 간섭'이라고 하는 것이 우리와 비교하면 엄청나게 작은 것이기 때문이다. 정부가 국정 교육과정을 도입해 각 키 스테이지에서 배워야 할 핵심 내용과 각 단계에서 도달해야 할 학습 수준을 정해놓기는 했지만, 그 실제적인 내용은 상당히 추상적인 것이어서 상당 부분 교사가 해석하기 나름이며, 실제로 어떤 교재를 선택해 어떤 방식으로 가르치고, 어떻게 평가할 것인가의 문제는 여전히 교사의 권한과 책임에 맡겨져 있다.

정부의 역할은 각 교과에서 가르쳐야 할 전국 단위의 교과서를 제정하거나 심의하는 것이 아니라, 우리나라로 치면 교육과정평가원에 해당하는 큐씨에이(QCA)를 통해 첫째, 교육과정 도입 및 개정을 통해 대체적인 교육의 기준을 만들고, 둘째 각 키 스테이지가 끝날 때마다 학생들의 학력 수준을 전국적인 학력평가를 통해 측정하며, 마지막으로 각 과목별로 서너 개씩 있는 시험 기관(우리나라로 치면 중학교 졸업 시험이나 대학 입학 학력 고사 같은 것을 관장하는 기관이 각 과목별로 서너 개 있으며 이들이 서로 다른 실러버스와 시험 형식을 가지고 경쟁하고 있다.)에 가이드라인을 제공하고 그들이 제출하는 실러버스의 수준을 감독하는데 그치고 있다. 그나마 국정 교육과정이 적용되는 것도 우리나라로 치면 중학교 교육에 해당하는 16세까지의 의무교육 기간에만 해당될 뿐, 16-18세 사이의, 우리나라로 치면 인문계 고등학교 과정에 해당하는 에이레벨(Advanced level) 단계에는 적용되지 않는다. 이 단계에 이르면 큐씨에이의 감독을 거친 각종 시험 기관의 실러버스와 시험 방식이 수업 운영의 기준이 되는데, 이러한 시험 기관을 주도하는 사람들은 정부 관리나 대학교수들이 아니라 다년간의 교육 경험과 교재 개발 등을 통해 전문성을 키워 온 전직 교사들이다. 따라서 수업에 쓰일 교재를 만들고 이를 통해 수업을 운영하며, 최종적인 학력 평가를 위한 실러버스를 만들고 채점을 하는 데 책임과 권리를 가진 사람들은 여전히 전·현직 교사들이다.

이러한 교사들을 양성하는 방식 또한 우리와 다른 점이 있다. 영국에서는 학부 과정에서 중등 교사를 양성하는 예는 거의 없다. '교육대학(School of Education)'이라고 불리는 학부 과정이 설치되어있는 대학들이 더러 있고, 이 과정을 졸업한 학생들이 교육학 학사 학위(BEd)를 취득해 교사가 되기도 하지만, 이는 거의 전적으로 초등 교사 양성에 해당된다. 그러나 보다 일반적인 교사 양성과정은 일반 학부에서 인문사회자연과학을 마친 사람이 교사가 되고 싶을 때 대학에 설치된 10개월간의 교사 양성 과정(PGCE: Post Graduate Certificate of Education)에 등록해 직업 훈련을 받는 것이다. 이러한 교사 양성 과정은 다시 초등과 중등 과정으로 나뉘어진다. 따라서 영국에서 중등학교 교사가 되려면 누구나 학부에서는 자신의 전공 과목에 대해 충분한 공부를 하고, 나중에 직업 과정으로서 교사 교육을 받는 것이 일반적이다. 그리고 이 과정에 등록해 교사 교육을 받는 영국 학생들은 전원 국가로부터 학비와 생활비를 지급 받으면서, 대학에서 전공 과목 교육에 관한 수업을 듣는 한편 장기간의 교육 실습을 학교에서 받게 된다.

앞서 소개한 교재들을 출판한 영어미디어센터는 이러한 과정을 거쳐 교사가 되었고 다년간의 경험과 전문적 식견을 가진 교사들이 모여, 교재를 만들고 교사 재교육을 실시하며, 교사들을 위한 학술 잡지를 발간하고 교사들을 위한 학회를 여는 등의 활발한 사업을 해 온 대표적인 영어 및 미디어 교사들의 전문 기관이다. 원래는 1975년에 런

던 지방 교육청 산하의 "영어센터(English centre)"라는 이름으로 생겨
났던 이 기관은, 1990년에 당시 여당이던 보수당 정부에 의해 런던 지
방 교육청이 문을 닫게 됨에 따라 오늘날과 같은 독립기관이 되었고 영
어교육의 확장에 따라 이름도 '영어미디어센터(English and Media centre)'
로 바꾸었는데 이후 꾸준히 발전을 거듭해왔다.(각 지방, 도시에 설치되
어 있는 지방 교육청(LEA)은 전문성과 경험을 갖춘 교사들이 일종의 '지도
교사(advisory teacher)'가 되어 학교 현장의 교사들에게 교육과정 운영 등에
대해 조언하는 방식으로 운영된다. '지도교사'의 역할은 그야말로 현장의
교사들을 도와주는 데 있으며, 학교 수준을 평가하는 장학 업무는 별도의
기관에서 실시한다. 1990년 당시 여당이던 보수당 정부는 런던 시청과 지
방 교육청이 당시 야당이었던 노동당의 노선을 따르는 것을 못마땅하게 여
겨 런던에 한해 시청과 지방 교육청을 폐지해버렸다. 민주국가라고 자부하
는 영국에서 이런 일이 일어났다는 사실을 믿기가 어렵지만!) 이러한 교사
전문 기관에서 활동하는 영국의 교사들은 명실공히 전문직으로서의
교직에 대한 자부심을 가져왔다. 따라서 다양한 관점과 학계의 연구
성과를 바탕으로 한, 그러면서도 교사들의 풍부한 교육경험을 바탕으
로 한 '자기 목소리'를 가진 교과서 혹은 교재들이 나오기 위해서는,
교사 양성 및 교사 재교육, 교사의 수업권 및 평가권 등의 질적 재고
및 강화를 통해 교사들의 전문성과 자율성을 신장하고, 기왕에 교사
전문 단체들을 만들어 교과교육 연구 활동을 해 온 교사들의 경험이
교과서를 만드는데 반영될 수 있도록 구체적인 통로를 제시하는 일이
필요하다고 본다.

　마지막으로, 교과서 문제와 관련해 생각해보아야 할, 어쩌면 보다
근본적인 문제 하나를 던지면서 글을 마무리짓고자 한다. 최근의 영국
교육학계에서는 지식 생산 및 전달 과정, 이를 매개로 한 대학 연구자

와 중등학교 교사의 관계 및 이들과 학생과의 관계가 갖는 근본적인 문제에 대한 관심이 높아져왔다. 아무리 교사들이 교재 개발 등의 전문적 활동에 참여한다고 해도, 대학의 연구자와 학자가 '지식'을 생산하고, 교사는 이를 전달하는 체계의 '중간 관리자' 내지 '말단 직원'의 지위에 있는 것은 여전한 사실이 아닌가 하는 생각, 또 학생들은 교사로부터 지식을 일방적으로 전달받는 수동적 위치에 있는 것이 아닌가 하는 문제에 대한 고민이 생겨났기 때문이다. 따라서 '지식/권력 관계'를 근본적으로 바꿔나가기 위해서는, 학생들이 학교에서 배워야 할 내용과 이를 중심으로 한 교사와 학생간의 관계에 대해 발상을 전환할 필요가 있다는 문제 제기가 나오기 시작했고, 이는 위해 '연구자로서의 교사(teacher as researcher)', '연구자로서의 학생(student as researcher)'이라는 개념을 통해 교사와 학생이 지식과 맺는 관계에 대해 근본적인 재조명 작업이 시작되기도 했다.

  '연구자로서의 교사'는 교사가 독립적으로 혹은 대학의 연구자와 함께 자기 수업에 대해 현장 중심의 연구(classroom-based research)나 실천적 연구(action research)를 통해 교육 이론과 지식 형성에 기여하는 것을 말한다.72) 그리고 '연구자로서의 학생'은 지식이란 변하지 않는 진실이 아니라 사회 역사적으로 '구성되는 것'이라는 생각에 기반해, 학생들 스스로가 연구를 기획하고 그 엄격한 연구 과정을 실천해 봄으로써 지식이 구성되는 과정에 대해 깨닫게 하는 것을 말한다. 미디어 교육의 예를 들면 학생들에게 미디어와 시청자가 맺는 관계에 대한 연구를 하도록 제안하는 것을 들 수 있는데, 학생들은 연구 기획 및 자료 수집 단계, 개념화 및 일반화 단계, 그리고 마지막으로 보고서를 쓰는 과정

---

72) 현장 중심 연구와 실천적 연구에 대해서는 학술지 Educational Action Research에 실린 다양한 논문과 Hopkins, D.(1993)를 참조할 것.

일체에서 오는 혼돈과 문제점들을 경험함으로써 '지식'이라는 것이 결국은 이러한 연구 과정을 거쳐 일반화되는 것이고, 따라서 다른 연구 방법과 관점에 의해 도전 받을 수도 있는 것임을 배우게 된다(Buckingham, D. & Sefton-Green, J., 1996). 이러한 '연구자로서의 학생'을 길러내기 위한 교육적 실천과 그 이론화 작업은 현재 '연구자로서의 교사'와 대학의 연구자들에 의해 실험적으로 이루어지고 있다. 전문성과 자율성을 갖춘 교사와 교육 연구자들의 공통된 노력을 통해 교육이 진일보할 수 있음을 다시 한번 확인시켜주는 대목이라 할 수 있다.

제 8 장

미디어를 활용한 국어교육과
미디어교육으로서의 국어교육

❙1❙ '미디어를 통한' 시 교육과 '미디어로서의 시' 교육

'영상 세대(screen generation)' 혹은 'N-세대(N-generation)'와 같이 오늘날의 청소년들을 규정하기 위해 흔히 동원되는 일련의 세대론적 용어들은, 날로 발전하는 영상 및 미디어 커뮤니케이션 기술의 세례를 받으며 태어났고 자라온 요즘 학생들의 사회문화적 경험과 소통 방식이 이전 세대와는 질적으로 다르다는 점을 강조한다. 이러한 담론의 팽배 속에 최근 몇 년 사이에 부쩍 높아진 미디어 활용 교육에 대한 관심과 논의들은, 책, 공책, 칠판과 같이 문자 언어의 전달에 적합한 미디어에 의존해 이루어져온 전통적인 교육 방식을 영상 미디어 세대의 소통 방식에 적합하게 바꿀 필요가 있다는 주장을 담고 있다.

한편, 언어를 전달 매체로 하는 예술의 꽃이라 불려온 시를 교육하는 데 있어서까지 언어 매체 이외의 매체를 동원할 필요가 제기되는 것에 대해 어쩐지 마음 한 편이 불편하게 느껴지는 것도 사실이다. 그러나 어쩌면 그 불편한 감정의 핵심을 파고 들어가, 과연 언어를 매체로 한 예술을 교육하는 데 있어 언어 이외의 다른 매체를 동원하는 것은 왜 필요한 것인가, 언어 이외의 다른 매체를 동원해 시를 가르치는 것은 기존의 교육 방법을 통해서는 가르칠 수 없었던 어떤 새로운 측면을 교육하는 데 도움이 되는가를 고민할 필요가 있다는 생각이다.

이러한 고민을 풀어나가기 위한 방법의 한 가지로, 나는 '미디어를 통한 시' 교육과 '미디어로서의 시' 교육이라는 두 가지 개념 틀을 상정하고자 한다. '미디어를 통한' 시 교육(teaching about poetry through the media)이란 말 그대로 언어 이외의 다른 매체, 예를 들어 사진, 영화, 텔레비젼, 비디오, 인터넷 등을 활용해 시를 교육하는 방법적 고민에 대한 것이라면, '미디어로서의 시' 교육(teaching about poetry as media)은 시가 시집, 문학계간지, 최근에는 인터넷 문학 동호회 웹 사이트 등을 통해 사회 문화적으로 생산, 유통되어 독자에게 수용되는 방식에 대해 보다 근본적으로 고민하는 교육 방법, 다시 말해 시를 다양한 매체 속의 하나로 위치 지워 보는 문화교육의 방법에 대한 고민을 뜻한다.73)

나는 이 두 가지 개념 틀을 통해 미디어를 활용한 시 교육, 그리고 시 자체를 그 사회문화적 생산 및 수용의 매체와 관련해 보는 시 교육에 대한 고민은 단지 교수학습의 기술적 차원에서 논의되는 것을 넘어

---

73) 이와 관련하여 '미디어를 통한 교육'과 '미디어에 대한 교육'을 구분을 포함한 미디어교육에 대한 개설적 논의에 대해서는 Buckingham, D.(1987)을, 사회문화적 생산 및 수용 관계 속에서 미디어 텍스트를 해석하는 것을 제안하는 영국 국립 영화 연구소(British Film Institute)의 교육 모델에 대해서는 Bowker, J.(1991)를, 미디어교육의 모델을 모국어로서의 영어교육 속에 수용하는 교육과정에 대해서는 Grahame, J.(1991)을, 그리고 모국어교육으로서의 영어교육 안에서 이루어지고 있는 미디어교육에 관한 영국의 최근 현황에 대해서는 Barrett, A. J. B.(1998)를 참조할 것.

설 필요가 있음을 강조하고자 한다. 이러한 새로운 교육 방법이 전통적인 방법과 달리 새로이 성취할 수 있는 점들이 무엇인가를 고민하는 가운데에서만 새로운 매체를 동원하는 의미가 있다고 보기 때문이다. 이런 관점에서 나는 미디어를 통한 시 교육, 그리고 미디어로서의 시 교육이 적어도 두 가지 측면에서의 변화를 가져올 때 보다 의미 있다는 점을 강조하고자 한다. 이는 첫째, 교육적 관점에서 볼 때 시에 대한 이해를 둘러싼 기존의 교사/학생 간 관계의 변화가 있어야 한다는 것, 둘째, 문화적 관점에서 볼 때 사회 문화적 생산 및 수용 관계 속에서 시를 바라보는 관점의 강조가 있어야 한다는 점이다.

▌2▌ ‘미디어를 통한 시’ 교육

여기서 사진, 영화, 텔레비전, 비디오 등등의 개별 매체의 교육적 활용에 대해 일일이 논의를 하기는 어렵다. 따라서 이 글에서는 비교적 가장 최근에 개발되었으면서도 이미 널리 교육에 활용되고 있는 인터넷 교육 사이트에 초점을 두어 논의를 전개하고자 한다. 뒤에서 보다 자세히 논의하겠지만, 인터넷을 활용한 교육은 그 매체의 특성상, 교사의 일방적 강의를 중심으로 한 기존의 전통적인 교육 방법에 비해 학생들의 보다 적극적인 참여를 기술적으로 유도, 장려할 수 있다는 점, 따라서 보다 대화적인 방식의 교육을 가능하게 한다는 점에서 관심을 모아왔다.[74]

이런 점을 고려하여 이 절에서는 온라인 교육을 위해 한국 교육학술 정보원에서 운영하고 있는 에듀넷의 고등학교 수업자료용으로 개설된 국어교과 관련 웹 사이트 둘을 사례로 참고하기로 한다.[75] 이와 관련하여 이 글에서 논의되는 바가 보다 넓은 의미에서의 시교육에 두루 적용될 수 있는 반면, 이 글이 특별히 염두에 두고 있는 대상은 고등학생 정도라는 점을 밝혀둔다. 이 두 사이트는 한국 온라인 교육에 있어서 에듀넷이 갖는 사회적 의미를 고려하여, 또 교사뿐 아니라 학생들도 자유롭게 이용할 수 있는 사이트라는 점에서 채택되었다는 점을 밝혀둔다. 이런 점에서 나는 이 두 웹 사이트를 예로 들어 그 안에서 현대시교육이 어떻게 이루어질 수 있는가를 구체적인 시의 예를 들어 살펴보고자 한다.

그러나 이 글의 목적이 특정 웹 사이트에 대한 본격적인 연구에 있는 것은 아니라는 점, 또 이 두 사이트들이 실증주의적 연구 전통에서 주장하는 것과 같은 의미에서의 '대표성'을 보이기 위해 채택된 것은 아니라는 점을 강조해 두고자 하며, 따라서 이 두 사이트의 실명을 거론하지는 않기로 한다.[76] 이 글의 목적은 온라인이라는 매체를 활용한

---

74) 이와 관련하여, 영국 교육공학 진흥원(National Council for Educational Technology: NCET, 현재는 British Educational Communications and Technology Agency)에서 발행한 연구보고서, 「정보기술공학의 효과!?(IT Works!?)」에서는 그동안 이루어진 정보기술공학 관련 연구 성과를 종합해 그 교육적 효과에 대해 총 27가지로 정리한 바 있다. 이에 따르면, 인터넷을 포함한 정보기술공학은 학생들에게 보다 더 친근하고 덜 위협적인 학습 환경을 제공하며, 반복학습을 보다 용이하게 함으로써 학업 성취를 진작시키는 등 긍정적인 역할을 하는 것으로 나타나고 있다. 보다 자세한 내용에 대해서는 NECT *Information Technology Work!? Stimulate to Educate, Coventry*: NCET(1994)를, 이와 같은 맥락에서 정보기술공학의 긍정적 측면을 학습 이론과 연관지어 설명하는 논의에 대해서는 Pachlet, N.(1999)를 참조할 것.

75) 에듀넷의 주소는 http://www.edunet4U.net이다.

76) 교육연구에서의 질적연구에 대한 보다 본격적인 논의에 대해서는 Cohen, L., Manion, L. & Morrison, K.(2000)을, 사례 연구방법에 대한 보다 본격적인 논의에 대해서는 Stake, R.(2000)를 참조할 것.

시교육이 교사의 강의와 문자 매체인 책 등에 의존한 전통적인 교육 방법에 비해 새로이 성취할 수 있는 점은 무엇인가, 더 나은 교육을 위해 앞으로 더 고민해야 할 점은 무엇일까를 짚어보는 데 있기 때문이다.

현대시 항목에 한정해 볼 때, 위의 두 사이트 모두 이용자(학습자)가 시의 제목을 가나다 순으로 찾아 클릭해 찾아볼 수 있도록 되어있고, 시 하나하나에 대해 그 전문과 함께, 많은 경우 해당 작품에 대한 해설을 함께 제공하고 있다. 차이점이 있다면, 웹 사이트 A의 경우, 시에 대한 해설이 교사의 일방적인 강의 방식을 따르고 있어 마치 특정 시 작품 해석의 '정답'을 제공하는 방식으로 되어있는 데 비해, 웹 사이트 B의 경우는 이에서 한 단계 더 나아가, 최근의 문학계에서 해당 시인이나 해당 작품을 어떻게 (재)조명하고 있는가에 대한 정보를 하이퍼링크를 통해 소개하고 있다는 데 있다.

예를 들어, 이상의 시 <가정(家庭)>을 웹 사이트 A에서 클릭하면, 아래와 같이 시의 전문이 먼저 웹 상에 뜨고, '작품의 이해'라는 항목 하에 시의 형식 및 내용에 대한 해설이 자세히 뜬다. 인용이 다소 길기는 하지만 그 대체적인 형식에 대한 논의를 위해 그 일부를 옮겨보기로 한다.

가정(家庭)

이상(李想)

문(門)을암만잡아다녀도안열리는것은안에생활(生活)이모자라는까닭이다.밤이사나운꾸지람으로나를졸른다.나는우리집내문패(門牌)앞에서여간성가신게아니다.나는밤속에들어서서제웅[주1]처럼자꾸만감(減)해간다.식구(食口)[주2]야봉(封)한창호(窓戶)어데라도한구석터놓아다고내

가수입(收入)되어들어가야하지않나.지붕에서리가내기로뾰족한데는침(鍼)처럼월광(月光)이묻었다.우리집이앓나보다그러고누가힘에겨운도장을찍나보다.수명(壽命)을헐어서전당(全當)잡히나보다.나는그냥문(間)고리에쇠사슬늘어지듯매어달렸다.문(間)을열려고안열리는문(間)을열려고.

■ ■ ■ (<가톨릭 청년> 34호, 1936년 2월)

주 1) 제웅 : 짚으로 만든 모조 인형.
주 2) 식구 : 여기서는 아내의 호칭.

<작품의 이해>

> 이상의 시는 대부분 행과 연의 구분은 물론 띄어쓰기까지 무시하는 모습을 보인다. 이것은 문장의 전통적 기법이나 의식, 심지어는 인생에 대한 상식적인 질서까지도 거부하고자 하는 작가의 의도적 배려[이다]. (…) 이 시의 화자는 철저한 독백으로 자의식의 내면을 토로하고 있[지만], 적품의 주제 의식 측면에서 보면 단순히 자의식적 관념을 드러내기만 한 것이 아니라, 화자 자신이 일상적 삶에 대한 사색을 통해 고립되고 폐쇄된, 생활 부재의 현실을 극복하려는 의지를 보여 주고 있다는 점에서 그의 다른 시들과 구별된다. 자신의 현실적 삶을 바탕으로 이루어진 이 시는 제목에서부터 생활적 색채가 짙게 나타나는 <가정>으로 되어 있어, 시인이 겪던 생활의 아픔을 어느 정도 가늠해 볼 수 있는 좋은 자료가 될 것으로 생각한다. (…)
>
> ■ ■ ■ (웹 사이트 A 중 일부)

구체적으로 인용하지는 않았지만, 웹 사이트 B의 경우 역시, 시 작품의 전문을 보여준 후 그 해설을 '감상', '구성', '주제' 등의 항목 아래, 시인의 전기에 대한 간략한 설명과 함께 제시하고 있다는 점에서는 위에서 보인 웹 사이트 A의 예와 비슷하다. 그러나 앞 문단에서 언급한 바와 같이, 웹 사이트 A가 '시 전문 수록+시 해설 제공'이라는 전통적인 강의 방식을 그대로 온라인상에 옮겨 놓은 형식을 보이고 있는 데 비해, 웹 사이트 B는 온라인 매체가 가진 장점이라고 할 수 있는 하이퍼텍스트 기능을 보다 잘 활용해 학생들에게 유용한 학습 자료를 보다 편리하게 제공하고 있는 점이 눈에 띈다.

좀더 자세히 말하자면, 웹 사이트 B에서는 학생들이 이상의 시 <가정>을 공부하는 가운데 이상의 다른 시, 소설 작품인 <날개>, <종생기>, <거울>, <오감도> 등과 같은 작품을 바로 하이퍼링크를 통해 참조할 수 있도록 되어있고, 최근의 문학계에서 이상과 김유정 60주기를 기념해 벌인 각종 연구, 출판 및 행사에 관한 신문 기사까지도 참조할 수 있도록 되어 있다. 이상의 다른 시 <오감도>의 경우에도, 웹 사이트 A에서는 시의 전문과 더불어 '작품의 이해'라는 제목 하에 교사의 설명을 제공하는 데 그치는 반면, 웹 사이트 B에서는 이에 덧붙여 비교적 최근에 신문에 연재된 <오감도> 관련 내용을 하이퍼링크로 연결해 학생들이 직접 그 글을 읽어볼 수 있도록 하고 있다.

이러한 웹 사이트들은 최근의 정보 기술공학을 이용한 온라인 교육의 장점, 즉 학생들로 하여금 풍부한 교육 자료에 보다 빠르고 편리하게 접근할 수 있게 한다. 또, 교육 경험이 상대적으로 풍부하고 훌륭한 교사의 강의를 보다 많은 학생들이 시간과 지역의 벽을 뛰어넘어 접할 수 있게 한다는 점에서 볼 때 기존의 교육 방법에 비해 분명히 앞서는 점이 있다.77) 그러나 교육 내용과 방법에 대한 접근법의 측면에서 보면, 교사의 일방적인 지식 전달과 학생의 수동적인 강의 내용 수용이라는 전통적인 교육 모델로부터 큰 변화를 보이지 않고 있다는 생각이다. 다시 말해, 시 해설에 대한 정보 제공을 목적으로 하는 웹 사이트들은, 인쇄 매체로 출판되어 유통되어 온 기존의 참고서의 내용을 최

---

77) 이와 관련한 보다 자세한 논의에 대해서는 Panda & Jena(2001)를 참조할 것.

근 기술을 이용하여 온라인상에 보다 효과적으로 옮겨 놓았다는 점에서는 새로운 점이 있지만 그 교육 내용의 설정이나 전달 방법의 근본적인 측면에서는 기존의 교육 모델에 비해 그다지 새로운 점이 없는 것이 아닌가 하는 것이다.

교육 내용과 방법에 대한 접근법의 측면에서 전통적인 교육 방식을 넘어서지 못하고 있기는 온라인상의 게시판 운영이나 사이버 강의와 같이 보다 기술적으로 나아간 웹 사이트 운영의 경우에도 역시 마찬가지가 아닌가 한다. 물론 웹사이트 사용자로서의 학생들이 웹 사이트 운영자로서의 교사에게 특정 시 작품의 해석과 관련한 질문을 하고 대답을 얻을 수 있도록 하기 위해 운영되는 게시판의 경우, 시작품의 해설을 온라인상에서 제공하는 자료실과는 달리 교사와 학생 간의 소통 방식을 보다 상호적으로 만든다는 장점을 분명히 갖는다. 사이버 강의의 경우 역시, 학생들이 개인적으로 원하는 시간에 특정한 시에 대한 강의를 원하는 만큼 반복해서 들을 수 있다는 점에서 일회성에 그치는 전통적인 교실 강의에 비해 사용자에게 보다 편리한 점이 있다.[78]

이런 점에서 볼 때, 온라인을 통한 교육이 실제 교실 상황에서 이루어지는 교육에 비해 시간적, 물리적 한계를 넘어 교사와 학생 간의 소통을 보다 자유롭고 상호적으로 할 수 있게 해 준다는 점, 따라서 교사가 학생들 개개인의 학습 욕구를 보다 편리하게 만족시켜줄 수 있게 도와준다는 점 등은, 전통적인 강의 중심의 교육의 한계를 벗어나는 온라인 교육의 장점으로서 분명히 지적되어야 한다. 따라서 교사의 홈

---

[78] 인터넷을 이용한 정보의 출판 및 취득, 그리고 온라인을 통한 동시적(同時的) 및 비동시적(非同時的) 커뮤니케이션과 같은 교육 방법의 활용을 대화방(Internet Relay Chat: IRC), 멀티 이용자 도메인(Multi-user Domains: MUD), 게시판(bulletin boards) 등과 같은 인터넷 도구와 관련해 구체적으로 설명하고 있는 논의에 대해서는(Pachler & Williams, 1999)를 참조할 것.

페이지 운영은 그 교사가 교실에서 가르치는 학생들의 학습을 보다 개인적인 수준에서 도와줄 수 있다는 장점을 갖는 만큼, 보다 적극적으로 이용될 필요가 있는 것도 물론이다.

그러나, 시교육과 관련해 내가 접한 대부분의 웹 사이트들은, 예를 들어, 앞에서 인용한 웹 사이트 A가 이상의 시 <가정(家庭)>을 해설하는 방식이 보여주는 바와 같이, 시 해석에 있어서의 '정답 찾기' 차원을 벗어나지 못하고 있다는 한계를 공통적으로 보이고 있었다. 이런 점에서 볼 때, 대부분의 시교육과 관련해 교사들이 운영하고 있는 웹 사이트들이 대학 수학능력 시험 준비를 위해 각종 학원에서 운영하고 있는 웹 사이트들과 비교해 그 내용의 측면에 있어 근본적인 측면에서 별다른 차이점을 갖지 못하고 있다는 점을 지적하고 싶다. 다시 말해, 학생들로 하여금 시를 보다 열린 방식으로 해석할 수 있도록 장려하는 것을 포함해, 학생들로 하여금 스스로 시를 읽고 쓰는 재미를 느끼는 가운데, 문화 양식의 하나로서의 시에 대해 성찰할 수 있도록 하는 교육 방법을 탐색하고 있는 웹 사이트는 매우 찾아보기 어려웠다.[79]

이러한 측면에서 볼 때, 미디어를 통한 시 교육에 있어서 중요하게 고려되어야 할 점은 단지 교육의 매체만을 보다 발달된 매체로 옮기는 것이 아니라 실제로 우리가 시를 가르치는 접근 방법에 대한 근본적인 성찰이라는 점, 그러한 성찰을 바탕으로 하여 새로운 교육 내용과 방법에 새로운 매체의 활용이 어떠한 도움을 줄 수 있는가를 생각하는

---

79) 인터넷을 이용한 시교육, 보다 넓게는 문학교육 일반이 보다 활성화되기 위해서는 문학관련 웹 페이지가 일종의 인프라로서 잘 구축될 필요가 있다고 본다. 여러 대학교의 문학 관련 학과 및 영국 공영 방송국인 BBC 등에서 제공하는 문학 관련 웹 사이트를 인프라로 활용한 중등 문학 교육 사례에 대해서는 (Cicco, Farmer & Hargrave, 2001) 중 제 5장의 영어 과목 관련 논의를, 보다 본격적인 문학 관련 웹 사이트 활용 교육에 대한 캐나다의 사례에 대해서는(Beeler, 1998)를 참조할 것.

데 있다는 점을 강조하고자 한다. 웹 사이트를 이용한 시 교육을 고려하는 데 있어서 교사가 학생들이 시 해석의 '정답 찾기'를 보다 편리하게 하는 차원을 벗어나, 시 해석을 둘러싼 교사와 학생 간의 보다 상호적인 소통을 촉진하는 방식의 웹 사이트 활용 교육은 어떤 것이 있을 수 있을까에 대한 고민이 필요하다는 것이다.

예를 들어 교사는 이상의 시 <가정(家庭)>을 '한국의 근대성과 개인, 그리고 가족'이라는 주제와 관련해 해석하는 프로젝트를 제안하고, 이 프로젝트를 보다 효율적으로 수행하기 위한 커뮤니케이션의 수단으로서 온라인을 이용할 수 있을 것이다. 예를 들어, 교사는 학생들에게 '과연 이상이 <가정(家庭)>이라는 시를 쓰고 출판하는 문화적 실천을 함으로써 1930년대 중반의 한국 사회에 던진 문제의식은 무엇인가', '이상이 던진 문제의식은 2000년대에 들어선 한국의 사회문화적 상황에서 이 시를 읽는 독자들에게 얼마나 유효할 수 있는가'와 같은 토론을 위한 질문을 던지고, 학생들로 하여금 이 문제를 소그룹 활동을 통해 나름대로 조사하고 공부한 후 그 내용을 온라인상의 게시판에 띄우는 방식으로 발표하게 할 수 있다.

이 프로젝트와 관련해 교사는 학생들이 소그룹 활동을 하는 동안 그룹 내의 커뮤니케이션 및 수업 전체의 커뮤니케이션을 활성화할 수 있도록 게시판 및 대화방 기능을 갖춘 홈페이지를 운영하는 한편, 이메일을 적절히 활용해 게시판 및 대화방 이용을 보다 활성화하도록 장려할 수 있다. 이와 관련해 소그룹 자체에서 웹지기를 지정해, 게시판에 업데이트된 내용이 있을 때마다 이메일을 통해 그룹 전체에 업데이트된 내용을 확인하도록 하는 일은 매우 중요하다. 그렇지 않으면 많은 컴퓨터 동호회에서 일어나는 현상과 같이, 몇몇 학생들은 열심히 게시판에 내용을 올리는 반면 나머지 학생들은 온라인 활동으로부터 소외

되는 결과를 초래하기 쉽기 때문이다.[80]

한편, 게시판과 대화방의 적절한 운영은 교사가 그룹 활동에 대해 보다 개별적인 피드백을 보다 친근한 방식으로 줄 수 있게 해 준다. 흔히 논의되어 온 바와 같이, 이메일을 통한 커뮤니케이션은 편지나 전화에 비해 비공식적인 성격을 갖기 때문에 교사와 학생 간의 소통을 교실에서의 직접적인 소통에 비해 더 자유로운 측면이 있다. 또한 이메일에서 흔히 사용되는 이모티콘을 통한 커뮤니케이션, 예를 들어 웃는 얼굴을 표현하는 :), 슬픈 얼굴을 표현하는 :(, 창피해하는 표정을 표현하는 *^_^* 등, 컴퓨터 키보드 상의 여러 문자, 숫자 및 기호를 조합해 감정을 표현하는 것은 편지나 전화와 같은 보다 전통적인 방식을 통한 커뮤니케이션에 비해 교사와 학생 간의 관계를 보다 부드럽게 해 주는 효과도 갖는다.[81]

이처럼, 온라인을 통한 교육은 교사와 학생 간, 또 학생들 사이의 대화 및 토론을 활성화시킬 수 있다. 따라서 교사는 교실에서 다루는 주제의 토론을 활성화하는 차원, 또 학생들의 소그룹 활동을 모니터하고 적절히 피드백을 주는 차원에서 온라인이라는 매체를 보다 적극적으로 이용될 필요가 있다고 본다.

---

[80] 교육용 웹 사이트 운영에 관해 교육 방법과 관련한 본격적인 논의에 대해서는 Hewson & Hughes(2001)를 참조할 것.

[81] 이러한 관점에서 이메일, 온라인 게시판 및 대화방 등에서의 대화의 사회문화적 특성 및 그 교육적 활용에 대한 보다 본격적인 연구가 필요할 것이다. 컴퓨터를 매체로 한 커뮤니케이션이 갖는 커뮤니티 형성의 측면에 대한 논의에 대해서는 Baym(1998)을 참조할 것.

|3| '미디어로서의 시' 교육

앞 절에서 살펴본 '미디어를 통한' 교육이 가르쳐지는 시에 대한 학습 및 토론을 보다 활성화하는 차원에서 논의되었다면, '미디어로서의 시' 교육은 시가 특정한 매체를 통해 사회 문화적으로 생산, 유통되어 독자에게 수용되는 방식에 대해 보다 근본적으로 고민하는 교육을 의미한다. 이는 앞서 언급한 바와 같이, 텍스트의 의미를 그것을 생산한 사회적 제도 및 독자 혹은 수용자와의 관계 망 속에서 탐색하는 사회적 문화관을 바탕으로 한다.[82]

논의를 위해, 앞에서 예로 든 이상의 시 <가정(家庭)>을 가르치는 문제로 다시 돌아가 보기로 하겠다. '과연 이상이 <가정(家庭)>이라는 시를 쓰고 출판하는 문화적 실천을 함으로써 1930년대 중반의 한국 사회에 던진 문제의식은 무엇인가', '이상이 던진 문제의식은 2000년대에 들어선 한국의 사회문화적 상황에서 이 시를 읽는 독자들에게 얼마나 유효할 수 있는가'와 같은 주제를 학생들로 하여금 소그룹을 지어 토론하게 하고 그 결과를 온라인 매체를 통해 공유하게 하는 것이 시의 이해에 있어 중요한 것은 물론이다. 그러나 초점을 좀 달리해서 좀 더 근본적인 질문을 던진다면, 과연 이상이라는 시인이 한국 문학사에 어떻게 등장했으며, 비평가 및 문학연구가들이 그의 시에 어떠한 의미가 부여해 왔는가를, 이상의 시가 <가톨릭 청년>, <조선과 건축> 등의 잡지나 <조선중앙일보>와 같은 신문의 매체를 통해 발표되고, 이

---

82) 이와 관련한 보다 자세한 내용은 앞서 언급한 Bowker(1991) 및 Lusted(1991)를 참조할 것.

후 시집으로 묶여 출판되고 또 그의 전집이 문학연구가들에 의해 재조명되면서 전집으로 출판되어온 사회 문화적 과정에 초점을 맞춰 공부하는 과제를 제안할 수 있을 것이다.

보다 구체적인 학습 활동으로서 학생들에게 제시할 수 있는 것으로, 이상 시집의 출판과 관련한 일종의 시뮬레이션 활동이 있을 수 있다. 예를 들어, 최근 어느 출판사에서 21세기의 한국 고등학생들에게 반드시 읽혀야 할 한국 대표 시선집을 발행하기로 했다고 가정하고, 학생들로 하여금 이 프로젝트를 담당할 편집팀으로서 활동하게 하는 것을 한 예로 들 수 있다. 물론 이 경우, 이 시선집의 성격이 고등학생들이 흔히 접하는 대학입학수학능력시험 준비용 참고서와는 다르다는 점을 강조해야 할 것이다. 이러한 시뮬레이션 활동에는 시선집에 들어갈 시 5편을 선정하는 것, 시 선정의 이유에 대해 설명하는 보고서를 작성하는 것, 이를 바탕으로 A 4지 한 장 분량의 시집 발문을 쓰는 것, 선정된 시 5편의 내용과 이미지를 강조하는 시집 표지의 구성안을 만드는 것을 포함할 수 있다. 이러한 시뮬레이션은 시집의 독자가 고등학생이라는 점을 특별히 고려하여 이루어져야 한다.

물론, 이러한 시뮬레이션 활동을 고안하는 과정을 학생들과 토론함으로써 보다 재미있고 의미있는 프로젝트를 진행할 수 있을 것이다. 예를 들어, 시선집을 출판하는 활동은 한 텔레비전 방송국에서 '한국의 대표 시인' 시리즈를 준비하는 활동으로 대신할 수도 있다. 이 경우, 이상의 대표시 5편을 선정하고 그 이유에 대해 설명하는 보고서를 작성하는 것은 그대로 시행하되, 이 시들을 소개할 때 함께 보여줄 수 있는 영상 이미지를 스토리보드(storyboard)로 구성하는 활동을 시집 발문 및 표지를 구성하는 활동 대신 포함할 수도 있을 것이다. +83)

---

83) 미디어교육에서의 스토리보드 활용에 대해서는 Ayton(1992)을 참조할 것.

또 다른 예로, 이상의 시에서 영감을 받은 인디 록 밴드가 이상의 시 내용을 바탕으로 한 음악의 뮤직비디오를 발매하기로 했다고 가정하고, 그 뮤직비디오에 들어갈 이미지와 음악을 구성하는 스토리보드를 만들되, 그러한 내용을 레코드 회사 측에 설명하는 기획제안서를 함께 작성해 제출하게 할 수도 있을 것이다. 대상이 되는 매체는 시집이든, 텔레비젼 프로그램이든, 뮤직비디오든 크게 문제될 것은 없다. 중요한 점은 이러한 활동을 통해 특정한 시인의 작품이 특정 매체를 통해 특정한 수용자층을 타켓으로 하여 유통되는 과정에 대한 일종의 사례 연구를 수행하는 데 있다는 점을 강조하고 싶다.[84]

이러한 시뮬레이션 활동을 준비하는 단계에서, 학생들로 하여금 소그룹 활동을 통해 시집 혹은 동인지, 계간지, 신춘 문예, 온라인 문학 동호회 등의 매체들을 통해 최근에 출간된 시에 대해 사례 연구를 하는 것이 도움이 될 수도 있을 것이다. 예를 들어, '창작과 비평', '문학과 지성' 등 문학성을 중시하는 출판사들에서 최근에 출판된 시집을 한 권씩 선정해, 발문, 시 작품, 시인의 글 등을 포함한 시집의 전체적인 구성 및 내용이 특정 독자층에게 어떻게 호소하고 있는가를 살펴보는 과제를 수행할 수 있을 것이다. 또, 한국 문학계의 독특한 특성 중 하나인 시인 등단 제도에 대한 사례 연구로서, <창작과 비평>, <문학과 지성>, <문학동네> 등의 문학계간지의 추천 및 <조선일보>, <한국일보>, <중앙일보> 등 대표 일간지의 신춘문예를 통한 시인 등단 제도를 문학동호회의 사례와 비교해 보는 과제도 수행할 수 있을 것이다.

이러한 과제를 수행하는 과정에서 학생들은 기존에 출판되어 있는

---

84) 모국어교육으로서의 영어교육에서 활용할 수 있는 다양한 미디어 제작 활동에 대해서는 English and Media Centre(1994)를 참조할 것.

이상의 시집을 그 전체적인 맥락 속에서 꼼꼼히 읽어보고, 기존의 비평가 및 문학연구자들이 어떻게 그의 시를 해석하고 의미를 부여해왔는가를 참조할 수 있다. 이러한 활동을 통해 학생들은 자신들이 개인적으로 시에 부여하는 의미와 비평가나 문학연구자들이 부여한 의미 사이의 비슷한 점, 차이점 등을 비교하는 과정을 통해 특정한 시인의 작품에 의미가 부여되고 재해석되는 사회문화적 과정에 대해 시뮬레이션을 통해서나마 체험해 볼 수 있을 것이다. 이러한 경험이 축적되는 가운데 학생들 스스로 시를 보는 안목을 기를 수 있을 것이라는 생각이다.

|4| 시 교육에 대한 사회문화적 접근을 위하여

지금까지 '미디어를 통한' 시교육과 '미디어로서의 시' 교육이라는 두 가지 틀을 통해 논의를 전개해보았다. 그리고 논의를 전개하는 과정에서 이상의 시를 교육하는 것을 사례로 들어 몇 가지 교육 방안을 제안하기도 했다. 물론, 이러한 예가 논의를 위한 사례인 만큼, 나의 제안이 시 교육 일반에 동일한 방식으로 적용될 수 있다고 주장하는 것은 아니다. 특정한 시작품의 교육은 해당 작품의 사회문화적 생산과정 및 수용의 역사를 포함한 국문학적 연구 성과 및 그 작품이 교육의 장에 들어오는 사회적 맥락을 개별적으로 고려해 이루어져야 한다고 보기 때문이다.

한편, 이러한 논의가 고등학생 정도의 사고력과 사회문화적 경험의 수준을 고려하여 이루어진 만큼, 그보다 나이가 어린 학생들의 시 교육에 어떻게 미디어를 바라보는 시각이 적용될 수 있을 것인가에 대해서는 또 다른 논의가 필요하리라고 본다. 다만, '미디어를 통한' 시 교육이든, '미디어로서의 시' 교육이든, 시를 가르치는 데 있어 새로운 관점과 방법을 도입하는 데 있어서 고민의 출발점이 되어야 할 부분은 이러한 새로운 방법이 기존의 강의 중심 교육에 비해 시를 이해하는 데 있어서 어떤 의미가 있는가라는 점, 그러한 고민에 있어서 시가 특정한 미디어를 통해 생산되고 수용되는 사회문화적 과정에 대한 이해가 필요하다는 점을 강조하고 싶다.

마지막으로, 이 글에서 제안한 것과 같이 사회문화적인 관점에서의 미디어를 활용한, 혹은 미디어로서의 시 교육이 보다 잘 이루어지기 위해서는 수용미학 혹은 수용자 연구를 중심으로 한 문화 연구에서 강조해 온 바와 같이 '정답 찾기'를 중심으로 한 시 교육이 지양될 필요가 있다는 점, 또 앞서 제안한 바와 같은 사회문화적 관점에서의 시 연구 및 시 교육 모델을 포함한 학술적 연구가 뒷받침될 필요가 있다는 점을 강조하면서 글을 마치고자 한다.

제 9 장

국어교육의 수업 문화 탐구를 위한
사회과학적 연구방법론

▍1▍ 국어교육 연구방법론에 대한 관심

21세기를 눈앞에 둔 지금 우리에게는 그간의 국어교육 연구의 역사를 그 성과와 한계의 측면에서 체계적으로 돌이켜보는 일이 요구되고 있다. 특히 학문으로서의 국어교육 연구가 시작된 지 이미 15년이 넘은 현재의 시점에서, 국어교육학은 국어교육 현상의 연구를 위해 동원할 수 있는 연구방법(methods)과 그 근저에 깔린 인식론으로서의 방법론(methodology)에 대한 비판적 고찰을 절실히 요구받고 있는 상황이다. 이 글은 이러한 맥락에서 국어교육 연구방법 및 방법론에 대한 이론적 논의의 기초를 이루고자 하는 바람에서 씌어졌다.85) 또 다른 한편으로 이 글은, 국어교육의 대상으로 삼아야 할 텍스트 및 리터러시 개념의

---

85) 하지만 이 이론적 논의를 그간 이루어진 국어교육학의 개별 연구에 적용하는 일은 또 다른 글을 필요로 할 것인바, 본고에서는 이론적 논의에만 제한을 두기로 한다.

확장과 관련하여 최근 국어교육학계의 주목을 받기 시작한 미디어 교육에 대한 관심에 부응하고자, 영어 교육과 미디어 교육의 연관성에 주목한 최근의 한 연구를 예로 들어 논의를 전개함으로써, 국어교육학 내에서의 미디어 교육에 대한 체계적 논의를 불러일으키려는 부수적인 목적 또한 지니고 있다.

미디어 교육이 교육 현장에서 어떻게 실천되어오고 있는가에 대한 실증적 연구를 통해 교육과정에 다시 영향을 미치려는 관심은 특히 연구방법론의 측면에서 보면 질적 연구방법론을 필요로 한다. 질적 연구방법론에 의한 미디어교육 연구는 비교적 오랜 기간 동안의 수업 현장 관찰과 교사 및 학생들과의 인터뷰를 통해, 다소 추상적으로 문자화되어 있는 교육과정이 과연 실천적으로는 어떤 교육 방법과 학습으로 나타나고 있으며, 어떤 문제점들이 제기되고 있는가에 대해 심층적으로 탐구하는 교실 수업 연구의 형태로, 특히 교사들 및 대학 연구진과의 공동 연구 형태로 많이 진행되어왔다.86) 이는 특히 교육과정이나 교재, 교육방법 등에 국한되어 있었던 기존의 교육학의 연구 영역이, 그러한 교육과정, 교재, 교육방법 등이 실제 학습자의 내면에서 이루어지는 학습과 어떻게 관련되는가에 대한 관심으로 확장, 이동해 왔다고 할 수 있는 현대 교육학의 이론적, 실천적 흐름과도 부응하는 것이다.

---

86) 질적 연구방법을 동원한 현장 연구는 지난 30여 년 간 빠른 속도로 성장해 왔으며, 특히 교육 이론의 실천적 함의를 추구하거나 교육 현실로부터 이론적 고찰을 요하는 이슈들을 제기함으로써 실제 학교 교육의 향상을 위한 교육 이론과 실천의 접맥을 시도해 왔는데, 이는 특히 영국의 이스트 앵글리아 대학교 (University of East Anglia)를 중심으로 대학의 연구자와 교사들의 공동 연구를 추구하는 현장실천연구(Action Research)의 전통으로 발전하기도 했다. 이에 대해서는 Winter(1989)와 학술지 Educational Action Research에 실린 다양한 논문들을 참조할 것. 그리고 이러한 방법을 미디어 교육 연구에 최초로 적용한 연구로는 Buckingham(1990)를 볼 것.

　질적 연구방법론을 적용한 미디어 교육에 관한 전반적 검토는 또 다른 제목의 글을 요구할 것인바, 본고에서는 앞서 밝힌 바와 같이 최근에 있었던 연구의 한 사례를 중심으로 양적 연구방법론과 질적 연구방법론의 인식론적 차이점을 논의함으로써 국어교육 연구방법론에 대한 본격적인 논의를 불러일으키고자 하는 목적 자체에 충실하고자 한다. 이러한 연구방법론에 대한 논의를 통해 함의하고자 하는 바는, 국어교육학의 내용으로서의 국어국문학과 그 교육의 방법에 대한 체계적이고 실천적인 연구는 각기 인문학의 영역과 사회과학의 영역에 달리 위치 지워질 수 있다는 것, 즉 국어교육이 과연 현장에서 어떻게 실천되고 있는가에 대한 보다 체계적인 연구를 위해서는 보다 엄밀한 사회과학 방법론, 특히 질적 연구방법론의 도입이 절실하다는 점이다. 물론 교육학 자체가 통일된 이론적 입장을 갖고 있다기보다는 교육 현상을 바라보는 다양한 접근 방식에 따라 철학, 심리학, 사회학, 교육과정학 등으로 다양하게 연구되는 학문이라는 점을 고려할 때, 국어교육 연구를 온전히 사회과학으로만 위치 지울 수는 없다. 이 점에 대해서는 오해가 없어야 할 것이다. 그러나 국어교육의 실천적 양상에 대한 연구에 있어서만큼은 분명히 사회과학적 접근이 필요하며, 이를 위한 방법론상의 논의가 필요하다고 판단되는 만큼, 나는 본고의 논의를 통해 앞으로 있게 될 많은 이론적, 실천적 논의의 기초를 제공하는 데 기여하고자 한다.

|2| 경험적 실험 연구의 한계

사실 그 동안 국어교육학계에서는 수업 현장에 기초한 연구 경향에 대해 다소 부정적 입장이 지배적이었다. 이는 사실상 그 동안의 많은 현장 연구들이 엄밀한 방법론을 바탕으로 이론적 이슈들을 제기하기보다는, 일회적인 현장 방문을 통해 자료를 수집하는 데에 머무는 경우가 많았고, 이러한 연구의 안이함에 대한 비판이 현장에서 경험적 자료를 바탕으로 한 연구에 대한 전반적인 불신을 낳았기 때문으로 보인다. 그러나 이러한 잘못된 연구들에 대한 비판을 근거로 해서 경험적 연구 자체의 필요성 자체를 부인하는 것 역시 잘못일 것이다. 그것은 자칫 잘못하면 국어교육 연구가 전반적으로 추상적 이론으로 흐르게 할 가능성이 있기 때문이다. 이에 본고는 경험적 연구에 바탕을 두되 인식론 상으로는 분명히 구별되는 두 가지 경향의 연구방법론, 즉 양적 연구방법론과 질적 연구방법론에 대한 논의로부터 시작하여, 특히 질적 연구방법론의 필요성에 대해 설명하고자 한다.

논의의 편의를 위해 경험적 실험 연구의 한 예를 우선 소개하고자 한다. 이 연구는 영상 미디어에 나타난 이미지에 대한 해독 능력이 리터러시의 발달에 어떤 영향을 미치는가에 대한 연구였다. 전통적인 문자 중심의 리터러시 교육과 영상 미디어 해석에 초점을 두는 새로운 리터러시의 교육이 어떻게 만날 수 있는가를 학교 현장에서의 실천을 근거로 연구한다는 점에서 이 연구는 대학의 연구진뿐 아니라 교사들로부터도 많은 관심을 불러 일으켰었다.

이들의 연구 목적은 서사를 가르치는 데 있어 영상 이미지를 이용하는 것이 어떤 효과를 갖는가를 탐구함으로써, 그 연구 결과를 통해 국정 영어 교육과정의 미디어 교육 정책을 강화하는 방향으로 영향을 미치려는 데 있었다. 이를 위해 실제의 연구는 초등학교와 중등학교의 영어 시간에 학생들에게 찰스 디킨즈의 소설을 읽게 한 후 학생들이 그 서사 구조를 얼마나 잘 이해하고 있는가에 대한 평가를 실시하는 방식으로 이루어졌는데, 구체적으로는 실험 집단과 통제 집단으로 학생들을 나누어 실험 집단에 속한 학생들에게는 문자화된 미디어인 소설뿐만 아니라 그림책, 애니메이션, 영화 등 다양한 미디어를 동원해 서사를 가르치고, 통제 집단에 속한 학생들에게는 오로지 한 종류의 미디어, 즉 책으로 된 소설만을 읽히는 것이었다. 이에 따른 연구 결과는 '소설과 함께 영상 자료까지 함께 시청한 학생들이 소설만 읽은 학생들에 비해 서사 구조를 보다 잘 이해한다'는 것이었다.

이 연구에 대해 많은 문제 제기가 있었는데, 그 공통된 문제의식은 '통제 집단과 실험 집단에 각기 다른 변인을 설정해 놓고서 예상된 결과를 확인하는 것이 과연 제대로 된 교육 연구인가?'라는 것이었다. 사실 이러한 비판은 경험적 실험 연구의 근본적인 한계로서 무수히 지적되어 왔던 것이다.[87] 철저히 통제된 실험과 통계학적 분석을 이용해 임의로 선택된 집단의 효율성을 측정하는 것을 핵심으로 하는 이러한 양적 연구방법은, 농업 생산의 효율성을 측정하기 위한 피셔(R.A. Fisher)의 1935년 연구에서 그 기원을 찾을 수 있는데, 이를 농작물이 아닌 인간을 대상으로 하는 교육 연구에 적용하는 데 대해 여러 가지 면에서 무리가 있음이 이미 지적되어 왔다.

홉킨스는 교육 연구에서의 실험 연구방법의 적용에 대해, 농업 연구와 교육 연구의 차이점을 크게 세 가지로 요약해 강조하면서 그 문제

---

87) 교육 연구방법론으로서의 실험적 방법에 대한 체계적 비판에 대해서는 Scott (1996)를 참조할 것.

점을 지적한 바 있다(Hopkins, 1993).

첫째는 농업 연구와는 달리 교육적 상황에서는 임의적 샘플을 추출하기가 극도로 어렵다는 점이다. 왜냐하면 예를 들어 농업에서의 효율성 연구에서는 모든 곡식의 알갱이가 똑같은 것으로 취급 받지만, 교육에서는 모든 학생이 개별자로서 존중 받아야 한다는 점, 다시 말해 농업의 효율성을 위해서는 결국 '쭉정이'를 버리고 '알찬 곡식'만을 생산해야 하지만, 교육에서는 그 '쭉정이'를 '알찬 곡식'으로 만드는 것에 보다 관심을 두고 있다는 점 때문이다.

둘째, 농업 생산의 상황과는 달리 교육에서는 실제의 학교와 수업 상황에 작용하는 다양한 맥락의 변인이 학생들의 성취에 영향을 미친다는 점이다. 예를 들어 실제의 교육에서는 교사가 수업 시간에 학생들과 의사소통하는 방식이나 학생들 사이의 교우 관계가 개별 학생들의 성취에 큰 영향을 미치는 것이 사실인데, 실험 연구에서는 이러한 변인이 대체로 무시된다.

셋째, 예를 들어 벼의 품질을 결정하는 것은 상대적으로 쉬운 반면, 과연 어떤 것이 효율적이고 성공적인 수업인가, 혹은 어떤 학교가 성공적인 학교인가의 개념을 규정하는 것은 결코 쉽지 않다는 점이다. 수업 담당 교사가 학생들에게 시험에 대비해 암기해 두어야 할 사항을 조목조목 알려주고 매일같이 쪽지 시험을 보게 함으로써 시험에 성공하게 하는 것을 좋은 수업의 사례로 보아야 할 것인가, 아니면 다소 시간이 더 걸리더라도 학습 대상이 되는 개념에 대한 학생들의 문제 제기를 허용하면서 토론해 가는 수업을 좋은 수업의 사례로 보아야 할 것인가에 대해서는 논란의 여지가 있을 수 있는데, 실험 연구는 이러한 개념상의 논란을 무시하는 경향이 있다.

위의 세 가지 문제점에 비추어 볼 때 위에서 예를 든 영상 리터러시와 전통적 리터러시 교육의 상관성에 대한 연구는, 첫째 실험 집단과 통제 집단 모두에 속한 학생들의 개별성이 충분히 고려되지 않았다는 점, 둘째 교재 선택의 단순성 및 다양성이라는 변인을 제외한 다른 변인들이 수업 효과에 미칠 영향에 대해 전혀 고려하지 않았다는 점, 셋째 과연 이들이 말하는 영상 이미지의 개념은 무엇을 뜻하는 것인가, 또 과연 서사를 잘 이해한다는 것이 과연 무엇을 의미하는가에 대한 이론적 성찰이 전제하지 않는다는 점에서 실험적 연구의 고전적인 한계를 극명하게 드러내보였다고 할 수 있다.

더구나 이 점을 제외하고서라도, 평등한 교육 기회를 가져야 할 학생들을 통제 집단과 실험 집단으로 나누어 인위적인 실험을 하는 것이 과연 교육자의 윤리에 비추어 볼 때 정당한 것인가라는 근본적인 질문에 직면해, 실험적 연구는 비판을 넘어선 비난의 대상이 되기까지 해왔다는 점에서 볼 때, 이 연구는 그 연구 의도의 정책적 함의가 갖는 긍정성을 감안한다 하더라도, 지나치게 안이한 연구였다는 비판을 면하기 어려웠다. 결국 이 연구는 교육 상황에서의 실험적 연구가 갖는 한계를 가장 극명하게 보여준 잘못된 연구의 한 예였다고 할 수 있는데, 사실 이는 실험적 방법의 근저에 깔린 방법론, 혹은 인식론 상의 근본적인 문제에서 비롯된다.

▌3▌ 양적 연구방법론과 질적 연구방법론 : 인식론상의 차이점

다시 앞에서 살펴본 리터러시 교육에 관한 세미나의 예로 돌아가 볼 때, 그 연구 발표자들은 그렇게 자명한 연구를 무엇 때문에 하느냐는 청중들의 질문에 쫓겨, 결국 그 연구가 국정 영어교육의 정책에 영향을 끼치려는 목적에서 비롯되었음을 토로했다. 이 점에서 볼 때 이들의 연구는 그 연구방법의 옳고 그름을 떠나 특정한 맥락 속에 위치한 하나의 사회적 실천이었음이 분명했다. 그러나 이들은 자신들의 실험적 연구가 자료의 수집 및 해석에 있어서 연구자의 주관성을 철저히 배제한 '객관적'이고 '과학적'인 연구라고 여전히 믿고 있었다.

다시 말해 이들은 연구 결과로서의 '사실'을 정책 입안에 이용할 의도는 지니고 있었을지언정, 자신들이 적용한 연구의 방법만큼은 절대로 객관적이었다고 믿고 있었던 것이다. 그러나 이는 사실과 전혀 거리가 멀다. 왜냐하면 실제로 이들의 연구 목적 자체(그들의 주관성)가 실험 집단과 통제 집단을 설정하고 변인을 설정하는 데에 직접적으로 작용했으며, 그것이 바로 의도된 결과를 낳게 했기 때문이다. 그런데 사실, 이러한 문제점은 단지 앞서의 연구 사례에만 적용되는 것이 아니라 일반적인 실험 연구의 바탕에 깔려 있는 인식론 자체의 한계에서 비롯되는 것으로, 이는 연구의 절차에 연구자 개인의 주관성 개입을 부인하는 자연과학적 실증주의를 바탕으로 하고 있다.

경험주의적 실증주의는 경험적 데이터의 수집, '엄격하고 체계적인 방법을 통한 일차적 자료에 대한 분석 및 제시를 통해 일반화를 도출하는 것'으로 요약될 수 있다. 다시 말해 어느 정도 충분한 양의 데이터를 특정한 연구 절차를 거쳐 '객관적'으로 해석함으로써 밝혀낸 연구 결과가 다른 사례에도 적용 가능하다고 주장하는 것이다. 이러한 방법론에서는 연구의 형식 혹은 절차적 방법에만 관심이 있을 뿐, 자신들이 발견한 '사실'이 과연 어떤 맥락에서 얼마만큼의 가치로 일반화될 수 있는가에 대해서는 대체로 무관심하다.

그러나 정작 문제는 실상 일반화가 찾고자 하는 '예측'이라는 것은 교육 현상에서는 너무나 다양한 현실상의 변인들 때문에 그리 쉽게 발견되지 않는다는 점에 있다. 예를 들어 어떤 학생이 특정한 수업 시간에 보이는 특정한 행동이나 태도의 원인에 대해 연구한다고 할 때, 그 원인을 밝혀내기 위해 과연 어떤 실험이 가능할 것인가, 어떤 하나의 특정 요인을 변인으로 설정하고 다른 모든 요인들을 통제하는 것이 과연 가능한 일인가, 설령 어떤 형태로든 실험에 성공한다고 할 때, 그 실험이 과연 여러 가지 복잡한 요인들이 함께 만들어내는 복잡한 효과를 설명할 수 있겠는가 등을 생각해 보면 경험주의적 실증주의의 문제점은 오히려 자명해지는 듯하다.

앞에서 든 여러 가지 이유로 인해 실증주의적 연구의 결과로 제시되는 일반화는 대개 지나치게 당연한 사실을 확인하는 데 그치거나 지나친 일반화로 흐르는 경향이 있음을 부인하기 어렵다. 앞에서의 리터러시 연구가 도달한 발견으로서의 일반화가 실망스러울 정도로 당연한 사실, 즉 소설과 함께 영상 자료까지 함께 시청한 학생들이 소설만 읽은 학생들에 비해 서사 구조를 보다 잘 이해한다는 사실에 그치게 된 이유도 바로 여기에 있다. 그러나 이러한 경험적 실증주의의 문제점은 경험적 데이터의 수집 자체에 있는 것이 아니라, 특정한 데이터를 어떻게 수집하고 이를 어떻게 해석할 것인가에 대한 근본적인 성찰이 없었다는 점에 있다. 다시 말해 객관성과 과학성을 내세운 양적 연구방법론은, 사실상 모든 연구의 전 과정에 걸쳐 피하기 어려운 연구자의 주관성 문제, 즉 특정한 실험 내용을 설정하도록 하는 연구자의 실험 목적 자체를 간과함으로써, 오히려 신뢰성과 타당성이 매우 부족한 연구 결과를 생산해왔다고 볼 수 있다(Usher, 1996). 그러나 앞서도 강조해 왔다시피, 이러한 경험적 실증주의 연구의 한계를 근거로 경험적 연구 일반을 부정할 수는 없다.

한편, 이러한 경험적 실증주의 혹은 양적 연구방법론이 갖는 한계에 주목해 등장하게 된 질적 연구방법론은, 대규모의 집단에 대한 계량적 연구를 수행하는 데 관심이 있었던 양적 연구와는 달리, 주로 소규모의 집단이나 개별 사례를 깊이 있게 들여다봄으로써 어떻게, 그리고 왜 특정한 현상이 발생하게 되었는가라는 질문에 대답하는 데 관심을 둔다. 그리고 연구자의 주관성을 철저히 부인하는 양적 연구방법론과는 달리, 어떤 연구이든 그 자체가 하나의 사회적 실천인 이상, 연구자의 주관성을 전적으로 배제할 수 없다는 인식 하에, 오히려 모든 연구의 절차와 방법, 자료 수집 및 해석의 모든 국면에 대한 성찰(reflexivity)을 끊임없이 수행한다. 그렇다면 질적 연구방법론에 의한 연구는 과연 실제에 있어 양적 연구방법론과 어떻게 다를 수 있는가? 이에 대한 대답은 다시 앞에서 든 리터러시에 관한 연구의 예로 돌아가 이 두 방법론이 어떻게 달리 적용될 수 있는지를 살펴봄으로써 가능할 것이다.

우선 양적 연구방법론을 채택한 이 연구자들은 '영상 미디어를 이용한 서사의 교육이 단순히 문자 미디어만을 이용한 교육보다 효과가 있을 것이다'라는 가설을 세우고 실험을 수행한 결과 발견된 사실을 일반화하려 했다. 이 가운데 그들은 자신들의 연구 절차의 객관성을 주장하면서 이 연구에 연구자의 주관성이 개입할 수 있는 가능성을 철저히 부인했다. 그러나 만약 질적 연구방법론을 따르는 연구자들이라면, 똑같은 연구 과제에 대해서 가설이 아닌 연구 문제들을 설정할 것이다. 그리고 이들은 학생들을 실험 집단과 통제 집단으로 나누지 않고, 보다 '자연스러운' 현장에서 학생들에 대한 연구를 수행할 것이다. 그리고 자신들이 설정한 문제들을 탐구하기 위해 다양한 연구방법들을 동원할 것이다.

예를 들어, 이들이 탐구할 연구 문제들은 다음과 같을 것이다. 과연 영상 미디어의 제시가 학생들의 서사에 대한 이해에 도움을 주는가 그렇지 않은가, 만약 도움을 준다면 어떻게 주는가, 학생들이 소설만 읽은 후에 제시하는 서사와 다른 영상 미디어를 통해 찰스 디킨즈의 소설을 이해한 후 제시하는 서사에는 질적으로 차이가 있는가 없는가, 있다면 어떤 차이가 있는가, 연구자들이 사용한 서사 구조 이해에 대한 평가 문항은 어떻게 개발된 것이며, 얼마나 그리고 왜 믿을만한 것인가, 연구자들은 왜 찰스 디킨즈의 소설을 읽는 수업을 연구하려고 했는가, 그 수업을 연구하기로 선택한 배경에는 연구자들이 생각하는 '바람직한 문학 작품'에 대한 가정이 있지 않은가, 그렇다면 그 가정은 어떤 것인가, 학생들은 과연 찰스 디킨즈의 소설과 그 영상화된 작품에 대해 어떤 평가를 내리고 있는가, 학생들이 생각하는 영상 미디어의 개념은 문자 미디어에 대한 개념과 어떻게 구별되는가, 학생들은 과연 자신들의 삶 속에서 어떻게 문자 미디어와 영상 미디어를 경험하며, 그것이 수업에서 이루어지는 학습과는 어떻게 관련되는가 등. 그리고 질적 방법론자들은 이러한 문제들을 탐구하기 위해 수업을 관찰하고, 교사 및 학생들과 심층적인 인터뷰를 수행하며, 그들이 사용하는 교재를 면밀히 검토하고, 학생들이 치르는 시험의 평가 기준 등에 대해 탐구할 것이다. 그리고 이들은 연구 결과의 발표에 있어서 자신들의 발견을 일반화하기보다는 그 발견이 이루어진 사회적 맥락을 충실히 기술함으로써 비슷한 사회적 환경 속에서 비슷한 현상이 반복될 수 있는 가능성에 대해 주목하고, 이를 통해 그 다음 연구 과제를 설정하는데 보다 더 많은 관심을 쏟을 것이다.

이러한 질적 연구방법론은 1920-30년대에 걸쳐 수립된 시카고 학파의 독특한 사회학적 전통 및 이와 비슷한 시기에 발전한 보아스, 미드,

베네딕트, 배이트슨, 에반스 프리차드, 래드클리프-브라운, 말리노프스키 등이 발전시킨 문화/사회 인류학의 전통에 바탕을 두고 있는 것으로, 상당 기간 동안의 현장 연구를 통해 인간의 집단적 삶에 대해 탐구하는 방법으로서 발전해 왔으며, 구체적으로는 특정한 집단 내에 속한 개인들의 삶의 일상과 문제적 순간들 및 그 의미들을 기술하는 일련의 경험적 자료들의 수집을 위해, 사례 연구, 개인의 경험에 대한 기록, 생애사 연구, 인터뷰, 참여 관찰 등의 방법을 동원한다.[88] 이 방법론을 따르는 사람들은 자신들이 연구 대상으로 선정하는 집단이나 개인이 '대표성'을 갖는가에 대한 관심을 갖기보다는 그 집단이나 개인 자체에 대한 관심에서 연구를 시작하며, 양적 연구가 간과해온 연구 대상 및 연구 자체의 사회적 맥락에 대한 질문을 탐구하고, 연구자의 주관성이 자료의 수집과 해석에 미칠 수 있는 영향에 대한 성찰까지도 연구에 포함시킴으로써 보다 더 객관성을 기하려 한다. 사실 이러한 질적 연구방법론의 발전에는 문학 이론이 기여한 바 크고, 사실 연구 대상으로 설정된 집단이나 개인에 관한 일종의 '이야기'를 충실히 기술하는 데에서 출발하기 때문에, 매우 문학적인 연구방법이라고 할 수 있다. 그러나 바로 이러한 점 때문에 질적 연구방법론은 양적 연구방법론을 주장하는 이들에 의해, 신문이나 잡지에 실릴 만한 이야깃거리 밖에 안 되는 '비과학적' 연구방법이라고 역공격을 받기도 했다.

문제는 이 두 연구방법론이 무엇을 과학적 연구로 보는가에 대해 각기 다른 입장을 갖고 있다는 점, 더욱이 그 입장은 패러다임상의 차이로 불릴 만큼 세계에 대한 인식의 측면에서는 화해하기 어렵다는 데에 있다. 패러다임이란 특정한 과학자 공동체 내의 규범적으로 공유되어

---

88) 질적 연구방법론 및 방법에 대해 그 역사적 맥락과 논쟁 및 그간 제기되어온 이슈 등을 집대성한 백과사전적 저서(Denzin & Lincoln, 1994)를 참조할 것.

있는 합의를 뜻하는 것으로, 토마스 쿤의 <과학 혁명의 구조>에서 논의된 개념이다. 쿤은 위의 책에서 과학적 지식 자체가 그 자체로서 보편타당한 것이 아니라 "주어진 과학자 집단에서 공유하고 있는 신념, 가치, 연구의 기술 등의 덩어리"임을 과학의 역사를 검토하는 가운데 주장했다. 이 점에서 볼 때, 양적 연구방법론과 질적 연구방법론은 각각의 인식론의 측면에서 서로 다른 신념, 가치, 연구의 기술을 지니고 있다고 할 수 있으며, 따라서 이 중 어떤 방법론을 채택할 것인가는 '과학성' 및 '객관성'에 대한 연구자 집단간의 근본적으로 다른 신념 체계를 바탕으로 하고 있다고 할 수 있다.

한편 여기서 잠시 연구의 방법(methods)과 방법론(methodology)의 구별 문제를 짚고 넘어갈 필요가 있다. 앞서 언급한 바와 같이 방법론은 과학성 및 객관성에 대한 인식론적인 차이에 따라 나뉘어 지는 것으로, 구체적인 연구에 동원되는 방법들, 예를 들어, 설문지, 인터뷰, 관찰, 통계 등의 상위에 있는 개념이다. 다시 말해 양적 연구방법론과 질적 연구방법론 모두 개별적인 연구방법의 측면에서는 똑같은 방법을 이용할 수 있으나, 이는 연구자가 따르는 방법론에 따라 그 방법에 대한 인식은 달라질 수 있다.

예를 들어 양적/질적 방법론 모두 특정한 통계 자료를 이용할 수 있다. 보다 구체적으로 예를 들어, 한국 어린이의 하루 평균 TV 시청 시간이 3시간이라는 통계 자료가 있다면, 이 자료는 양적/질적 방법론 모두에서 이용될 수 있다. 그러나 양적 연구방법론에서는 이 자료를 일반적 사실로서 인식할 것인 반면, 질적 연구방법론에서는 이를 자신들이 수행할 어린이의 TV 시청에 관한 연구가 일단 사회적으로 의미있는 연구임을 뒷받침하는 근거로 삼는 데 그칠 수 있다. 과연 3시간의 TV 시청 시간이라는 것이 어떤 근거로 산출된 것인가, 3시간의 시청 시간 중 어린이가 집중해서 TV를 시청하는 시간은 과연 얼마나 될 것이며, 그저 TV를 틀어 놓은 상태에서 가족들이나 친구들과 대화하거나 밥을 먹는 시간은 또 얼마나 될 것인가 하는 등의 맥락에 대한 질문이 질적 연구방법론에서는 보다 중요하기 때문이다.

이런 점에서 볼 때 앞에서 살펴본 리터러시 연구에 관한 세미나 자리에서의 찬반 격론은, 이 연구를 수행한 이들과 이에 대해 반론을 제기한 이들 사이의 근본적인 인식론상의 충돌을 보여준 것이라고 할 수 있다.

▮4▮ 질적 연구방법의 국어교육적 도입이 갖는 의미

지금까지 나는 영어 교육과 미디어 교육의 관련에 관한 최근 연구에 대해 방법론상의 분석을 시도함으로써, 국어교육 연구에 동원 가능한 방법론으로서의 양적/질적 연구방법론에 대해 그 인식론적 차이점에 주목해 논의를 진행하였으며, 특히 질적 연구방법론의 생산적 가능성에 주목하고자 했다. 이에 대해서는 앞으로 많은 이론적 논의가 따라야 할 것인바, 본고는 그러한 논의를 열기 위한 토대를 마련하고자 했다. 그리고 이 시점에서 나는 다시 한번 쿤의 패러다임 논의가 함의하는 바에 주목하고자 한다. 그것은 한 학문 내에 필연적으로 있을 수 있는 서로 다른 패러다임들의 공존 가능성 및 그 서로 다른 패러다임들이 자칫 갈등을 초래할 수도 있다는 점이다. 그러나 그러한 갈등이 결국 학문의 발전을 이루어내는 원동력이 되어왔다는 점을 주목할 때,

이를 부정적으로 보기보다는 오히려 생산적인 대화를 위한 필수불가
결한 것으로서 이해하고 학문적 논의에 임하는 일 또한 필요할 것이라
고 생각된다. 이제 다른 일화를 하나 소개하면서 이 글을 마무리 짓고
자 한다.

이 글이 씌어질 무렵 영국 런던에서는 교사 양성 제도의 변화 필요
성에 관한 치열한 논쟁이 벌어졌다.[89] 논쟁의 내용은, 과연 앞으로도
교사 교육을 대학이 계속해서 담당해야 할 것인가, 아니면 수업 경험
이 풍부한 각급 학교의 교사들에게 교사 교육을 직접 담당하도록 해야
할 것인가에 대한 찬반 의견을 토론하는 것이었는데, 사실상 이 논쟁
은 과연 대학에서의 교육 연구자와 교수들이 교사들의 수업 기술을 가
르치는데 적합한 사람들인가, 아니면 현장의 교사들이 보다 더 적합한
사람들인가라는 문제 설정 자체의 바탕에 깔린 교육학의 근본 문제,
즉 과연 대학에서의 교육 연구가 학교에서 교육을 담당하는 교사들에
게 어떤 도움을 주는가라는 문제를 함의하고 있었다는 점에서, 보다
엄밀히 말해서는 교육학의 이론과 실천 자체에 대한 첨예한 논쟁을 함
의하고 있었다는 점에서 매우 중요한 것이었다.

두 시간 가까이 진행된 열띤 논쟁은, 대학이 계속해서 교사 교육을
담당해야 한다는 요지의 발제에 나선 옥스퍼드 대학의 교육 대학원 학

---

89) 이 논쟁을 이해하기 위해서는 영국의 교사 교육 및 임용 제도에 대한 이해가
   선행되어야 한다. 우선 영국의 대학 중에 교육학을 학부 과정에 설치해 놓은
   대학은 극히 드물다. 교육학은 학부에서 다른 인문, 사회 및 자연과학을 공부한
   이후 교사 혹은 교육과 관련된 직종에 근무한 경험이 있는 사람들이 대학원 과
   정에 진학한 후에 연구하는 것으로 상식화되어 있기 때문이다. 따라서 교사가
   되고 싶은 사람은 학부 졸업 이후에 교육 대학원에 설치되어 있는 10개월 과정
   의 교사자격증 과정(PGCE: PostGraduate Certificate of Education)을 수료한 후 각
   급 학교 교장의 면접을 거쳐 임용되는 절차를 거치게 된다. 물론 사립학교의
   교원 임용에는 이 자격증이 반드시 요구되지는 않는다.

장과 이에 반대 의견을 개진한 교육부 장학관장을 필두로 하여, 청중
석에 있던 다수의 각급학교 교장, 교사, 교생, 대학 교수들의 상반된
의견 개진으로 이어졌다. 쉽게 결론이 날 수 없는 이 논쟁을 착잡한 마
음으로 지켜보면서, 그럼에도 불구하고 최종적으로 갖게 된 일종의 희
망이 있었다면, 그것은 이러한 극단적 논의의 표출 배경에 자리하고
있는 문제 의식 자체가 앞으로 보다 생산적인 교육학 이론의 발전을
가속화하는 요인으로 작용할 것이라는 생각이었다.

발제를 맡은 리처드 프링 교수를 비롯해 많은 청중들이 지적한 바와
같이, 영국의 교육 연구자들은 대학에서의 교육학 이론과 학교에서의
교육 실천의 이분법을 극복하려는 노력을 지난 30여 년 간 진지하게
계속해 왔으며, 따라서 현재의 시점에서는 이를 계속해 나가는 것이
보다 요구되고 있지, 교육부의 주장대로 교사 교육을 대학으로부터 떼
어내는 것이 요구되는 것은 아니라는 데 나 역시 공감했다. 왜냐하면
현재 영국 정부가 추진하고 있는 교육 개혁의 상당 부분이 오히려 교
육의 이론과 실천 간의 이분법을 현실적으로 더욱 강화함으로써, 자칫
잘못하면 교육을 망치는 결과를 초래할 수 있기 때문이다. 한 가지 다
행스러웠던 것은 많은 사람들이 결국은 이 격론을 거치는 가운데 이
단순한 사실을 새삼 다시 확인해 가는 것 같았던 것이다.

나는 이 논쟁이 과연 남의 나라의 일만일 것인가에 대해 새삼 생각
해 보게 되었는데, 사실이야 어떠하든간에 결국 중요한 것은 교육 경
험을 어떻게 이론화할 것인가, 그 이론화를 통해 어떻게 보다 나은 교
육을 추구할 것인가라는 실천적 문제 모두에 관심을 기울일 필요가 있
으며 이를 위해 대학에서의 연구가 보다 실천적인 관심을 가질 필요가
있다는 당연한 원칙을 새삼 확인하는 것이라는 생각이다. 그리고 특히
이런 관점에서 교육학의 이론과 실천을 접맥시키기 위해 현장 연구를

통해 교육의 이슈를 제기하는 데 기여해 온 질적 연구방법론에 대해 앞으로의 국어교육 연구가 진지한 관심을 기울일 필요가 있다는 생각이다.

통해 교육의 이슈를 제기하는 데 기여해 온 질적 연구방법론에 대해 앞으로의 국어교육 연구가 진지한 관심을 기울일 필요가 있다는 생각이다.

제 10 장

비판적 미디어 읽기를 위한 기호학적 방법론과 수업 담화

|1| 미디어에 대한 '반성적 읽기'와 교사의 언어

날로 증대하는 미디어 커뮤니케이션 채널의 복합성과 이에 힘입은 우리 사회의 문화적, 언어적 다양성은 전통적 언어를 기반으로 한 리터러시 교육보다 훨씬 광범위한 '멀티리터러시(multiliteracies)'의 교육을 필요로 한다(The New London Group, 1996: 60-92; 정현선, 2002: 388-391; 최인자, 2002). 이러한 요청을 반영하듯 최근 '매체언어', '미디어교육', 혹은 '언어문화교육'과 같은 화두가 새로운 교육의 필요를 절감하는 사회 일반 및 광범위한 교육(학)계에서, 그리고 더욱 중요하게는 언어교육을 중심적으로 담당하고 있는 국어교육학자들과 현장 국어교사들 사이에서 매우 활발히 논의되어왔다.[90]

---

90) 국어교육학계 내에서의 매체언어교육, 문화교육에 대한 논의는 90년대 중반부터 관련 논문들을 통해 꾸준히 이루어져왔는데, 국어교육학계 내의 매체언어교육 논의의 성과가 일반 사회, 그리고 현장 교사들과 잘 소통되고 있는 것 같지

언어로서의 미디어에 대한 읽기 교육에 한정시켜 볼 때, 그 초점은 다분히 미디어의 수용자로 하여금 미디어 텍스트로부터 일정한 비판적 거리를 두게 하는 반성적 읽기에 놓여있는 것으로 보인다. 그런데 이러한 읽기 교육의 맥락에서 보면 어떤 미디어 텍스트가 교육 대상으로 선택/배제되는가라는 교육 대상 선정의 문제 못지않게, 과연 어떤 관점에서, 누구의 입장에서, 어떻게 읽는 것을 '반성적'인 교육적/문화적 행위로 간주할 것인가라는 교육방법상의 문제가 매우 중요하게 대두된다. '언어에 대한, 언어에 의한' 교육이라 할 수 있을 국어교육의 맥락에서 '반성적 읽기'라는 교육 방법은 이를 체득하고 있는 존재로 간주되는 교사를 통해 미디어 수용자로서의 학생들과 교실 공간에서 언어적으로 조우하게 되기 때문이다.

한편, 최근 교육과정의 흐름은 일방적인 지식과 가치체계의 전달을 중심으로 한 기존의 교육과정을 지양하고, 학생 자신의 경험과 지식을 기반으로 스스로에게 의미 있는 지식을 구성하도록 돕는 '조력자'로서의 교사 역할을 중시하는 학생중심의 구성주의 교육과정으로 변화했다. 이런 점에서 볼 때, 교사와 학생의 언어적 조우 과정으로서 '반성적 읽기'를 고려하는 것은 미디어에 대한 교사의 일정한 지식과 가치

는 않다. 학계의 흐름과 일정한 거리를 두면서 최근 '문화개혁을 위한 시민연대'에서는 최근 발족한 '문화교육위원회'를 통해 '21세기 문화교육선언문'을 발표하면서 '대안적 국어교육과정' 연구를 위한 '언어문화교육분과'를 설치하고 세미나, 워크숍 등을 통해 활발한 활동을 벌여왔다. 한편 문화개혁시민연대의 활동과도 일정한 거리를 두면서 학교 현장에서의 국어교육을 매체언어교육의 관점에서 실천적으로 접근하고 있는 전국국어교사모임의 매체연구부의 활동 역시 주목할 만하다. 문화교육위원회의 활동에 대한 자세한 내용은 <21세기 문화교육선언문>(문화개혁을 위한 시민연대 문화교육위원회, 2002. 12.) 및 관련 홈페이지(http://www.cncr.or.kr)를, 그리고 전국국어교사모임 매체연구부의 활동에 대해서는 관련 홈페이지(http://www.medianaramal.njoyschool.net)를 참조할 것. 국어교육학계 외부에서 벌어지고 있는 '대안적' 국어교육과정 논의에 대한 검토는 다음 기회에 별도의 논문에서 다루고자 한다.

가 학생의 선지식, 선경험과 어떻게 의미 있게 만날 수 있는가, 그리고 이 과정에서 보다 열린 대화를 지향하는 조력자가 되기 위한 언어적 주체로서의 교사가 스스로를 어떻게 위치지울 것인가를 고민하는 일과 깊이 관련된다.

이와 같은 인식에 바탕을 두고 본고에서는 미디어에 대한 반성적 읽기를 지향하는 국어교육의 방법에 있어 중요한 위치를 점하고 있는 교사의 언어에 대한 담론 분석을 시도하고자 한다. 첫째, 교사가 미디어에 대한 반성적 읽기를 가르치기 위해 체득하도록 요구받는 기호학적 분석이라는 특정한 절차적 지식이 어떻게 일종의 '공식적 비판 담론(the official critical discourse)'으로 위치 지워지게 되는가에 대해 살펴볼 것이다. 둘째, 이러한 '비판적 분석'을 교육방법으로 실현하는 과정에서 (특정 지식의 전달자라는 의미에서) '공적 존재'로서의 교사의 목소리와 (미디어 수용자라는 의미에서) '개인적 존재'로서의 교사의 목소리가 사회문화적 공간으로서의 교실 내에서 어떻게 때로는 갈등 관계에 놓일 수 있는가에 대해 탐색할 것이다. 마지막으로, 이러한 분석을 바탕으로, 미디어에 대한 보다 다양한 지식과 경험이 교류하는 진정한 '대화(dialogue)'를 위해 교실 내 언어 주체의 하나인 교사가 어떤 위치를 요구받는가에 대해 모색할 것이다.

▎2▎ '비판적 분석'을 위한 기호학적 방법에 관한 몇 가지 질문들

자라나는 학생들에게 비판적 미디어 수용 능력을 길러주는 것은 미디어교육이 주력해야 할 핵심 주제 중 하나로 간주되어 왔다. 미디어교육의 창시자라 불릴 만큼 큰 영향력을 미친 영국의 교육자 렌 마스터만(Len Masterman) 역시 미디어교육의 주요 목표로 반성적 읽기를 강조했다. 프랑스 문화학자 롤랑 바르뜨(Roland Barthes)의 사회기호학(social semiotics)으로부터 깊은 영향을 받은 그는 미디어교육의 주요 목표가 학생들에게 미디어 텍스트의 숨겨진 의미로 간주되는 이데올로기를 읽어낼 수 있는 비평 능력을 길러주는 데 있으며, 이러한 능력은 기호학적 분석 혹은 비판적 분석의 절차를 따름으로써 길러질 수 있다고 보았다(Masterman, 1980).

마스터만은 그의 저서 <텔레비전 가르치기>(1980)에서 텔레비전 프로그램의 예를 들어, 미디어에 대해 가르치는 교사의 임무에 대해 논의했다. 교사는 학생들로 하여금 특정한 텔레비전 프로그램에 나타난 이미지들을 꼼꼼히 읽어 냄으로써, 궁극적으로는 그 안에 내포되어 있는 사회적 가치와 이데올로기를 읽어 낼 수 있는 방법을 가르치는 데 있다는 것이다. 마스터만은 이러한 '꼼꼼히 읽기(close reading)'를 통해 아이들로 하여금 자신들이 수용하는 '언어'로서의 이미지가 누구에 의해, 어떠한 목적으로, 누구를 대상으로 하여 생산된 것인지, 그러한 이미지들 때문에 우리 눈에 쉽게 보이지 않게 된 '억압된' 혹은 '대안적' 이미지에는 어떤 것들이 있을지에 대해 생각해 보게 만들어야 한다고 했다. 이처럼 미디어에 나타난 이미지 뒤에 '숨겨진 의미'를 찾아내기 위한 '비판적 분석'을 교실에서 실천할 수 있는 방법으로 제시된 기호학적 분석 절차를 요약하면 다음과 같다.

1단계 [외연(denotation) 분석] : 학생들에게 특정한 미디어 텍스트를 보여 주고, 그것이 어떤 이미지와 사물들을 우리에게 보

　　　　여주고 있는지 꼼꼼히 적어 보도록 한다.
　2단계 [내포(connotation) 분석] : 학생들이 외연 분석 단계에서 뽑아
　　　　낸 이미지와 사물들이 함의하고 있는 바가 무엇인지에 대해
　　　　주의를 기울이며 해석해 보도록 한다.
　3단계 [이데올로기(ideology) 분석] : 학생들이 내포 분석 단계에서
　　　　수행한 해석이 어떠한 이데올로기에 근거하고 있는지 인식
　　　　하도록 도와준다(Masterman, 1980: 25).

　　마스터만의 주장과 비슷한 맥락에서 미국의 비판교육 이론가인 헨리 지루(Henry Giroux) 역시 '미디어 리터러시'를 '비판적 리터러시(critical literacy)'의 동의어로 간주하면서, 대중미디어와 이에 대한 학생들의 경험을 비판적으로 분석하도록 하는 것이 미디어교육의 핵심이라고 보았다(Giroux, 1997: 75). 지루는 이러한 일종의 '신화 벗겨내기(demystifying)' 과정에서 교사의 목소리가 핵심적인 역할을 한다고 보았는데, 그러기 위해 교사는 '비판적 이해의 언어를 숙지해야 한다(master the language of critical understanding)'고 주장하기도 했다(Giroux, 1997: 141).

　　미디어 교육의 목표가 비판적 미디어 수용에 있다는 주장에는 누구나 동감할 수 있을 것이다. 그러나 미디어에 대한 '반성적 읽기'의 구체적인 방법에 대해서, 특히 그것이 교사의 언어로 구현되는 방식에 대해서는 다음과 같은 의문들을 제기할 수 있다. 과연 미디어 텍스트에 대한 '비판적 분석'이란 실제적인 교수-학습 상황에서 어떻게 구현되는가? '비판적'으로 미디어를 분석한다는 것은 실제로 무엇을 의미하는가? '비판적 분석' 과정에서 특정한 지식이 '비판적'인 것으로 간주되지는 않는가? 그렇다면 어떤 지식이 '비판적'인 것으로 간주되는가? 교사와 학생들은 이러한 특정한 미디어 이해 방식에 대해 어떤 입장을 취하며, 수업 상황에서 어떻게 반응하는가? 이러한 특정한 미디

어의 이해 방식은 학생들에게 얼마나 의미 있는 지식을 제공하는가? 미디어를 '비판적'으로 분석하는 방법을 배운 학생들은 이러한 분석법을 배우기 이전에 비해 미디어를 더 비판적으로 이해하게 되는가?

이러한 질문들을 탐구하기 위해서는 실제 교실 안에서 이루어지는 가르치고 배우는 과정을 들여다 볼 필요가 있다. 1970-80년대 영국 학교교육에 뿌리를 내린 학생 중심의 진보주의 교육과정(progressivism)을 연구하기 위해 교실 언어에 대한 담론 분석을 수행한 데렉 에드워즈(Derek Edwards)와 닐 머서(Neil Mercer)는 다음과 같이 주장했다.

> "보다 진보적인 교육방법이 도입되면, 교사와 학생들이 공통된 커리큘럼상의 목적을 위해 서로 협상할 수 있는 기회, 혹은 적어도 학생들의 경험과 관심을 보다 폭 넓게 수업에 반영할 수 있는 기회가 교사에게 더 많아지기는 할 것이다. 그러나 그러한 기회들이 실제로 수업에 들어오느냐 아니냐 하는 문제, 다시 말해 그러한 기회들이 교수-학습에 성공적으로 안착되느냐 아니냐 하는 문제는 실제로 교실에서 벌어지는 상황을 관찰함으로써만 알 수 있다."
>
> ■ ■ ■ (Edwards & Mercer, 1987: 2)

이러한 관점에 바탕을 두고, 연구자는 영국의 모국어교육 맥락에서 행해지는 미디어 교육 수업에 대한 사례 연구(case study)를 '수업 문화기술지(classroom ethnography)'를 작성하는 방식으로 수행한 바 있는데 (정현선, 2001), 특히 미디어에 대해 가르치고 배우는 교사 및 학생의 언어 행위에 주목하기 위해 수업 내용을 녹음하고 그 중 '결정적인 장면들(critical incidents)'로 보이는 부분들을 선택해 담론 분석(discourse analysis)을 수행했다. 이러한 선행연구를 바탕으로, 본고에서는 영국 모국어교육 맥락에서의 미디어 수업 장면에서 '비판적 분석'을 위해 도입되는 기호학적 분석이 교사의 언어를 통해 어떻게 학생들의 언어와 만나는가에 대한 담론 분석 사례를 논의하고, 이와 관련하여 연구자 스스로 '비판적 분석' 모델을 한국의 미디어 교육의 맥락에 도입해 본 경험을 견주어 분석할 것이다.

이러한 논의의 초점은 기호학적 분석이 교사에게 요구하는 발화 주체로서의 교실 내 역학 관계에서의 위치, 그리고 '공적 주체'로서의 교사와 '개인적 주체'로서의 교사의 언어 사이에 잠재되어 있는 갈등에 있다. 90년대 중반 이후 본격화된 한국의 미디어 및 문화연구에 기호학적 방법이 미디어를 분석하는 비판적 분석법으로 널리 받아들여져 온 점을 고려할 때, 이러한 분석은 미디어 교육에 있어 시사할 부분이 있다고 본다. 단, 영국의 모국어교육 맥락에서 행해진 사례 연구에 비해 연구자가 한국에서 수행한 미디어 교육의 맥락은 녹취와 같은 세밀한 절차를 동반한 본격적인 연구에는 미치지 못했다는 점을 미리 밝혀두고자 한다. 그럼에도 불구하고, 연구자가 참여 '관찰자'의 위치에 머물러 있었던 영국에서의 맥락에 비해, 보다 적극적인 의미에서 '참여' 관찰자의 위치에서 연구자 자신의 '교사로서의 언어'를 반성할 수 있었던 한국에서의 맥락을 비교하는 것은 발화 주체의 담론적 위치 변동의 측면을 고려할 때 그 나름의 의미가 있다고 본다.

결론부터 미리 말하자면, 실제 교실 상황에 기호학적 분석이 적용되는 과정을 관찰하고 분석하는 과정을 통해, 연구자는 '기호(sign)'로서의 미디어를 읽어내는 '외연 → 함축 → 이데올로기'로 자연스럽게 이어지는 것으로 제시되는 삼 단계 분석 절차가, 실제 교실 현실에서는 그다지 자연스러운 단계를 밟지 않는다는 점을 발견하게 되었다. 이 분석단계들은 '텍스트에 저장되어 있는 것'으로 간주되는 이데올로기를 비판적으로 읽어내기 위해(비평가의 위치에 놓이는) 읽는 이가 일정한 이데올로기에 대한 텍스트 외적 판단을 텍스트 기호 읽기에 개입하는 과정을 포함하기 때문이다. 예를 들어, <친구>라는 영화의 내러티브를 '이념 코드'로 분석하면서 '남성중심' 이데올로기, 혹은 '가부장적' 이데올로기를 적용하는 기호학적 분석은 이러한 과정을 잘 드러낸다(박길자, 2003). 특정 이데올로기에 대한 읽는 이의 일정한 가치판단이 텍스트에 선험적으로 존재하고 그것이 텍스트 비평에 적용된다는 뜻이다.

사실 이러한 텍스트 비평의 방법은 '이데올로기로서의 미디어'라는 관점이 바탕이 되는 한 계속 이어질 수밖에 없는 듯 하다. 문제는 이처럼 미디어 텍스트에서 '이데올로기'를 읽어내는 것은, 궁극적으로 볼 때 '특정한 이데올로기를 읽어내지 못하는 학생은 텍스트를 제대로 읽은 것이 아니'라는 가정을 하게 된다는 데 있다. 가장 큰 문제는 이러한 방식의 비판적 읽기가(아무리 그 분석의 결과가 훌륭한 것이라 해도) 마치 '정답'을 상정하고 있는 것처럼 생각된다는 데 있다. 더군다나 그것이 교사의 권위가 엄연히 존재하는 교실 안에서 이루어진다면 사정은 더 복잡해진다. 만약 학생들이 나름대로 비판적 성찰을 발휘하여 어떤 이미지를 분석해 냈다고 하더라도 그 결과가 교사의 '비판적 분석'과 다르다면 교사는 학생들의 분석이 '비판적'인지 아닌 것인지에 대해 어떻게 판단하고 평가해야 할 것인가? 이런 질문에 대해 쉽게 답하기 어려워지는 것은 '이데올로기로서의 미디어'라는 관점은 '텍스트의 다의성'을 강조하는 의미 구성에 관한 수용자연구의 패러다임, 그리고 학생 스스로 지식을 구성할 것을 강조하는 구성주의 교육과정과는 근본적으로는 모순되는 듯 보이기 때문이다. 그렇다면 '이데올로기로서의 미디어'라는 관점을 바탕으로 한 기호학적 분석법은 학생들과의 열린 '대화'를 지향하는 미디어 교사에게 어떤 점에서, 얼마나 유효한 것인가? 이제 이러한 질문을 탐구하는 방법으로서의 담론 분석 방법론에 대해 간략히 논의하고자 한다.

|3| 담론 분석, 교사의 언어를 들여다보는 방법

미디어에 대한 수업 담론 분석을 위한 주요 데이터는 수업에 대한 참여관찰 기록, 교사 및 학생들과의 인터뷰 전사 기록, 수업에 쓰인 교재나 핸드아웃, 그리고 학생들이 생산한 에세이나 비디오 작품들로 구성된다. 이 중에서 특히 본고에서 주로 논의할 것은 수업에 대한 참여관찰이다. 이처럼 '말(talk)'과 '텍스트(text)'들을 연구의 주요 데이터로 수집하는 이유는 어떠한 사회적 현상도 근본적으로 담론적 구성과 연관되지 않은 것은 없다는 이론적 입장에 근거한다.

담론적 관점(discursive perspective)은 언어에 대한 두 가지 관점에 바탕을 두고 있는데, 오스틴(Austin)의 '언어 행위(Speech Acts)' 이론 (Austin, 1962)에서 영향을 받아 언어를 '행위(action)'로 보는 사회언어학적 관점이 그 첫째이고, 특정한 대상에 대해 말하는 방식을 사회적으로 구성하고 체계적으로 규정하는 담론적 자원(discursive resources)에 초점을 두는 푸코(Foucault, 1972; 1977; 1979; 1982; 1984; 1986; 1990)의 관점이 그 둘째이다(Potter & Wetherell, 1987; Kress, 1989; Fairclough, 1992; Potter & Wetherell, 1995; Wiilig, 1999; Wood & Kroger, 2000).

이러한 두 가지 관점에서의 담론은 기든스(Giddens)가 '구조화(structuration)'라고 부른, 사회 시스템의 구조적 특질이 개인의 행위 속에 구성되고 재구성되는 과정과 밀접하게 연관되어 있다(Giddens, 1984). 기든

스가 제시한 바와 같이, 개인의 행위를 제한하는 한편 개인들로 하여
금 특정한 방식으로 행위를 하게 만드는 것이 사회 구조라 할 때, 이러
한 사회 구조는 사람들이 특정한 방식으로 말을 하고 텍스트를 생산하
는 방식과 밀접하게 관련되어 있으며, 그러한 과정을 분석하는 것이
담론 분석인 것이다.

이러한 담론 분석을 통해 연구자는 미디어에 대한 '비판적 분석' 방
법을 가르치고 배우는 교실에서 교사와 학생들이 말과 텍스트들을 읽
거나 생산하면서 하고 있는 행위가 과연 무엇인지, 그 말과 텍스트들
은 어떠한 사회적 담론 자원에 근거하고 있는 것인지 탐구하고자 했
다. 이러한 분석을 가이드한 질문은 교사와 학생들이 미디어를 가르치
고 배우는 교실에서 담론적으로 어떠한 위치를 취하는가, '기호학적
분석 방법'에서 제시하는 미디어 읽기 능력과 '이데올로기로서의 미디
어'라는 관점 및 구체적으로 미디어 읽기에 적용되는 지식으로서의 이
데올로기는 '협상 가능한(negotiable)' 것으로 제시되는가, 이러한 미디
어 읽기 방법이 실제로 교사와 학생들에게 이데올로기로서의 '해방'이
라는 힘을 주는가 등등이었다.

배움의 사회문화적 맥락과 실제 현실에서의 의미, 그리고 배움이 학
습자 개인에게 갖는 의미 등을 중시하는 새로운 교육학 패러다임을 주
장한 레이브(Lave)와 웽거(Wenger)는 학습자들을 특정한 '사회적 실천을
매개로 한 커뮤니티(communities of practice)'에 입문하는 존재로 규정한
다(Laver & Wenger, 1991). 각각의 커뮤니티는 그 구성원들이 지니고 있
어야 할 능력(competence)에 의해 규정되며, 각 커뮤니티의 구성원들은
이러한 능력을 지녔다는 점을 사회적으로 인정받음으로써 일종의 멤
버십을 갖게 된다. 이런 점에서 학교는 특정한 실천을 수행할 수 있는
능력을 길러주는 곳 중의 하나라는 점에서 (유일한 곳은 아니지만) 커뮤

니티의 하나로 간주된다. 중요한 것은 배우는 이의 관점에서 일상적인 실천에 의미있는 자원으로 받아들여지는 '학습 커리큘럼(learning curriculum)'과 커뮤니티의 입문자에게 (교사에 의해) 제공되는 '교수되는 커리큘럼(teaching curriculum)'을 구분하고 있다는 점, 다시 말해 학습자가 (커뮤니티에 의해) 주어진 기존의 지식 및 능력과 협상하는 과정을 통해 의미를 구성하는 과정이야말로 배움에 있어 가장 중요한 것이라고 본다는 점이다. 따라서 교수-학습 관계는 더 이상 '원인과 결과(cause and effect)'의 관계가 아니라 '자원과 협상(resources and negotiation)'의 관계에 있는 것으로 이해된다(Wenger, 1998).

이런 관점에서 나는 기호학적 분석방법에 근거한 비판적 접근을 중심으로 한 미디어에 대한 '반성적 읽기'가 교수-학습 과정에서 어떻게 실현되는지에 대해 살펴봄으로써, 과연 학생들이 이와 같은 특정한 미디어 이해 방식의 바탕에 깔려 있는 관점이나 지식과 같은 '담론 자원'에 대해 어떠한 위치에서 협상할 수 있는지, 혹은 협상하는지를 탐구하고자 했다. 이 분석의 바탕에는, 어셔(Usher)가 비판이론 자체에 대해 가한 비판인, "그 이론 자체로 해방적 프로젝트라는 보편적 가치에 기여한다고 스스로 주장하는 '진리체계(regime of truth)'"라는 관점이 깔려 있다. 이러한 비판이론에 대한 비판을 염두에 두면서, 연구자는 미디어 교육의 목표 자체를 (정치적) '해방적 힘의 부여'로 규정하고자 하는 담론들의 구체적인 실현 과정에서 '진리체계'의 전달자로 호명되는 교사의 위치를 언어적으로 살펴봄으로써, 미디어에 대한 '반성적 읽기'가 얼마나 학생들의 '다의적 읽기'를 허용할 수 있는가를 탐색하고자 한 것이다.

앞서 나는 교사가 미디어에 대한 '반성적 읽기'를 가르치기 위해 체득하도록 요구받는 '기호학적 분석'이라는 특정한 절차적 지식이 어떻게 일종의 '공식적 비판 담론(the official critical discourse)'으로 위치 지워지게 되는가에 대해 검토하겠다고 언급한 바 있다. '공식적 비판 담론'이란 말을 쓰게 된 것은, 앞서 인용한 비판이론에 대한 비판, 즉 "그 자체로 해방적 프로젝트라고 스스로 주장한다"는 생각과 관련된다. 미디어 읽기에서 '비판적 읽기'는 특정한 '기호학적' 분석 절차를 적용하여 '이데올로기'를 읽어낼 수 있는 능력으로 규정된다. 그런데, 막상 교실에서 교사와 학생들이 이러한 분석 절차를 가르치고 배우는 과정을 꼼꼼히 분석해 보면, '미디어 텍스트에 이미 저장되어 있다'고 가정된 이데올로기를 '비판적으로 읽어내는 일'에는 일정한 이데올로기에 대한 텍스트 외적 판단을 텍스트 기호 읽기에 개입하는 과정을 포함하고 있다.

기호학적 분석방법이 미디어 수업 공간에서 어떻게 '공식적 비판 담론'으로 기능하게 되는가를 이해하기 위해서는, 교실에 들어서는 순간 교사와 학생들 간에 암묵적으로 합의하게 되는 일종의 '말하기 규칙'의 작용을 고려할 필요가 있다. 그라이스(Grice)에 의하면 사회적 상호작용으로서의 말하기에는 '협동 원칙(Cooperative Principle)'이 적용된다. 이를 수업에서의 말하기 규칙에 적용하면, 수업은 교사와 학생들이 각각 '교사로서의 위치'와 '학생으로서의 위치'에서 요구되는 언어 행위를 수행하기로 한 약속이 유지되는 조건에서 '정상적'으로 이루어지게 된다. 그러나 현실에서는 이러한 '약속'이 종종 깨지거나 흐트러지는 경우가 많다. '약속'이 깨지게 되는 이유는 다양할 것이나, '개인적 주체'가 '공적 주체'에게 요구되는 발화 행위에 대해 의문을 제기하는 경우를 고려할 수 있다. 이 때에는 교사와 학생들의 '개인적 주체'렇게 '개인적 주체'로서의 언어가 교실의 장면에서 보다 자유롭게 발로서의 언어가 '공적 주체'로서의 언어를 밀어내게 되는데, 오히려 이화될 수 있을 때 진정한 의미에서의 미디어에 대한 '대화(dialogue)'가 오갈 수 있다.

교사와 학생들이 수업 시간에 '공적 주체'로서 말하기로 합의하고 있는 경우에 볼 수 있는 수업 시간의 '말하기 규칙'에 대해서는 에드워즈(Edwards)와 웨스트게이트(Westgate)의 <교실에서의 말하기에 관한 연구(Investigating Classroom Talk)>에서 개념화한 '정상적인 수업에서의 말하기(normal classroom talk)'를 참조할 수 있다(Edwards & Westgate, 1994: 139). '공적 주체'로서의 교사와 학생 간의 가르침과 배움은 이른바 'I-R-E(initiation-reply-evaluation)'라는 삼단계 언어 교환을 통해 이루어지는 것이 대부분이다(Edward & Mercer, 1987). 수업 시간에는 대체로 교사가 질문을 하고 학생이 이에 대답하고, 교사는 이에 대해 평가적인 피드백을 주는 발언을 한다는 것이다. 질문을 시작하고, 대답을 요구하며, 피드백을 주는 교사의 발화 행위는 가르치고 배우는 사회적 행위에 내재된 지식/권력 관계에서 교사가 학생에 비해 우위를 점한다는 사실을 보여준다.

영국에서 이전까지 '진보주의적(progressive)'이고 '학생중심적'이라고 평가되었던 수업들에 대해 담론 분석을 실시한 에드워즈와 머서, 그리고 에드워즈와 웨스트게이트의 연구서들은, 학생들이 수업 시간에 말을 많이 한다고 해서 학생 중심 수업이 되는 것은 아니라는 점, 사실은 교사의 독백으로 이루어지는 강의 형식으로 해도 될 것을 학생들에게 말을 시키는 것에 그치는 수업들이 많다는 점을 밝혀냈다. 발화자의 숫자가 많아진다는 의미에서의 '대화(conversation)'는 많아질 수 있지만, 대상에 대한 발화자들 간의 서로 다른 인식과 지식에 대한 토론이라는 의미에서의 '대화(dialogue)'는 이루어지지 않는 경우가 많은 것으로 드러났기 때문이다.

그렇다면 미디어에 대한 좀더 자유로운 대화를 이끌어내기 위한 교사의 언어는 어떠해야 할 것인가? 물론 이 질문에 대해 하나의 결론을 내리기는 어려울 것이다. 다만 앞서 든 예로 돌아가 기호학적 분석이 가르쳐지는 방식에 대해 분석하면서 실마리를 찾아볼 수 있을 것이다.

|4| '공적 주체'로서의 교사와 '개인적 주체'로서의 교사, 그리고 언어의 문제

앞서 예로 든 영국 학교교육의 맥락에서의 미디어 수업 중에는 여성 잡지의 표지들을 보면서 '미디어에 나타난 여성 이미지에 대한 기호학적/비판적 분석'을 행하는 시간이 있었다. 여기서 주어진 과제는 여성 잡지가 대중화되기 시작한 1940년대로 거슬러 올라가, 1950년대의 제2차 세계대전 시기, 제 2차 여성주의에 접어들어 여성해방운동이 본격화되는 1960년대, 성해방의 물결이 밀어닥친 1970년대, 보수주의로 회귀하는 1980년대를 거쳐 최근의 1990년대까지 이어지는 시기를 여성 잡지라는 미디어를 통해 역사적으로 살펴보는 것, 이런 학습활동을 통해 특히 당시의 잡지들이 여성에 대해 어떤 이미지를 통해 의미 생산을 하고 있는지를 분석하는 것이었는데, 이를 위해 잡지의 얼굴이라 할 수 있을 표지에 대해 기호학적 분석을 적용하도록 되어 있었다. 학생들은 한국적 상황으로 보면 인문계 고등학교 2학년 정도에 해당하는 A-level 1년차 15명인데, 여학생은 그 중 5명을 차지하고 있었고 30대 초반과 중반 나이의 두 여교사가 팀티칭을 하고 있었다.[91]

수업의 주된 목적은 표지 모델들의 얼굴 생김새와 패션, 그리고 잡지 주요내용을 담은 텍스트에 대한 분석을 통해, 여성 독자들을 위한 지나간 시대의 미디어에 반영된 당시 '여성들의 관심사' 혹은 '여성들이 관심을 가져야 한다고 보이는' 주제를 탐색하는 것, 즉 이러한 미디어 텍스트들의 '숨은 이데올로기'를 찾아내는 것이었다. 문제는 '숨은 이데올로기'를 찾는 과정이 미디어 텍스트 기호의 외연과 함축적 의미를 읽어내는 '텍스트 분석'으로부터 저절로 나오는 것이 아니라는 점, 다시 말해 '텍스트에 대한 기호학적 분석'이 '이데올로기적 판단' 자체를 낳는 것이 아니라는 점에 있다. 연구자의 참여관찰에 따르면, 실제 수업 과정에서는 '가부장제 하에서 가정에 머물 것을 요구받는 여성'과 같은 특정한 이데올로기적 판단은 텍스트 자체에 대한 분석에서 나오는 것이 아니라 여성과 미디어의 관계에 대한 학문적 연구물을 강독하면서 '별도로' 학습되었다.

이와 같이 특정한 지식의 학습 과정을 거쳐 체득된 사회적 이데올로기에 대한 일정한 판단을 여성 잡지의 표지에 대한 기호학적 분석에 외재적으로 결합시키는 것이 '반성적 읽기'의 실제였다. 물론, 이런 과정에서 학생들은 이제는 '촌스러워진' 지나간 시대의 패션과 화장술을 보면서 재미를 느끼기도 하는 것 같았다. 그러나 정작 텍스트 안에 '숨겨져 있는' 것이 아니라 미디어에 대한 연구물을 통해 '학습되는' 이데올로기적 판단을 기호학적 분석 과정의 일부로 개입시켜야 하는 '숨은 교육과정'에 대해 혼란스러워하는 듯했다. '반성적 읽기'를 강조하는 과정에서 '반성'의 목소리가 학생들 자신들이 자유롭게 미디어 텍스트

---

91) 본고에서는 녹취록의 인용을 포함한 세세한 담론 분석의 과정은 생략하고 큰 흐름 내에서 '기호학적 분석방법'이 어떻게 '공식적 비판 담론'으로 기능하게 되는가에 대해 논하고자 한다.

와 대화하는 과정에서 나오는 것이라기보다는, 특정한 지식의 형태로 '주어진 것'을 적절하게 끌어올 수 있는 데에 있는 것으로 보였기 때문이다. 이 과정에서 '공적 주체'로서의 교사 역시 미디어 텍스트에 대한 '개인적 주체'(혹은 수용자)로서의 보다 자유로운 읽기는 '괄호 치고', 기호학적 분석에 대한 '절차적 지식'과 '가부장제 하에서의 여성의 위치'와 같은 특정한 '이데올로기적 판단'을 전달하는 위치에 놓이게 되는 것 같았다.

특정한 이데올로기를 미디어로부터 읽어내지 못하는 학생은 텍스트를 '제대로' 읽어내지 못한 학생으로 판단된다. 물론 이런 사실은 '텍스트의 다의성'을 강조하는 미디어 수업에서는 명시적으로 설명되지 않고 학생 스스로 알아내야 하는 '숨은 교육과정'으로 남아 있다. 실제로는 '공식적 비판 담론'이 있으나 그것이 '공식적'으로 선언되지는 않는 것이다. 이런 과정에서 기호학적 분석방법의 바탕에 놓여 있는 '반성적 읽기'가 터하고 있는 '이데올로기로서의 미디어'라는 관점은 궁극적으로 '텍스트의 다의성'을 주장하는 수용자 연구의 의미 구성에 대한 관점, 그리고 (수용자로서의) 학생의 자기 주도적 지식 구성에 대한 학생중심 교육과정에 근본적으로는 모순된 채로 남아 있게 된다. 문제는, 이러한 '문제적 상황'에 대해 교사는 어떤 입장을 취할 수 있는가 일 것이다.

'공식적 비판 담론'을 견지하는 '공적 주체'로서의 교사의 목소리는 사회문화적 공간인 교실 내에서 때로 학생들과 다소 긴장 관계에 놓일 수 있다. 앞서 언급한 1940년대 여성 잡지 표지에 대한 분석의 예로 돌아가 볼 때, 교사(30대 초반의 여성)는 학생들에게 1942년도 잡지 <Woman>의 표지 하나([그림 10-1])를 보여주며, 이 잡지가 주 독자층으로 삼는 계층이 사회적 계층, 결혼 유무, 섹슈얼리티 등등의 측면에서 어떤 존재인가, 그것을 잡지의 표지가 어떻게 기호적으로 의미화하고 있는가를 분석할 것을 주문했다. 이 여성의 이미지는, 원래 제 2차 세계 대전에 연합국 측으로 참전하고 있던 당시의 영국 정부가 여성들로 하여금 군대에 간 남성들을 대신해 공장 등지로 취업할 것을 권유하기 위해 선전용으로 만들어냈던 '일하는 여성'인 'Rosie'라는 인물의 이미지를 변형한 것이다. 원래 Rosie는 화장기 없는 얼굴에 투박한 공장 제복을 입고 있는데, 수업시간에 제시된 잡지 표지에서 보이는 Rosie는 고운 화장을 하고 금색 두건을 두르고 온화한 미소를 지으며 가정용 공구를 손에 쥐고 있다. 그 아래 슬로건은 '전쟁 이후의 가정을 계획하기(Plans for your post-war home)'이다. '일하는 여성'을 다시 '가정주부'로 되돌리는 이미지인 것이다.

그림 10-1 .....

이러한 이미지를 놓고 교사와 학생들이 그 '숨은 이데올로기'를 찾아내기 위해 분석을 시작했다. 우선 교사는 학생들에게 "1942년에는 무슨 일이 있어나고 있었지?", "이 여성은 어떤 외모를 하고 있지?", "표지에 씌어진 텍스트는 어떤 슬로건을 내걸고 있지?", "이 여성이 손

에 들고 있는 것은 무엇이지?"와 같이 주어진 미디어 텍스트의 '외연'에 관한 기본적 해석을 유도하기 위한 질문으로부터 분석을 시작했다. 이런 질문에 대한 대답에 있어 남학생과 여학생은 대체로 비슷하게 반응을 하고 있었다. 그런데 흥미로운 것은 '외연'에 대한 분석에서 '함축' 혹은 '내포'적 의미를 거쳐 '숨은 이데올로기'를 찾아내는 과정으로 접어들면서는 한 여학생이 주요 대답을 독점하다시피 하는 가운데 여학생들이 주로 반응을 보이고 있었다는 점이다. 제 2차 대전 중의 영국의 사회 경제 문화적 상황 속에서의 '일하는 여성'의 사회적 위치, 그리고 종전 후 벌어진 '여성을 가정으로 되돌리기 위한' 사회적 분위기의 조성에 대해 한 여학생이 교사의 질문에 호응하자, 교사는 그 여학생의 대답을 이전 시간에 미리 학습한 바 있는 '영국 여성 잡지의 역사와 페미니즘'의 이슈들과 재빨리 연계시키면서, 이 잡지 표지에 '숨겨진 의미'가 바로 '여성은 집으로 돌아가야 한다'는 가부장적 이데올로기라고 논의를 정리했다.

여기서 볼 수 있는 바와 같이, '가부장적 이데올로기'라는 '숨은 의미'는 잡지 표지 이미지라는 기호의 외연과 함축으로부터 자연스럽게 도출된 것이 아니라, 제 2차 세계 대전을 전후로 한 영국의 사회 경제 상황과 페미니즘의 역사라는 특정 지식과 이를 바탕으로 한 가부장제 이데올로기에 대한 일정한 가치 판단으로부터 나온 것이다. 그리고 이와 같은 '공식적 비판 담론'으로서의 '가부장제 이데올로기 비판'을 자연스럽게 기호학적 분석 과정에 편입시키는 것은 바로 '교사의 질문-학생의 대답-교사의 피드백'으로 이어지는 '정상적 수업에서의 말하기' 규칙의 작동이다. 이러한 규칙이 작동되는 '공식적' 세계에서 '가부장적 이데올로기'에 대해 비판적 담론을 구사하는 주체들은 여성 교사와 여학생이었던 반면, 학생의 2/3에 해당하는 남학생들은 '자신들이 낄 대화가 아니'라고 생각해서인지 이 '정상적' 수업 대화에 참여하지 않고 있었다.

흥미롭게도 여학생들이 여선생님과 함께 1940년대 여성 잡지의 표지에 대한 '비판적 분석'을 열띠게 수행하고 있는 동안 수업의 주된 흐름에서 벗어나 자기들만의 대화에 빠져 있는 남학생들이 있었는데, 그들은 잡지 표지에 대한 진지한 분석을 하는 대신 표지 이미지에 대한 농담을 한참 하고 있는 중이었다. 분석에 열중하던 교사가 이 학생들에게 무슨 이야기를 하는 중이었느냐고 묻자 학생들은 "그 여자, 그냥 집 청소나 하는 게 낫겠다고 생각하고 있었구요, 아마 그 여자가 스패너를 들고 있는 것은 전쟁 나갔던 남편의 팔이 부러져서일지도 모른다고 하던 중이었어요."라고 대답했다. 이 말에 진지하던 수업 분위기는 갑자기 웃음 바다가 되었다.

평소에 관찰했던 바를 고려할 때 이 남학생들은 매우 진지한 학생들이었다. 이 점을 고려할 때 분명 이 남학생들은 페미니스트적 텍스트 분석은 '자신들이 낄 대화'가 아니라고 판단하고 침묵을 지키려 했을지 모른다. 그러나 두 학생의 농담이 수업 참여자 모두에게 공유되자마자, 이전까지 사뭇 진지하게 기호학적 분석을 진행하고 있던 여학생들과 교사까지 한꺼번에 박장대소를 한 것은 매우 의미심장한 것으로 보인다. 어쩌면 분석에 열중하고 있던 교사와 여학생들마저도, 교실 밖에서 마주쳤더라면 무심히 넘겨버렸을지 모를 옛날 잡지 표지 하나를 두고 너무 심각한 분석을 가하고 있었다는 데 대해 암묵적으로 동의하고 있었기 때문에 자조적인 웃음이 터져 나왔던 것일지 모르기 때문이다.

그간의 선행학습을 통해 미디어에 나타난 여성 이미지를 어떻게 분석하고 어떤 결론을 내리는 것이 '정답'에 가까운 것인지를 이미 알고 있는 학생들과 교사들에게, 앞서의 표지로부터 '숨은 의미'로서의 가부장적 이데올로기를 찾아내는 일이 그다지 어렵게 보이지는 않았을 것이다. 따라서 진지하던 수업이 갑작스런 웃음바다로 변해버린 것은 '공식적 비판 담론'을 바탕으로 한 수업 시간의 '대화'가 더 이상의 '반성'을 가져오지 않는 '언어 게임'이 된 사실에 대해 수업 참여자 모두가 무의식적으로 동감하고 있었던 것으로 해석될 수 있다.

미국의 교육학자 카즈덴(Cazden)의 아래와 같은 지적은, 교사와 학생의 '공적 주체'로서의 언어와 '개인적 주체'로서의 언어 사이에 간극이 있을 수 있다는 점을 잘 보여주고 있다.

> "어느 교실에나 두 개의 상호 침투하는 세계가 있게 마련이다. 하나는 교사가 설정한 논제의 '공식적 세계'이고, 다른 하나는 학생 문화의 '비공식적 세계'이다. 대부분의 교육 연구는 첫 번째 세계에만 관심이 있으며, 암묵적으로 교사의 관점에 근거하고 있다. (…) 그러나 교실이라는 스피치 커뮤니티(speech community)의 전체 모습에서는 '공식적' 세계와 '비공식적' 세계, 그리고 교사에 의해 '허용되는' 부분과 '허용되지 않는' 부분이 상호 교차하고 있다. 교사가 갖는 딜레마는 학문적 목적을 달성하는 데에 어떤 규칙을 적용할 것인가, 그리고 그러한 목적들을 가장 효과적으로 달성하기 위해 어떤 '말하기 규칙'들을 강제할 것인가에 있다고 하겠다."
>
> ■ ■ ■ (Cazden, 1988: 150-152)

이에 덧붙여 카즈덴은, 수업이란 교사와 학생이라는 '배우'들이 만나서 함께 올리는 연극 공연과 같은 것인데, 수업이 여느 연극과 다른 점은 배우들 중 그 연극이 어떤 내용으로 어떻게 진행될 것인가를 알고 있는 사람이 단 한 사람밖에 없다는 점인데, 그 사람이 바로 교사라고 했다. 앞서 논의한 '기호학적 분석방법'이 '공식적 비판 담론'으로 작용하는 과정에 카즈덴의 논의를 적용해 본다면, '기호학적 텍스트 분석'(텍스트 내적 분석)에 '이데올로기적 판단'(텍스트 외적 판단)이 개입한다는 점을 분명히 알고 '언어 게임'을 하는 주체는 '공적 주체'로서의 교사라 할 수 있다. 물론 '똑똑한' 학생들이라면 몇 번의 '리허설'을 통해 이 점을 곧 알아채게 될 것이지만 말이다.

  '공식적 비판 담론'이 마치 숨은 그림 찾기 하듯 찾아내야 할 어려운 것이 아니라 '뻔한 정답'으로 여겨지게 되는 상황에서, 수업 언어는 여전히 '정상적인 말하기 규칙'을 따르는 언어 주체들을 '공식적' 세계로 호명한다. 그러나 이 '공식적' 세계의 규칙을 따르는 것이 더 이상의 '비판적 사고'나 '반성적 읽기'를 이끌어내지 못하는 '언어 게임'에 불과하다는 것을 알아챈 학생들은 자기들만의 '비공식' 세계로 침잠해 버리게 되는데, '농담'은 이러한 '비공식' 세계로 숨어들어간 학생들의 유쾌한 '반란'으로 해석될 수 있다. 그리고 이러한 '연극'에 (카즈덴의 용어로) '비공식적' 세계, 혹은 연구자가 '개인적 주체'들의 언어라고 부르는 것이 보다 적극적으로 개입할 때에는, 잘 짜여진 '각본'을 수행하는 것에서 벗어나 일종의 '즉흥극'을 만들어질 수도 있다.

  이러한 '즉흥극' 혹은 '정상 궤도에서 벗어난 수업'은 '짜여진 각본'을 이해하지 못하거나 혹은 각본을 적극적으로 거부하는 학생들에 의해 시작되는 것이 대부분인데, '공적 주체'로서 발화할 것을 호명 받는 교사가 '개인적 주체'로서 발화할 것을 욕망하는 경우에도 시작될 수 있다. 미디어 수업에서 흥미로운 점은 이러한 '개인적 주체'들 간의 대화에서 '텍스트의 다의성'을 가능하게 하는 능동적 수용자들 간의 다양한 대화가 좀더 적극적으로 가능해진다는 점에 있다. 사실 이는 비단 미디어 수업에서뿐 아니라 문학 수업에도 마찬가지로 적용될 수 있을 것이다. 어쩌면 미디어/언어/문학에 대해 마치 의식화된 '공식적 담론’을 되풀이하기보다는 ‘수용자’의 입장에서 미디어에 대한 일종의 ‘잡담’(공식 담론을 벗어났다는 의미에서)을 학생들과 ‘제대로’ 해 내면서 ‘공식적 담론’을 적절히 적용하거나 그로부터 거리를 두는 유연성을 갖는 교사가 학생들과 진정한 대화를 할 수 있는 교사일지도 모른다.

|5| 열린 대화를 위한 미디어 교육을 위한 교사 언어의 가능성

나는 지난 해부터 대학에서 ‘매체언어와 국어교육’라는 강좌를 맡게 되면서 ‘기호학적 분석’을 중심으로 한 ‘반성적 읽기’에 대해 어떻게 접근할 수 있을까에 대한 고민을 ‘가르치는 이’의 입장에서 좀더 실천적으로 할 수 있는 계기를 갖게 되었다. 연구자의 강의를 수강하는 학생의 숫자는 모두 37명인데, 이 중 남학생은 모두 합쳐 7명밖에 안 된다. 남녀공학 대학에서 여학생이 절대 다수를 차지하는 연구자의 강의실이 한국의 일반적 대학 강의실의 모습이 아닐 것임은 분명하다. 이처럼 ‘독특한’ 강의실의 인적 구성은 앞서 살펴본 영국의 미디어 교실, 즉 여학생이 전체의 1/3밖에 되지 않았던 수업의 성비와는 정반대라 할 수 있다. 그러나, 이런 상황 속에서 여성 강사인 연구자는 미디어 텍스트를 해석하는 여러 상황 속에서 많은 경우 여학생들과 ‘같은 편’에 서는 경험을 종종 하게 된다. 텍스트를 읽는 과정에는 해석하는 이의 사회문화적 경험이 어쩔 수 없이 작용하기 때문이다.

선행 연구를 통해 나는 사회문화적 공간으로서의 수업 장면에서 교사와 학생 간에 불평등한 지식/권력 관계가 존재한다는 점, 따라서 발화 주체로서의 교사가 이 점을 잘 인식하고 스스로의 언어를 매순간 관찰하고 있어야 한다는 점을 잘 알고 있다. 그런 탓에 더더욱, '미디어에 나타난 여성의 이미지'를 주제로 '비판적' 분석 방법을 다루게 되는 수업 시간에, 여성 강사인 나는 남학생들과 어떻게 생산적으로 대화할 것인가를 놓고 긴장감을 느끼게 된다. 흔히 이런 주제를 다루게 될 때, 주제가 주제이니만큼 여학생들은 이미 비판적 목소리를 낼 수 있는 입장에 있다고 미리 판단해 버리고, 남학생들에게 유독 더 강도 높은 '반성적' 읽기를 주문하게 되는 선험적 오류를 범하기 쉽기 때문이다.

사실 이런 주제를 다룰 때 남학생들은 다른 주제를 다루는 시간에 비해 유달리 바짝 긴장한다. 예를 들어, [그림 10-2]와 같이 '여성 몸의 성 상품화'라는 이데올로기가 선명하게 들여다보이는 광고 텍스트를 분석 대상으로 보여주는 순간, 남학생들은 자신들이 '함부로' 발언할 자리가 아니라고 판단하고 입을 다물어 버리기 일쑤이다. 앞서 살펴본 영국 미디어 수업의 남학생들처럼, '여학생과 여선생의 페미니스트로서의 공모'를 지레 짐작하는, 그렇기 때문에 이 주제에는 자신들이 낄 여지가 없다고 판단해버리는 듯한 눈빛을 이들의 눈에서 읽을 수 있다. 문제는 그렇다고 해서 이 주제를 피해갈 수는 없다는 점에 있다. '공적 주체'로서의 강사 입장에서 뿐 아니라 '개인적 주체'로서의 여성 입장에서 볼 때에도, 이 주제는 미디어를 다룰 때 반드시 짚고 넘어가야 할 중요한 주제라고 생각하기 때문이다.

그림 10-2 •••••

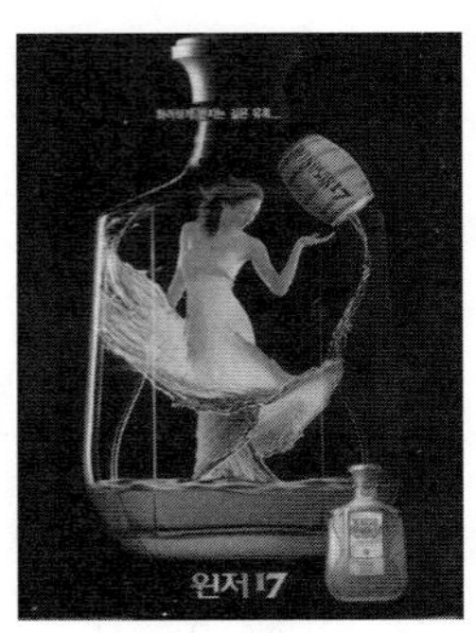

  교사 입장에 선 나는, 미디어 텍스트의 의미란 텍스트 안에 저장되어 있는 '이데올로기'가 아니라 수용자와 텍스트 사이의 관계에서 발생하는 다의적인 것이라는 관점을 견지하고자 한다. 문제는 '다의적 읽기'를 허용하는 수용자 중심의 관점을 유지하는 동시에, 어떻게 '반성적 읽기'의 계기를 마련할 수 있는가 하는 점이다. 텍스트에 나타난 기호의 분석에 텍스트 외적인 관념, 즉 특정한 이데올로기에 기반을 둔 가치 판단을 개입시키지 않으면서 어떻게 '반성'의 계기를 마련할 것인가? 남학생 뿐 아니라 여학생 모두에게 이런 반성의 계기를 어떻게 마련할 것인가? 그리고 이를 위해 교사로서 어떤 언어를 구사해야 할 것인가? 이 모든 것들이 교사 입장에서 내가 하게 되는 고민들이다.

  낯선 사회적 맥락에서의 미디어 교육에 대한 참여관찰에서 얻은 교훈을 생각하며 나는 '정답'이 뻔히 보이는 텍스트와 '정답'이 잘 보이지 않는 텍스트를 함께 제시하는 방법을 택했다. 예를 들면 가전제품 광고는 여성이 해야 팔린다는 광고업계의 오랜 관행을 깨고 김창완이라는 남성 모델을 등장시킨 'LG 김치냉장고' 광고와, '이혼 여성'인 이미연이라는 모델이 고급 아파트에 친구들과 모여 앉아 김치냉장고에서 꺼낸 김치의 맛을 품평하는 '만도회사'의 '딤채' 광고를 함께 보여 주는 것이 그 예이다. LG 김치냉장고 광고에서 여성은 '부재 중'이다. 화면상에 나타나지 않은 여성의 이미지에 대해 상상하는 가운데 남학 생들의 언어가 좀더 '공식적' 세계로 나오는 것을 보게 된다. 한편 이 혼 여성인 이미연이 친구들과 함께 '가정주부'처럼 김치 맛을 보는 장 면이 나오는 '딤채' 광고는 이전에는 가전제품 광고 모델로 적합하지 않았을 '정상적 가정'의 테두리 바깥에 있는 여성의 이미지를 부각시 킨다. 이런 미디어 텍스트에 나타난, 혹은 부재중인 여성 이미지가 갖 는 의미를 찾는 과정에는 '공식적 비판 담론'을 상정하기 어렵다. 아직 그 의미가 확정되지 않은 까닭이다. 이러한 '정답'을 찾기 어려운 미디 어 텍스트들은 '정답'이 뻔히 보이는 텍스트에 비해 보다 열린 대화를 가능하게 한다.

미디어에 대한 '반성적 읽기'라는 목표를 견지하면서도 수용자/학생 들의 의미 해석을 다양하게 열어 놓을 수 있는 방법을 찾으려 할 때, 궁극적으로 '이데올로기로서의 미디어'라는 관점에 근거하고 있는 좁 은 의미의 기호학적 분석법이 얼마나 유용한 것인지에 대해서는 앞으 로 좀더 많은, 그리고 깊은 논의가 필요할 것이다. 그리고 이러한 논의 를 해 나가는데 있어, 다양한 미디어의 복합적 의미에 대해 탐색하면 서 학생들 스스로 자신의 읽기 방식에 대해 '반성'할 수 있는 계기를 마련할 수 있는 시작점으로서의 미디어 교육의 방법에 대해서는 더 많 은 실험과 기록, 그리고 이에 바탕을 둔 논의가 필요할 것으로 보인다.

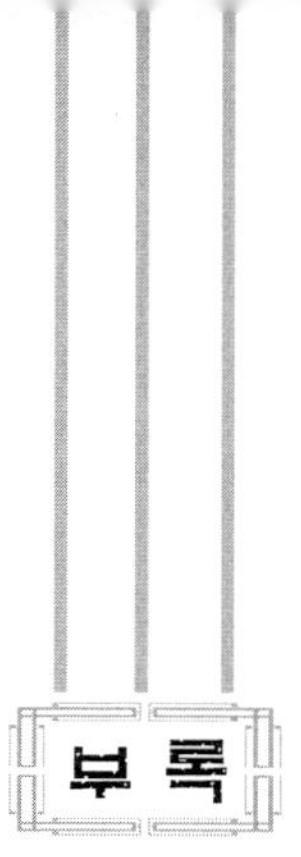

영국 미디어교육의 다양한 스펙트럼과 그 실천적 함의

영국의 미디어 교육에 대해 한 마디로 이야기하는 것은 그 자체로 불가능한 일일 뿐 아니라 자칫 잘못하면 현실을 왜곡하는 결과를 나을 수도 있다. 영국의 미디어 교육은 미디어 자체의 발전 및 사회문화적 변화를 반영하고 있고, 이러한 변화 발전이 가져온 커뮤니케이션 방식의 변화를 바탕으로 하고 있으며, 미디어를 바라보는 다양한 관점 및 교육의 목적과 철학, 그리고 여기에 개입하는 교육주체들의 다양한 입장과 비전에 따라, 또 공식교육과 비공식교육을 아우르는 다양한 학습 공간에서 매우 다른 방식으로 실현되어 왔기 때문이다. 길게는 1930년대, 짧게는 1960년대로 거슬러 올라가는 영국 미디어 교육 역사에는 그것이 실현되면서 생겨난 여러 가지 고민과 이슈들, 그리고 이를 둘러싼 논쟁들이 녹아있다. 영국 미디어 교육의 역사와 오늘의 현실이 보여주는 다양한 스펙트럼과 고민의 현주소를 미화하지 않고 차분히 들여다보는 것이야말로 우리의 교육적 현실에 유추하여 배울 수 있는 점들을 이끌어내는 방법이라 생각한다.

▌1▐ 자국어교육 내 미디어교육

영국의 모든 학생들은 만 16세까지의 의무교육기간 중 중등교육에 해당하는 Key Stage 3(만 11-14세)에 모국어교육의 일부로 미디어교육을 받고 있다. 이와 관련하여 국정교육과정 '영어(English)'의 Key Stage 3에 해당하는 미디어교육 관련 부분은 다음과 같이 기술되어 있다.[92]

영국 국정교육과정 '영어' 과목 Key Stage 3의 미디어교육 관련 규정

미디어와 영상이미지 텍스트에 대해 학생들은 다음을 학습해야한다.
1. 이미지, 사운드가 담긴 텍스트에 의미가 어떻게 담겨 있는지에 대해 학습한다.
2. 텍스트의 형식, 레이아웃, 프리젠테이션 방식 등에 대한 선택이 어떤 효과를 만들어내는가에 대해 학습한다.(예를 들어, 인쇄매체의 폰트, 캡션, 일러스트레이션, 영상이미지의 시퀀스, 프레임, 사운드 트랙 등)
3. 미디어 생산물의 본질과 목적이 어떻게 그 내용과 의미에 영향을 주는가를 이해한다.(예를 들어, 신문의 첫 페이지나 방송의 첫 장면에 어떤 이야기가 선택되어 있는가 등)
4. 수용자 혹은 독자가 미디어에 어떻게 반응하는가를 이해한다.

이러한 규정은 중등학교 졸업시험인 GCSE 준비 과정인 Key Stage 4(만 14-16세)에도 동일하게 적용된다. 영국에는 중등학교 졸업시험인

---

92) National Curriculum for English, Key Stage 3 Reading 'Knowledge, Skills and Understanding' http://www.nc.org.uk

GCSE와 일종의 대입수학능력고사에 해당하는 A-level 시험을 주관하는 기관(Awarding Body라 불림)이 과목별로 여럿 경쟁하고 있는데[93], 이중 미디어 분야에서는 OCR이 가장 앞서가는 것으로 평가되고 있다. 영국 미디어교육의 현황을 소개하려는 이 글에서는 GCSE와 A-level 실러버스에 관한 한 OCR에서 발간한 자료를 중심으로 소개하고자 한다. OCR에서 제공하는 영어 실러버스에서는 '읽기' 부분에서 '다양한 범위의 텍스트를 읽고, 분석하고, 평가하기'를 목적으로 제시하고 있는데, 이 대목에 '미디어텍스트'가 포함되어 있다.

시험 형식의 측면에 있어 OCR에서는 학생들에게 '영어' 과목을 공부하는 2년 동안 우리로 치면 '수행평가'에 해당하는 코스워크(coursework) 2개를 시험기관에 제출할 것을 요구하는 한편, 정해진 시험 날짜에 치르는 지필고사로는 2가지 종류의 시험 문제를 풀도록 요구하고 있다. 미디어 텍스트에 대한 평가는 그 중 '논픽션 텍스트와 미디어 텍스트'라고 규정된 Paper 1에 포함되어 있는데, 그 비중은 전체 영어 과목 평가의 10%에 해당한다. 자세한 내용은 다음과 같다.

OCR English Syllabus Code 1500

단계 : 국정교육과정 Key Stage 4.
* Paper 1, 2(기초: foundation) + Coursework 5, 6을 한 경우는 C-G까지의 등급을 받을 수 있고,
  Paper 3, 4 + Coursework 5, 6을 한 경우는 A-D까지 받을 수 있다.

1. Paper 1 - 논픽션 텍스트(20%)와 미디어 텍스트(10%) / 2시간 +

---

93) 영국의 시험주관기관들의 목록은 다음 웹사이트에서 찾을 수 있다.
http://www.dfes.gov.uk/section96/awarding_bodies.shtml

10분 읽을 시간 / 30%

짧은 읽을 거리 혹은 볼 거리를 해당 시험년도 2월 중순까지 미리 배포하고(*시험은 5월 정도에 치름), 쓰기 과제에도 대비할 수 있도록 한다.

시험 당일에는 10분의 읽을 시간을 따로 주고 시험 문제를 생각해 보게 한다.

2. Paper 2 - 문학적 텍스트 / 2시간 + 10분 읽을 시간 / 30%(자세한 내용은 생략)

3. Paper 3 - 논픽션 텍스와 미디어 텍스트 / 2시간 + 10분 읽을 시간 / 30%(내용구성은 Paper 1과 동일하며 난이도가 높다)

4. Paper 4 - 문학적 텍스트 / 2시간 + 10분 읽을 시간 / 30%(내용구성은 Paper 2와 동일하며 난이도가 높다)

5. 코스워크 - 읽기와 쓰기 / 20%(자세한 내용은 생략)

6. 코스워크 - 말하기와 듣기 / 20%(자세한 내용은 생략)

Paper 1과 Paper 3는 Section A와 B로 구성되는데, Section A에서는 두 가지 과제(과제 1은 논픽션 텍스트, 과제 2는 미디어 텍스트)가 주어진다. 텍스트는 신문, 잡지, 광고 자료, 리플렛, 핸드아웃, 편지, 학술잡지, 자서전, 여행기 등을 포함한 다양한 텍스트로부터 선택된다. 학생들에게 주어지는 과제는 (a) 정보와 주장을 선택, 요약, 대조하기 (b) 사실, 의견, 편견을 찾아내고 이와 관련하여 정보와 주장의 사용에 대해 평가하기 (c) 글쓴이가 독자에게 영향을 주거나 설득하기 위해 사용한 방법들에 대해 논평하기를 포함할 수 있다. 텍스트의 레이아웃, 그래픽, 사진이 텍스트의 중요한 요소일 경우, 학생들은 이러한 요소들이 문자 텍스트와 어떤 관계를 갖는지에 대해 논평해야 한다. Section A는 읽기와 관련된 이해와 반응을 평가하는 것으로 전체 시험의 20%를 차지한다.

한편 Section B는 텍스트에 제시된 이슈에 대해 반응하는 과제 두 가지가 제시되는데, 학생들은 그 중 하나를 선택하면 된다. 과제는 개인적인 관점을 설명하거나 정보를 주거나 주장을 펼치거나 반증하는 것을 포함할 수 있다. 텍스트는 편지, 공식보고서, 신문보도, 기사, 인터뷰 및 논설, 누군가의 이야기, 혹은 라디오나 텔레비전 토론 및 토크쇼 프로그램을 '전사'한 자료 등이 제시될 수 있다. Section B는 글쓰기이고 전체 시험의 10%를 차지한다.

한편, Paper 1의 '논픽션 텍스트와 미디어 텍스트'에 해당하는 평가목표는 다음과 같다.

1. **읽기**
   (1) 직관과 참여적 태도로 읽고, 적절한 참조사항을 텍스트에 끌어들일 수 있는 능력
   (2) 사실과 의견을 구별하고, 어떻게 정보가 제시되는지 평가하는 능력
   (3) 주장을 따라가되, 그 함의를 인식하고 모순된 점을 찾아내는 능력
   (4) 목적에 적합한 자료를 선택하고, 다양한 소스로부터 나온 자료들을 한데 묶고 다른 자료를 참조할 수 있는 능력
   (5) 글쓴이가 어떻게 언어적, 구조적 장치 및 프리젠테이션 장리를 사용하여 효과를 달성하는지에 대해 이해하고 평가하며, 언어가 다양해지고 변화하는 방식들에 대해 논평할 수 있는 능력

2. **쓰기**
   (1) 다양한 범위의 목적과 수용자를 고려한 글쓰기 방식으로 명확하게 소통하기
   (2) 특정한 목적과 효과를 위한 형식과 장르를 사용하고 채택할 것

　(3) 자기 생각을 문장, 문단, 전체 텍스트로 조직할 것
　(4) 정확한 스펠링과 문장부호르 사용하여 명쾌하고 분명하게 제
　　시하기
　(5) 표준영어의 문법적 구조를 사용하고 명확하고 적확하게 의
　　미를 표현할 수 있는 다양한 어휘를 구사하기.
3. 말하기 듣기 (생략)

위에서 보는 것과 같이, 영국 국정교육과정 내 자국어교육과정에는 미디어 텍스트의 이해가 필수요소로 포함되어 있다. 의무교육기간을 거치는 동안 모든 학생들이 어느 정도의 미디어교육을 받고 또 이에 대해 평가를 받게 된다는 점은 매우 긍정적이다. 그러나 그 비중에 있어 미디어 텍스트에 대한 학습과 평가의 비중이 전체 영어교육의 10%에 불과한 것으로 되어 있어, 전통적인 언어교육 내에서 미디어교육이 아직도 상당히 주변적인 영역에 머물러 있음을 볼 수 있다. 이는 캐나다 온타리오주의 영어교육에서 말하기, 듣기, 읽기, 쓰기와 더불어 '보기(viewing)'가 20%의 비중을 차지하는 것을 고려하면 턱없이 모자란 비중이다.

현재로서는 미디어를 신문이나 잡지와 같은 인쇄매체에 의한 것과 영상이미지를 통한 미디어에 국한시키고 있어, 보다 다양한 뉴미디어 및 미디어 융합의 측면을 고려하지 못하고 있는 점, 미디어에 대한 이해를 평가하는 데에 전통적인 영어교육의 평가 방법인 글쓰기를 똑같이 적용하여 평가하는 점 역시 언어 교육 내에서 미디어교육을 할 때 발생할 수 있는 아쉬운 점으로 지적할 수 있다. 한편 좀더 근본적인 점에서 볼 때, 언어와 문학교육 내에 미디어교육을 포함해 가르치는 것으로 미디어교육이 한정될 경우 미디어 언어와 수용자의 측면에 초점을 맞추게 된다는 점에서, 미디어를 이해하기 위한 기본 틀에 해당하

는 미디어 제도나 산업, 테크놀로지, 재현 등의 문제가 다루어지기 어렵다는 점에서 충분치 않다. 다음 절에서 살펴볼 독립된 선택 과목으로서의 '미디어 연구' 과목의 제도화, 그리고 또 범교과적(cross-curricular)인 미디어교육의 침투에 의해 극복될 수 있는 것으로 보인다. 언어와 문학교육 내에 미디어교육이 위치 지워지는 경향이 영국 뿐 아니라 다른 여러 나라들에서 두루 발견되는 점에 대해 데이비드 버킹엄(David Buckingham)은, 문학 텍스트를 해석하고 감상하는 방식을 영화나 TV 드라마와 같은 영상미디어의 분석과 이해에 적용하면서 미디어교육이 시작되는 일이 많기 때문이라고 설명한다. 그리고 지극히 실용적이고 전략적인 측면에서 보더라도, 어느 나라에서나 모국어교육은 교육과정의 필수 요소이기 때문에 미디어교육이 모국어교육 내에서 어느 정도 행해지는 것이 반드시 필요하다고 주장한다(Buckingham /기선정・김아미 옮김, 2004). 물론 미디어교육이 독립된 교과로 가르쳐지는 것이 가장 이상적이겠지만, 독립된 교과로서의 미디어교육은 자칫 영국의 경우에서 보는 것과 같이 중등학교 마지막 단계에서나 선택할 수 있는 상당히 주변적인 과목이 되어버릴 우려가 있기 때문이다. 이 때문에 영국에서도 영국영화연구소의 캐리 바잘제트(Cary Bazalgette), 앤드류 굿윈(Andrew Goodwyn, 1992) 등은 모국어교육 내에서 미디어교육이 필수 요소로 자리 잡는 것을 매우 중시했다(Bazalgette, 1991; Goowyn, 1992).

그러나 사실 언어교육과 미디어교육의 관계는 단지 미디어교육이 안전하게 자리잡을 수 있는 일종의 '피난처' 이상의 관계가 되어야 한다. 미디어교육을 수용한다는 것은 언어교육의 철학과 목표 자체에 대한 근본적인 성찰을 요구하는 것이기 때문이다. 문학을 가르친다는 것은 이른바 '문학성'을 갖춘 것으로 간주되는 특정 텍스트들의 사회적이고 심리적인 가치에 대한 어떤 가정들을 기반으로 한다. 많은 문학교육자들은 아이들이 문학작품을 읽는 것 자체가(물론 어떤 문학작품을 어떻게 읽느냐가 중요하지만) 학생들의 감성을 세련되게 만들고 더 나아가 보다 나은 인간으로 만든다고 주장한다. 이것은 한국의 국어교육과 문학교육에 대한 논의에도 마찬가지로 적용된다. 단지 기능적이고 도구적인 리터러시의 교육을 통해 기계적으로 좋은 문장을 읽고 생산하게 하는 것이 언어와 문학교육의 목표가 아니라, 보다 나은 사회를 만드는데 있어 어떻게 문학교육이 기여할 수 있는가에 대한 가정이 있다는 것이다.

하지만 이런 문학적 가치에 대한 생각들은 1970년대의 보다 진보적인 언어교육과 문학교육 연구 및 교사집단들에 의해 도전 받아왔다. 자신들이 교실에서 가르치는 노동계급의 청소년들, 그리고 보다 다양한 사회문화적 배경을 가진 청소년들에 대한 교사들의 사회적 인식이 심화되면서, 기존의 전통적인 언어교육과 문학교육이 주장하는 가치에 대해 재고하는 교사들이 늘어난 것이다. 대중문화가 기존의 전통적 방식의 언어교육과 문학교육에 도전하면서 도입된 것도 이러한 흐름과 깊이 관련되어 있다. 청소년들이 일상적인 삶에서 접하는 문화적 가치에 대한 이해와 반성적 성찰, 보다 나은 문화를 생산할 수 있는 능력이 미디어교육과 만나게 되면서 언어교육 안에 흡수된 것이라 볼 수 있다. 그러나 아직도 미디어는 어쩐지 '문학이 아닌 어떤 것'으로 규정되는 경우가 많으며, 이는 국정과정의 영어 실러버스에서 여전히 '비문학 텍스트와 미디어 텍스트'를 '문학적 텍스트'와 구분하고 있는 점에도 반영되어 있다.

교육적 접근법의 측면에서 볼 때 전통적으로 언어와 문학의 교육은 실제로 읽고 쓰고 말하고 듣는 '활동(activities)'과 '감상(appreciation)'이 중심이 되어온데 비해, 미디어교육은 비판 이론의 영향으로 인해 사회학적인 '분석(analysis)'이 중심을 이루어왔다. 그리고, 문학교육은 학습대상인 텍스트를 '좋아하도록', 그래서 그 안에 담긴 가치를 따르도록 가르쳐지는데 비해, 미디어교육은 학습대상인 텍스트를 '분석하도록', 그래서 그 안에 담긴 가치를 따르지 않도록 가르쳐져 왔다. 물론 이런 경향이 최근에 와서는 수용자 연구 중심의 문화연구의 영향으로 인해 수용자/독자가 텍스트 수용을 통해 얻는 '즐거움'의 측면이 강조되는 방향으로 바뀌었지만, 사회학적 분석을 넘어선 보다 미학적 측면의 교육과 개인의 '소통 매체'로서의 미디어교육이 더욱 요구되고 있다. 이런 변화를 고려할 때 미디어교육은 언어와 문학교육의 방법에서 배울 수 있는 점이 분명히 있다고 본다.

한편, 언어와 문학교육 내에 미디어교육이 포함된다는 것은 언어 텍스트. 문학 텍스트 자체도 그것이 생산되는 미디어적 속성, 즉 온라인, 오프라인을 망라한 출판 제도 및 산업, 언어, 수용자, 재현 등의 문제를 다룰 필요가 있다는 것을 의미한다. 데이비드 버킹엄은 이에 대해 다음과 같이 제안하고 있는데, 모국어교육 내에서 미디어교육을 수용하고자 할 때 참조해야 할 대목이라 생각된다(Buckingham, 2003).

자국어교육 내에서의 미디어교육

- 출판산업의 경제적 작용 양상에 대한 이해 및 다른 미디어 산업과의 연관 관계에 대한 이해
- 잠재적 독자들에게 다가가기 위한 방법으로 서평, 광고, 문학상 제도, 서점, 북클럽 등이 어떻게 작용하고 있는가에 대한 이해
- 특정한 작가의 명성(혹은 '브랜드 정체성')이 미디어를 통해 어떻게 생산되고 유지되는가에 대한 이해
- 다양한 역사적 시기와 사회적 상황에서 인쇄매체로 된 책들이 어떻게 다른 매체로 각색되어 다른 수용자에게 전달되는가에 대

한 이해

- 예를 들어 인물, 작가의 관점, 분위기 등을 만드는데 있어 다양한 매체가 상대적으로 어떤 가능성과 한계를 갖는가에 대한 비교 이해.
- 비문학적 텍스트에 있어서의 재현, 사실, 의견이 인쇄 매체의 경우와 그 밖의 미디어의 경우에 있어 어떻게 나타나는가에 대한 이해
- 다양한 사회적 그룹들이 인쇄 매체를 기반으로 한 텍스트에 어떻게 재현되거나 재현되지 않는가, 그리고 이것이 작가의 사회적 위치와 어떻게 관련되는가에 대한 이해
- 북자켓, 서점의 디스플레이 등에 사용된 디자인과 언어에 의해 다양한 수용자들이 어떻게 마케팅의 타겟이 되는가에 대한 이해
- 다양한 수용자 그룹들이 인쇄 매체와 다른 미디어와의 관계에 있어 어떤 읽기의 습관을 갖고 있는가에 대한 이해

|2| 독립된 선택 과목으로서의 '미디어 연구(Media Studies)'

영국 학교에서의 미디어교육은 앞서 살펴본 바와 같이 '영어(모국어)' 과목의 일부로도 시행되고 있지만, 국정교육과정의 마지막 단계인 Key Stage 4(만 14-16세, 2년 과정)의 GCSE와 의무교육 이후 단계인 A-level(만 16-18세, 2년 과정)에서 시험과목으로 선택 가능한 독립된 교과로도 행해지고 있다. OCR 실러버스의 경우를 예로 들면, GCSE와 A-level 모두 (물론, 그 내용과 수준의 깊이에 있어서는 차이가 있지만) '비판적 텍스트 분석(Textual Analysis)', '미디어 간 비교(Cross-media topics)' 및

'미디어 제작 포트폴리오(Production Portfolio)'와 같은 세 가지 구성 요소를 통해 미디어를 체계적으로 학습하고 평가하고 있다.

참고로, A-level의 경우 2000년 이전에는 한 학생당 3과목을 선택해 한 과목당 주 7시간 정도를 2년간 집중적으로 심화 학습하도록 되어 있었는데, 2000년 이후에는 1단계인 'AS(Advanced Subsidiary)'(1년 과정)에서 5과목을 선택해 공부한 후, 2단계에서는 이 중 3과목만 선택해 심화 학습하는 'A2'(1년 과정)를 거치는 것으로 제도가 바뀌었다. 1단계인 AS에서 선택 과목의 폭이 넓어지면서, '미디어 연구' 과목을 선택하는 학생들의 숫자도 많이 늘었다. OCR 실러버스의 '미디어 연구' 과목의 경우 AS에서 요구되는 것과 A2에서 요구되는 것은 다음과 같다.

> **AS** : 다양한 미디어텍스트와 주제를 학습하고 미디어 생산물을 구성해보고 해체해 본다. 미디어 형식과 관습, 미디어 제도, 미디어 수용자, 미디어 재현 등 기본 개념을 통해 학습.
>
> **A2** : AS에서의 학습에 기반하여 미디어 형식과 관습, 제도, 수용자, 재현에 대한 지식과 이해를 확대하고 깊이 있게 한다. 특히 '고급 제작(Advanced Production)'과 '미디어 이슈 및 논쟁(Media Issues and Debates)'은 제도, 텍스트, 수용자, 사회 간의 관계에 대한 이해를 필요로 한다.

OCR의 A-level 실러버스는 미디어교육의 목표에 대해, 미디어에 관한 학습을 통해 영적, 도덕적, 윤리적, 사회적, 문화적 이슈들을 다루어야 하며 어떤 사회문화적 편견도 불식해야 한다고 천명하고 있어, 이전의 이데올로기 비판 중심의 미디어교육에서 진일보했음을 보여준다. 한편, 이 실러버스는 앞서 영국영화연구소의 미디어교육 보고서인 <영화, 만드는 것이 중요하다(Making Movies Matter)>(1999)의 문제의식을 반영하여, 전체적으로 영상미디어 제작교육의 비중을 높였다. '미디어 연구'를 선택과목으로 개설하기 위해 학교에서 갖추어야 할 최소한의 장비와 설비에 대해서는, '정지영상을 위한 35mm 혹은 디지털 카메라', 'ICT 하드웨어 시설과 DTP 그리고(혹은) 디지털 이미지 조작 소프트웨어와 웹디자인 소프트웨어', '오디오 녹음 및 편집 시설', '비디오 혹은 필름 녹음 및 편집시설'을 갖추도록 규정함으로써, 실제적으로 제작교육이 시행될 수 있는 환경에 대한 요구도 분명히 하고 있다. A-level의 1단계에 해당하는 AS 실러버스의 경우, 그 평가 기준이 '기초 제작'(코스워크로 평가, 40%), '텍스트 분석'(지필고사 30%), '사례 연구'(수용자와 제도, 지필고사 30%)의 비중으로 되어 있고, 2단계에 해당하는 A2 실러버스의 경우는 AS를 50% 비중으로 반영하는데 덧붙여, '고급 제작'(20%), '비판적 연구(Critical Research Study, 15%)', '미디어 이슈와 논쟁'(15%)을 추가로 제시하고 있다. 다음은 그 실러버스의 내용을 요약한 것이다.

OCR syllabus의 예

OCR Advanced Subsidiary GCE in Media Studies (3860)
OCR Advanced GCE in Media Studies (7860)

개요

- 미디어 생산활동을 포함한 다양한 접근법을 통해, 학생들로 하여금 미디어 텍스트의 의미와 컨텍스트를 비판적으로 분석함과 더불어, 미디어텍스트에서 느끼는 즐거움을 향상시키기 위한 것이 이 과정의 목적.
- 미디어가 학생들의 일상적 삶에서 어떤 역할을 하는가에 대해 기초적인 학습 및 개념적 접근과 논쟁을 통해 학습할 기회를 제공.
- 생산활동 역시 중요한 요소. 미디어 생산의 목적은 이론과 실제

의 결합. 창조적이고 상상적이며 미적인 활동에 몰입하면서 미디어에 대한 지식과 테크니컬한 기술을 결합시켜 보는 것.

학생들에 따라 AS(1년 과정)만 마치는 경우도 있고, A2(1년 과정)를 추가로 이수하는 경우도 있는데, AS의 경우 시험은 다음과 같이 치러진다.

Unit 2731 : Textual Analysis

학생이 이미 본 적이 없는 것으로 생각되는 짧은 영상이미지 텍스트를 제시하고, 미디어의 언어와 관습, 형태에 대한 텍스트 분석 능력을 평가한다(평가 목표 1). 그리고 두 가지 텍스트를 제시한 후 재현(representation)의 개념에 대한 이해도를 평가한다(평가 목표 2).

시험은 모두 두 시간동안 치러진다.(30분 동안 영상이미지를 보면서 메모하는 시간을 포함)

학생들은 다음의 두 가지 질문 모두에 답해야 한다.

Section A.

- 수업에서 다루어진 적이 없는 영상이미지매체의 기술적 측면에 대한 텍스트분석을 다루는 질문 한 가지.
- OCR에서 제공한 발췌된 영상이미지를 보고 텍스트 분석을 하는 질문 한 가지.

Section B.

- 두 가지 텍스트를 비교하는 질문 한 가지. OCR에서 제공한 재현에 관한 토픽과 관련하여 각 센터(학교)에서 자율적으로 문제를 선택한다.
  * 영상이미지 언어와 관습에 대한 기술적 분석을 위한 주제 :
    - 카메라 앵글, 숏, 움직임, 위치 / 편집 / 사운드 / 특수효과 / 미장센
  * 미디어간 비교 연구를 위한 주제 :
    - 소비지향주의와 라이프스타일 잡지 / 연예인과 타블로이드 신문 / 소수자의 이해와 라디오 / 젠더와 텔레비전 시트콤 /

음악 문화와 라디오 / 갈등, 경쟁과 비디오, 컴퓨터 게임

Unit 2732 - 사례 연구 : 제도와 수용자
학생들은 1시간 동안 세 문제에 대답하게 되는데, 질문은 미디어 제도, 생산 과정, 테크놀로지 및 수용자의 미디어 소비 및 수용에 관련된 이슈들에 대해 대답하는 것이다.(학습 목표 3)

Unit 2734 - 비판적 연구(critical research study)
주어진 미디어 주제를 독립적으로 연구, 조사, 분석하고 연구결과를 제시하는 능력을 평가한다.(학습 목표 6)
2시간 동안 두 문제에 대답한다. 학생들에게 미리 주제를 주고 조사해오게 한 후, 각자의 연구와 관련된 자료를 A4지 4쪽에 써 가지고 들어가 시험 보는 일종의 오픈북 테스트 형식. 학생 각자의 연구 자료는 증거 자료로 함께 제출한다. 지도교사는 주제를 정해 주고 정해진 시간 안에 연구를 수행하도록 체크할 수는 있지만, 학생들의 개별 연구 주제를 직접 가르쳐서는 안 된다.

AS에 이어지는 심화과정이라 할 수 있는 A2 단계의 'Unit 2735'에서는 '미디어 이슈와 논쟁'을 다룬다. 그 평가 내용은, 다양한 범위의 미디어 이슈와 논쟁에 대해 비판적인 주장을 전개하는 능력(학습 목표 7), 세 가지의 미디어 형태를 제시하고 각각에 대해 하나씩의 질문에 답하되 기본 개념에 대한 지식과 이해를 염두에 두면서 논하는 것으로 구성되어 있다. 한편, 일종의 '수행평가'에 해당하는 코스워크(course work) 형식으로 평가되는 '기초 제작' 과정은 학생들로 하여금 스스로 미디어 텍스트를 생산하게 함으로써 텍스트 구성을 통해 미디어에 대한 다양한 범위의 기술적 능력과 이해력을 입증하도록 하는 것을 목적으로 하고 있다.(학습 목표 4) 제작 교육에서는 학생들 스스로 계획 단계에서 결과물 생산에 이르기까지의 과정에 대해 스스로 평가하는 '제작 보고서(Production Report)'를 함께 제출하도록 하고 있는데(학습 목표 5), 이는

학생들 스스로의 자기 평가(self-evaluation)을 중시하는 학습자 중심의 교육과정이 반영된 것이다.

미디어 제작 교육의 측면을 좀더 자세히 살펴보면, OCR 실러버스 AS 단계의 경우 미디어 제작 과제에 관한 개요(브리핑)를 모두 6가지로 제시하고 있으며 이 중 하나를 선택하도록 하고 있다. 제작은 학생들 개인의 작업으로 할 수도 있고 경우에 따라서는 그룹으로 할 수도 있다. 그룹으로 할 경우 한 그룹의 정원은 4인을 넘지 못하도록 규정하고 있으며, 그룹 내에서의 개인이 어떤 역할을 했는가에 대한 설명을 포함한 '개인 제작 리포트'를 제출하도록 하고 있다. 평가 기준은 계획 (30%), 구성(60%), 제작 보고서(30%)이다. 학생들에게 제시된 제작 개요는 다음과 같다.

OCR 실러버스 '미디어 제작(기초)' 개요

- **선택 가능한 미디어 : 영화, 텔레비전, 인쇄매체, 라디오, 뉴미디어 / ICT**

1. 영화 : 새로운 공포 영화의 첫 장면 만들기. 타이틀을 포함하여, 15세 이상 관람가 혹은 18세 이상 관람가의 영화 첫 장면을 약 2분 길이로 만들 것.

2. 텔레비전 : 새로운 어린이용 TV 프로그램의 첫 장면 만들기. 어떤 장르여도 상관없으나, 타이틀을 포함해야 하고, 5-12세 사이의 어린이들을 위한 프로그램이어야 한다. 약 2분 길이.

3. 인쇄매체 - 잡지 : 13-19세 청소년을 대상으로 한 십대 잡지의 내용을 몇 페이지 만들기. 여성 독자 혹은 남성 독자 중 한 가지 성의 독자만을 위한 것이어도 좋고 양성이 함께 보는 잡지여도 좋다.

    - 개인이 만들 경우 : 표지 외에 적어도 2 페이지 이상 만들되, 최소 3개의 창의적 이미지를 사용해야 한다.

- 그룹으로 할 경우 : 표지 외에 1인당 적어도 2페이지 이상 만들어야 하고, 전체가 모여 하나의 잡지 스타일이 이루어져야 한다.

4. 인쇄매체 - 광고
   - 개인이 만들 경우
     (1) 적어도 세 가지 이상의 창의적 이미지를 사용한 시리즈의 광고를 만들어야 하며, 내용은 건강교육을 위한 캠페인 혹은 어떤 재단을 위한 캠페인으로 한다.
        혹은
     (2) 적합한 포맷을 사용하여 게임 패키지 커버를 만든다.(예를 들어 PC, Playstation, Nintendo 등) 그리고 이 새로운 개임의 홍보를 위한 잡지 광고를 만들되, 적어도 세 가지의 창의적 이미지를 사용해야 한다.
   - 그룹이 만들 경우
     1인당 적어도 세 가지 이상의 창의적 이미지를 사용한 시리즈의 광고를 만들어야 한다. 내용은 건강교육을 위한 캠페인 혹은 어떤 재단을 위한 캠페인으로 한다.

5. 라디오
   지역 이벤트(스포츠, 음악, 오락, 혹은 지역사회 이벤트)를 위한 적어도 세 가지의 연속된 광고를 만들되,. 연속된 광고 전체 분량은 60-90초이어야 한다. 사운드 소스가 전체 광고에서 효과적으로 쓰여야 한다.

6. 뉴미디어/ICT
   - 개인이 만들 경우
     새로운 브랜드를 위한 웹사이트를 만든다고 가정하고 홈페이지 하나와 적어도 세 가지 하이퍼링크 텍스트를 만든다.
   - 그룹으로 만들 경우
     새로운 브랜드를 위한 웹사이트를 만든다고 가정하고 홈페이지 하나는 공동으로, 그리고 한 사람당 적어도 세 가지 하이퍼링크 텍스트를 만든다.(예: 4명이 한 그룹이라면 홈페이지 하나와 12페이지의 하이퍼텍스트가 만들면 된다.)

한편, 심화단계인 A2 단계의 '고급 제작'(Unit 2733)에서는 학생들의 미디어 텍스트의 조직과 구성 능력을 평가하는 것을 목표로 하고 있다. 이에 따라, 기술적 능력과 개념적 이해를 입증할 수 있어야 한다는 점(학습 목표 8), 그리고 자기 자신의 미디어 생산 과정 및 결과물에 대한 비판적 평가를 할 수 있어야 한다는 점(학습 목표 9)이 추가되어 있다.

지금까지 살펴본 바와 같이 영국 학교의 독립된 선택과목인 '미디어 연구'는 중등학교 졸업자격시험인 GCSE(만 16세에 치름) 혹은 대학입학 수학능력시험에 해당하는 A-level(만 18세에 치름)의 수험 과목으로 선택될 수 있도록 제도화 되어 있다. 학습 목표와 영역 및 평가 방법이 선명하게 제시된 실러버스를 따라 2년간 심화된 학습을 수행하도록 제도화 되어 있는 것인데, 대학 입시를 위한 별도의 시험을 치러야 하는 것이 아니라 2년간의 학습의 결과를 평가 받는 것으로 되어 있다. 미디어 제작의 경우 일종의 수행평가라 할 수 있는 '코스워크'를 통해 평가 받고, 미디어 텍스트 분석 및 연구 능력, 그리고 미디어 이슈의 이해에 관한 능력에 대해서는 에세이 형식의 지필고사를 통해 평가하도록 되어 있다. 지식의 '양'을 측정하는 사지선다형의 객관적 시험 방식이 아니라 지식의 '깊이'와 '질'을 측정하는 주관식 에세이가 평가의 핵심을 이루고 있는 점도 눈여겨 볼 대목이다.

다음은 이렇게 치러지는 GCSE '미디어 연구' 과목의 2003년도 시험 문제 사례이다.

Paper 1 영상이미지 텍스트에 대한 텍스트 분석(Textual Analysis)

시간 : 1시간 45분(45분은 비디오 보면서 메모하는 시간, 1시간은 답안 쓰는 시간)

주어진 영상이미지 텍스트 : 영화 '인디펜던스 데이(Independence Day)'
(Roland Emmerich 감독, 미국, 1996, 20th Century Fox)

(a) 방금 본 영화 부분의 어떤 특질이 이 영화를 SF 영화로 볼 수
있도록 하는가? (6점)

(b) 이 영화 부분은 흥분과 긴장감을 유발하기 위해 만들어졌다. 어
떻게 그러한지 다음의 요소들에 대해 각각 두 가지씩의 예를 들
어 설명하라.
• 카메라의 사용(8점)
• 사운드트랙(8점)
• 특수효과(8점)

(c) 타이틀 나오는 장면 자체(20세기 폭스사 로고가 나오고 '7월 2일'
이라는 캡션이 나오는 곳까지)가 우리가 보고 있는 이 영화에 대
해 말해주는 것이 있다. 이 장면으로부터 두 가지 예를 들어 그
예들이 우리가 이 영화의 도입에 어떤 도움을 주고 있는지에 대
해 설명하라. (6점)

(d) 두 가지 SF 영화에 대해 논하는 질문이다.
앞서 본 영화 장면에 대해 논하지 않아도 된다.
• 두 영화에 대해 상세히 논하면서, 어떻게 그 두 영화가 SF라
는 장르에 속하게 되는지 기술하라. (12점)
• SF라는 이 영화 장르가 왜 수용자들에게 그렇게 인기가 있다
고 생각하는지 설명하라. (12점)

/ 총 60점

Paper 2 인쇄매체에 의한 미디어 텍스트 분석(Textual Analysis)

주어진 미디어 텍스트: 십대 대상의 잡지 'Sugar'의 첫 페이지와 그
내용 일부.

(a) 이 발췌문들의 어떤 특질들이 그것들을 십대 잡지 장르의 예로
볼 수 있게 하는가? (6점)

(b) 어떤 잡지의 표지도 어떤 효과를 만들어냄으로써 수용자를 끌
어들이도록 디자인되어 있다. 이러한 효과가 어떻게 구성되는

지 다음 세 가지 요소에 대해 각각 두 가지씩의 예를 들어 설명
하라.

- 어휘(단어와 구문) (8점)
- 색채와 서체 (8점)
- 모델의 선택 (8점)

(c) 편집자들은 독자들에게 잡지 내용을 보여주기 위해 목차란을 이
용한다. 편집자 둘을 예로 들어 어떻게 그들이 독자들에게 내용
을 소개하고 있는지 설명하라. (6점)

(d) 어떤 종류의 독자들이 이 잡지를 살 것이라 생각하는가, 그리고
잡지 표지와 목차란은 그러한 독자들에게 어떻게 어필하려 노
력하고 있다고 보는가? (12점)

(e) 다른 잡지 둘을 상세히 예로 들어 '십대 잡지'라는 장르가 얼마
나 전형적인 유형이 될 수 있는 것인지 논하라. (12점)

/ 전체 60점

Paper 3 미디어간 비교 분석(Cross-Media Topics)

다음 두 가지 문제에 답하라. 하나는 Section A에서, 다른 하나는
Section B에서 선택하면 된다.

■ Section A. 미디어 생산자와 수용자

다음 두 문제 중 하나를 선택하여 답하라.

1. 뉴스

서로 다른 미디어에서 가져온 두 가지 이상의 예를 상세히 참조
하면서 뉴스가 제시되는 주요 방법을 식별하고 묘사하라. 대답에
는 다음과 같은 것들이 포함될 수 있다.

- 어떤 스토리들이 선택되었는가에 대한 고려
- 각각의 매체가 사용된 방식들에 대한 묘사
- 프로그램들이 어떻게 수용자에게 어필하려 노력했는가를 보
  여주는 것.

2. 광고

서로 다른 미디어로부터 나온 두 가지 이상의 광고의 예를 상세히 참조하면서 광고가 사용한 주요 방법들에 대해 논하라. 대답에는 다음과 같은 것들이 포함될 수 있다.

- 각각의 매체가 사용된 방식들에 대한 묘사
- 상품들이 수용자에게 어떻게 매력적으로 보이고 있는가에 대한 서술.

■ Section B. 메시지와 가치

다음 두 문제 중 하나를 선택하여 답하라.

1. 뉴스

뉴스에 담긴 메시지와 가치가 어떻게 변화해 왔는가? 텍스트는 서로 다른 매체로부터 뽑아낸 과거의 뉴스 스토리 하나와 보다 최근의 기사에 대한 논의가 포함되어야 한다. 답안에는 다음과 같은 내용이 포함될 수 있다.

- 개인들, 그룹들 혹은 장소들이 어떻게 제시되어 있는가.
- 어떤 점이 유사하고 어떤 점이 변화했는가.
- 이와 같은 제시에 담긴 메시지와 가치들에 대한 논의.

2. 광고

광고에 담긴 메시지와 가치가 어떻게 변화해 왔는가? 텍스트는 서로 다른 매체로부터 뽑아낸 과거의 광고 하나와 보다 최근의 광고에 대한 논의가 포함되어야 한다. 답안에는 다음과 같은 내용이 포함될 수 있다.

- 사람들과 상품들이 어떻게 제시되어 있는가.
- 어떤 점이 유사하고 어떤 점이 변화했는가.
- 이와 같은 제시에 담긴 메시지와 가치들에 대한 논의.

▎3▎ 미디어교육 교재 및 교사용 가이드북의 사례

한국 사회에서 '교과서(textbook)'라는 말은 교사와 학생들이 일년 내내 처음부터 끝까지 따라가며 공부하도록 정해진 어떤 특정한 책을 의미해왔다. 그래서 교과서적이라는 말은 '규범적이다', '틀에 박혀 있다', '시대와 상황의 변화에도 불구하고 변하지 않는다'는 등의 부정적인 연상작용을 일으키는 경우가 많다. 물론 국정 교과서 제도가 점차 검인정 교과서 제도로 바뀌게 되고, 교사들에 의해 만들어진 '대안교과서'가 등장하게 되면서 이런 의미에서의 교과서도 역사 속으로 사라져 가고 있기는 하지만, 교과서라는 말이 갖는 딱딱하고 편협한 느낌은 여전히 지워지지 않고 있다.

개별 학교 단위의 자율적 교육 전통이 강했던 영국에서 이런 의미에서의 교과서 개념은 존재하지 않는다. 다만, GCSE나 A-level과 같은 시험을 치르는 학생들을 위해 각 시험주관기관에서 교사와 학생들을 위해 일종의 실러버스 해설서인 'Specification'을 내놓고 있다. 미디어교육 분야에도 이런 종류의 실러버스 해설서들이 있지만, 또 한편으로는 특정 시험 기관의 실러버스와는 무관하게 미디어교육에 있어 반드시 필요한 개념적 이해와 사례 연구를 학습활동과 함께 제시하는, 미디어 전문 학술 출판사에서 발행한 교과서들도 존재한다. 이 밖에, 미디어의 개념적 이해나 장르적 이해의 측면에서 각론에 해당하는 영역들에 대한 티칭 팩(Teaching Pack)이나 가이드북 같은 형식의 좋은 교육 자료들도 많이 등장하게 되었는데, 이는 영어미디어센터, 영국영화연구소 등에서 발행한 것들이 많다.94) 아래에서는 몇 가지 중요한 사례들을 들어 설명하도록 하겠다.

(1) 1980년대 – 비판이론적 접근과 렌 마스터만의 선구적 역할

미디어교육자 로이 스타포드(Roy Stafford)에 따르면 미디어교육 교재의 제 1기에 해당한다고 볼 수 있는 렌 마스터만(Len Masterman)의 <텔레비전 가르치기(Teaching about Television)>(1980)와 <미디어교육(Teaching the Media)>(1985)은 비판이론적 관점을 미디어교육에 적용한 사례로 볼 수 있다(Stafford, 2002/3). 특히 <텔레비전 가르치기>는 미디어를 이해하기 위한 이론적 틀을 사회기호학적 분석에 의해 제시하고 다양한 수업의 사례를 세미나 형태로 제시한 책이다. <텔레비전 가르치기>에서 렌 마스터만은 텔레비전 프로그램에 대해 가르치는 미디어 교사의 임무는 아이들로 하여금 특정한 프로그램에 나타난 이미지들을 꼼꼼히 읽어냄으로써 궁극적으로는 그 안에 내포되어있는 사회적 '가치'와 '이데올로기'를 읽어낼 수 있는 방법을 가르치는 데에 있는 것으로 제시된다. 이러한 '꼼꼼히 읽기'를 통해 아이들로 하여금 자신들이 수용하는 이미지가 누구에 의해, 어떠한 목적으로, 누구를 대상으로 하여 생산된 것인지, 그러한 이미지들 때문에 우리 눈에 쉽게 보이지 않게 된 '억압된' 혹은 '대안적'인 이미지에는 어떤 것들이 있을지에 대해 생각해보게 만들어야 한다는 것이다(Masterman, 1980).

---

94) 영어미디어센터는 현장교사들의 풍부한 경험을 기반으로 탁월한 교수학습방법 전략을 제시하는 흥미로운 미디어교육 교재들을 발간해왔다. 그 교재의 샘플들을 다음의 웹사이트에서 무료로 다운로드 받아 볼 수 있다.
http://www.englishandmedia.co.uk

마스터만이 스스로 밝히고 있듯이, 이러한 분석 방법은 프랑스의 문화이론가인 롤랑 바르뜨(Roland Barthes)가 현대 사회의 신화(myth)를 분석하기 위한 방법으로 제시한 기호학(semiology)에서 빌어온 것이다. 여기서 바르뜨가 말하는 현대 사회의 '신화'란 (그리스 신화나 단군 신화와 같은 신들의 이야기가 아니라) 우리가 흔히 당연한 것으로 받아들이고 있는 광고, 신문, 라디오, 일러스트레이션 등 사회적 현상과 관련된 다양한 의미작용(signification) 형식 속에 내재해있는 '가치'를 말하며, 그가 말하는 신화학(mythologies)이란 이러한 형식에 대한 분석을 통해 그 내재된 가치를 분석하는 일을 말한다.

다시 말해 미디어는 마치 고대인들이 세상의 이치를 이해하는 데 있어 신봉했던 신화와 같은 것으로, 마치 현대 과학에 의해 고대인들의 신화는 세상의 이치를 설명해주는 이론이 아니라 신화에 불과함이 밝혀진 것과 같이, 우리의 사고 방식 및 생활 양식을 설명해주는 듯이 보이는, 그런 의미에서 현대판 신화라고 할 수 있는 미디어 역시 신화학(기호학)에 의해 그 의미작용이 밝혀질 필요가 있다는 것이다.

이러한 비판적 분석을 바탕으로 한 미디어 텍스트 읽기는 의미란 텍스트 속에 숨어 있어서 우리가 텍스트를 꼼꼼히 읽으면 발견할 수 있는 어떤 것이라는 생각을 바탕으로 한다. 이런 점에서 기호학에 근거한 미디어 분석은 비평가의 작업으로서는 사회에 대한 비판적 담론을 형성하는 중요한 역할을 하지만, 실제 교실 상황에서 적용될 때에는 자칫 미디어 수용자로서의 학생들이 미디어와의 관계에서 생산하는 다양한 의미를 강조하기보다는 텍스트에 내재된 일종의 정답으로서의 의미를 찾아내는 일에 초점을 두는 데 치중하게 되는 위험이 있다. 텍스트의 궁극적 의미와 가치는 그 분석자가 누구이든 상관없이 비판적인 의식을 가진 사람의 분석에 의해 발견될 수 있는 어떤 것이라는 가정이, 이러한 분석 모델의 바탕에 깔려있기 때문이다(정현선, 2002).

　이러한 이유로 인해 기호학적 텍스트 분석을 중심으로 한 마스터만의 미디어교육 이론은, 90년대 이후 수용자들의 다양하고 능동적인 의미 생산을 강조하는 일련의 문화연구에 의해 비판을 받게 된다. 그럼에도 불구하고, 미디어 수업 시간에 적용할 수 있는 섬세한 텍스트 읽기 방법과 이를 바탕으로 한 교사와 학생 간의 대화(dialogue)를 강조한 마스터만의 이론은 로이 스타포드(Roy Stafford)가 미디어 교재의 제 2기로 분류한, 좀더 교과서 형태에 가까운 책들이 출판될 수 있는 기반을 마련하는 데 있어 크게 기여했다는 점을 평가할 수 있다.

(2) 1990년대 – 미디어 교과서의 등장, 제작교육의 비중 증가와 문화 연구의 영향

　스튜어트 프라이스(Stuart Price)(1993)의 <미디어 연구(Media Studies)>는 교과서 형태를 갖춘 최초의 미디어 교과서로 꼽히는 것으로, 이데올로기 분석에 초점을 맞추고 있는 점에서 렌 마스터만의 <미디어교육>(1985)의 영향을 받은 것으로 보인다. 그 세부 목차는 다음과 같다.

1. 미디어 연구의 배경 : 커뮤니케이션 - 상징적 내용의 생산 / 커뮤니케이션 - 요소, 특질, 과정 /권력, 매스 커뮤니케이션과 사회 / 권력의 모델 / 미디어 용어법 / 주체의 구성 / 사회 이론과 주체의 구성 / 주체의 유지 / 요약
2. 이데올로기 - 출발지점 : 이데올로기란 무엇인가? / 기호학 / 담론 / 설득의 개념 / 프로퍼갠다 / 선거: 평화로운 프로퍼갠다? / 1992년 총선 사례 / 요약 / 학습활동

3. 수용자 '구성하기' : 수용자의 의미 / 출발점 : 데이비드 몰리의 "Nationwide" 수용자 연구 / 광고 : 제도와 수용자 / 광고 탐구 / 요약 / 학습활동

4. 사진, 기호학, 그리고 이미지 : 초기 발전 단계의 사진 / 기호학과 사진 / 사진과 포토저널리즘 / 포토 몽따쥬 / 요약 / 학습활동

5. 영화 - 역사와 이론 : 초기 영화 / '고전적' 시스템으로의 전환 / 영화 서사 이해의 방법 / 장르 / 관객 이론 / 영화와 사회 / 요약 / 학습활동

6. 대중적 미디어 형식들 - 텔레비전, 테크놀로지와 제도 : 텔레비전의 사회적 영향력 / 텔레비전 사회학의 접근법 / 텔레비전에 관한 논쟁 : 형식과 내용 / 미디어 효과 / 요약 / 학습활동

7. 대중적 미디어 형식들 - 인쇄 미디어와 음악 산업 : / 신문의 초기 역사 / 균형, 중립성과 공정성 / 대중적 형식들 : 여성 잡지 / 잡지 디자인 / 대중문화 : 음악과 음악 산업 / 요약 / 학습활동

목차에서 볼 수 있는 바와 같이 이러한 교과서들은 한국 상황으로 번역하면 인문계 고등학교 과정이라 할 수 있는 A-level 단계에서 미디어 연구를 전공하는 대학 1학년 학생들까지를 타겟으로 하는 일종의 개론적 성격을 띠고 있다.95) 교과서의 내용은 대체로 사진, 영화, TV, 신문, 잡지, 대중음악 등과 같은 미디어의 주요 분야를 다루되, 각 매체의 이데올로기적 측면에 대한 이해를 목표로 하는 기호학적 분석의 학습, 설득을 중심으로 한 미디어 이해와 수용자의 사회적 구성에 대

---

95) 실제로 영국의 A-level 과정은 학생들의 연령 측면에서 보면 만 16-18세에 해당하기 때문에 한국의 고등학생 연령에 해당하지만, 그 성격의 측면에서 보면 의무교육과정인 중등교육(secondary education) 이후의 계속교육(further education) 단계로서, 1년차에 5과목, 2년차에 3과목을 선택해 집중적으로 학습하는 심화과정이다. 따라서 적은 수의 과목을 선택해 학습하는 대신, 학습의 수준은 한국 대학생들의 1년차 정도에 해당할 정도의 깊이를 갖게 된다. 영국 학교에서의 미디어교육의 제도화에 대한 이해는 이런 측면을 고려할 필요가 있다.

한 이해, 미디어 산업과 제도에 대한 이해 등을 포함하고 있다. 아직 본격적으로 인터넷이나 멀티미디어가 발달하기 이전이라 인쇄매체와 영상매체에 의한 미디어 텍스트로 그 분야가 한정되어 있는 것을 볼 수 있다.

한편, 일 년 후에 출간된 팀 오설리반(Tim O'Sullivan), 브라이언 더튼(Brian Dutton), 필립 레이너(Philip Rayner)의 <미디어 학습(Studying the Media: An Introduction)>(1994)의 경우, 목차가 "매스 미디어와 현대 문화 / 역사 / 형식과 분석 / 재현 / 수용자 / 제도와 상품 / 미디어 제작 실습 / 변화하는 미디어 세계"로 되어 있는데, 앞서 살펴본 스튜어트 프라이스의 교과서와 이론적 관점과 포괄하는 미디어 종류의 측면에서는 대체로 비슷한 양상을 보이고 있는 반면, '미디어 제작 실습' 부분이 독립된 장으로 포함되어 있는 것이 큰 변화로 보인다.

실제로 1994년에 이르면, 일종의 인문계 고등학교 과정이라 할 수 있는 A-level의 '미디어 연구(Media Studies)' 과목 이외에도 실업계 고등학교 과정이라 할 수 있는 GNVQ(General Certificate for National Vocational Qualifications) 과정에 '미디어 제작(Media Production)' 과목이 신설되면서 제작 중심의 보다 실용적인 미디어교육을 위한 교재들이 생겨나기 시작했다. 이와 같은 실업계 과정에서의 미디어교육이 그다지 직업교육으로서의 성격을 뚜렷이 보이지 못함에 따라 이 과목 자체가 학생들 사이에 큰 반향을 불러일으키지는 못했지만, 제작교육을 강조하는 미디어 교재의 등장은 이후 A-level 과정의 '미디어 연구' 과목에서도 제작교육이 강화되는 데 큰 영향을 주었다.

한편, 이러한 제작교육 비중의 증가는 이후 문화 연구의 이론적 배경을 가진 GCSE와 A-level 교재들이 많이 생겨나는 것과 맞물리면서, 영국의 미디어교육이 학생들의 미디어 문화에 대한 관심과 제작 욕구를 보다 충실히 반영하여 이론적 이해와 실제적 제작 사이의 균형을 이루게 되는데 기여했다고 볼 수 있다.

(3) 'Curriculum 2000' 이후 – 미디어교육의 성장과 제도화를 배경으로 한 미디어 교재들

미디어 교재의 제 3기는 2000년 이후의 시기로, 영국의 새로운 국정 교육과정인 Curriculum 2000 이후에 등장한 교재들이다. 앞서 언급했던 것과 같이 이 새로운 커리큘럼의 등장 이후 A-level 단계에서 학생들이 선택할 수 있는 과목의 수가 증가함에 따라, '영화 연구(Film Studies)' 혹은 '미디어 연구(Media Studies)' 과목을 선택하는 학생 수도 크게 늘어났다. 이처럼 갑자기 증가한 학생 수를 감당할 수 있는 제대로 훈련된 교사 수가 절대적으로 부족하다는 점에서 문제가 없는 것은 아니지만, 한편으로는 바로 그 이유로 인해 교과서, 교수학습 자료, 교사용 가이드북 등에 대한 수요가 크게 증가하는 결과를 가져왔다. 부족한 교사 교육의 기회를 좋은 교재를 통해 만회하려는 교사의 욕구를 출판 시장이 대신 채워주고 있는 셈이다. 시험주관 기관 중 하나인 OCR이 미디어 분야의 학술서적 출판으로 유명한 Hodder and Stoughton 출판사와 함께 GCSE, AS, A2 시험에 관한 실러버스 설명서를 발행한 것 역시 이러한 경향과 밀접하게 관련되어 있는데, 이제는 미디어 교과서 뿐 아니라 티칭팩, 교사용 가이드북도 많이 출판되고 있다.

한편 이러한 경향 속에서 로이 스타포드(Roy Stafford)와 질 브랜스턴(Gill Branston)이 공저한 라우틀리지(Routledge) 출판사의 <The Media Student's Book>의 세 번째 개정판은, 특정한 시험 제도를 염두에 두지 않왔던 이전의 초판이나 두 번째 개정판과는 달리 A2 단계와 대학 1학년 학생들을 주요 타겟으로 하고 있음을 명시하고 있다. 이에 대해 저자인 스타포드 자신도, 미디어교육이 학교 교육에 제도적으로 정착되는 것은 분명 좋은 소식이지만, 미디어교육의 커리큘럼 자체가 지나치게 공식적인 학력 평가를 염두에 두고 구성되는 부정적인 경향이 생길 수 있다며 그 위험성에 대해 경고하고 있다(Stafford, 2002. 3). 미디어교육이 학교 교육에서 주변적인 영역에 머물지 않고 제대로 자리 잡기 위해서는 제대로 제도화되어 평가되는 것이 매우 중요하지만, 현실적인 실천의 측면에서는 자칫 평가를 위한 학습으로 그 전도가 뒤바뀌게 될 수 있음에 대해 경계한 것이다.

실제로 OCR 시험 기관이 주관하는 AS 단계의 시험을 위해 출판된 교과서인 <AS Media Studies for OCR>의 경우는 이러한 우려를 다소 뒷받침하는 듯 하다. 우선 OCR 시험 출제자들 자신에 의해 씌어졌다는 점, 그리고 그 내용 구성의 측면에서도 OCR의 시험 영역인 '제작 기초(Foundation Production)', '텍스트 분석(Textual Analysis)', '수용자와 제도(Audiences and Institutions)'라는 소제목으로 되어 있어 일종의 수험서의 성격을 보이고 있다. 물론 앞서 여러 차례 언급했듯이 OCR의 미디어교육 내용 자체가 상당히 진보적인 것으로, 특히 '제작 기초'에서 학생들에게 제시하고 있는 조언이나 브리핑에 대한 제안 등은 상당히 훌륭하다. 그러나 수험서 성격이 강한 나머지, 학생들의 실질적인 텍스트 분석 능력이나 수용자에 대한 이해 능력 등을 차분히 길러주는 데에는 다소 미흡하다는 평가를 받고 있다. 한편, 아카데믹한 학습과 직업소양 교육을 위한 학습을 결합시키도록 요구하고 있는 영국 정부의 교육정책을 반영한 것이긴 하지만, 미디어에 대한 일반적 학습과 직업소양교육을 위해 필요한 '핵심 능력(key skills)'인 '의사소통능력', '학습능력',

'수리능력', '정보테크놀로지', '협동능력', '문제해결능력' 등을 결부시키고 있는 부분은 다소 무리한 것으로 보인다.

이와는 달리, OCR이 주관하는 GCSE 단계의 시험을 위해 Longman 출판사에서 출판한 <GCSE Media Studies>는 여러 명의 저자가 공동 저작한 것인데, 편집과 디자인 측면에도 신경을 많이 쓴 좋은 교재로 평가받고 있다. 이 교과서에서 다루고 있는 미디어의 종류는 'Curruculum 2000'의 영어 커리큘럼이 규정한 바대로, 영화, 텔레비전, 신문, 잡지, 라디오, 대중음악, 시사만화, 만화책, 애니메이션을 포함한다. 이 책은 비록 특정 시험 기관의 시험 제도를 염두에 두고 씌어진 것이기는 하지만 AQA나 WJEC와 같은 다른 시험기관에서 주관하는 시험을 보는 학생들이 참조해도 좋을 정도로 특정 시험 제도에만 충실한 것은 아니라고 평가 받고 있다.

한편, Routledge 출판사에서 나온 <AS Media>의 경우, 미디어 이해를 위한 기본 개념에 초점을 둔 미디어 읽기, 미디어 수용자, 미디어 제도, 그리고 뉴스, 광고, 대중 음악 분야의 사례 연구 3가지, 그리고 미디어 이해를 위한 필수 능력 편에서 조사 연구, 제작, 시험 보기와 같은 목차로 되어 있는데, 특정 시험기관의 시험을 준비하는 학생들을 타켓으로 한 것은 아니다. 이 두 교재의 예는 앞서 Stafford가 제기한 바와 같은 미디어교육의 제도화에 따른 커리큘럼의 제한에 대한 우려를 불식시킬 수도 있는 좋은 예로 보인다.

한편 아담 코왈츠키(Adam Kowaltzke), 마크 라벨(Marc Lavelle)과 콜린 스튜어트(Colin Stewart)가 공저한 영국영화연구소의 새로운 미디어교육 교재인 <미디어와 의미(Media and Meaning: An Introduction)>(Kowaltzke et al, 2001)는 중등학교 이상의 미디어 과목 수강생을 위한 것으로 총 6장으로 구성되어 있다. 미디어교육에서의 주요 개념으로부터 출발하여, 컴퓨터에 기반한 미디어, 영화, 텔레비전, 라디오, 신문과 잡지를 다루고 있는데, 다른 교재들에서 크게 다루지 않은 컴퓨터에 기반한 미디어를 다른 매체에 비해 가장 먼저, 또 매우 광범위하게 다루고 있는 점이 눈길을 끈다.

각론에서는 해당 매체 형식의 언어에 대한 도입 섹션으로 시작해서 학습할 주제들, 각 매체의 주요 특질에 대한 분석 및 그것이 주요 개념(제도, 수용자, 재현, 장르)과 어떻게 관련되는지 설명하고 있다. 또 수업 시간에 할 수 있는 학습활동들과 과제에 대한 제안에 대해, 말로 할 수 있는 것, 써 내는 것, 실제로 만들어 보는 것 수업 시간에 할 수 있는 것과 숙제로 할 수 있는 것 등을 풍부하게 제안하고 있다. 너무 많은 것을 포괄하다 보니, 실제적인 교수학습을 위한 학습활동 제안이 섬세하지 못한 것은 다소 흠으로 보이지만, 오히려 그런 점에서 학생들보다는 교사들이 특히 뉴미디어에 대한 자기 학습을 위해 선호할만한 책이다.

(4) 영상리터러시 교육의 범교과적 투영

지난 2000년에는 영국 미디어교육의 핵심적인 기관이라 할 수 있는 영국영화연구소, 영어미디어센터, 영상교육에서, 중등교육 전반에서 영상이미지의 교육을 확대하기 위한 교사용 가이드를 공동으로 발간했다. <중등학교 교사를 위한 영상이미지 교육 가이드(Moving Images in the Classroom: A Secondary Teachers' Guide to Using Flim and Television)>(2000)이 바로 그것이다. 이 가이드북에서는 영상(moving image)은 전 세계에서 공유되는 필수적인 '언어'라고 규정하고, 영화, 방송, 비디오, 온라인을 통해 전달되는 영상을 모두 포괄하는 개념으로 보고 있는데, 비록 영상미디어에 미디어교육을 한정시키는 것이 아니냐는 비판을 받고 있기는 하지만 전체적으로는 미디어 리터러시를 범교과적으로 투영하려는 획기적인 시도로 평가받고 있다.

이 보고서는 한 해 앞서 영국영화연구소가 주축이 되어 발간한 <영화, 만드는 것이 중요하다(Making Movies Matter)>(1999)에서 강조한 '영상리터러시(cineliteracy)' 개념을 강조하면서, 'Curriculum 2000'에서 강조하고 있는 21세기의 학교교육에서 다루어야 하는 필수적인 학습 요소로서의 영상의 위치를 확고히 하고 그 가이드라인을 제시하고자 한 것이다. 여기서는, 영화, 비디오, 텔레비전과 같은 영상미디어를 개별 교과를 가르치는 데 있어 단지 효과적인 도구로 활용하는 데 머무는 것이 아니라, 각 교과를 가르치는 데 있어 동원되는 영상미디어에 대한 비판적 이해가 리터러시의 통합적 부분으로 되고 있다는 점, 그리고 디지털 테크놀로지의 확산이라는 시대적 흐름 자체가 자라나는 학생들에게 있어 영상을 만들고 조작하는 능력이 점점 더 중요한 능력임을 보여주고 있다는 점을 강조한다. 비판적이고 창의적인 영상이미지 텍스트의 이해와 사용 능력을 여러 교과에서 다루는 지식 영역과 관련하여 발전시키고자 하는 교수학습 전략에 대한 가이드라인인 셈이다.

예를 들어 영상이미지로 된 텍스트를 잘 이해하는 학생들은 문학에 대해서도 잘 이해한다는 점, 학생들은 자신의 주장을 제시하거나 가설을 구성하는 데 있어서도 디지털 테크놀로지를 통한 영상 이미지 조합과 선택을 할 수 있는 능력을 현실에서 요구받고 있다는 점을 강조한다. 그러나 이처럼 각 교과목에서의 영상이미지의 활용이 점차 중요해지고 있지만, 이는 단지 특정한 교과 내 지식의 학습을 위한 도구로서가 아니라 각 교과 지식을 형성하는 데 있어 영상이미지의 내적 언어 구조와 재현 문제 등에 대한 이해를 바탕으로 한 것이어야 한다는 관점을 분명히 하고 있다. 아래는 이러한 관점의 '시네리터러시'가 영국의 국정교육과정에서 제시한 각 교과 내에서 어떻게 실현될 수 있는가를 잘 보여주고 있다.

- **영어(모국어)** - 영상 이미지에 기반을 둔 장르, 서사구조, 인물 기능에 대한 지식이 독자와 작가로서의 학생들의 자신감을 기르는 데 도움을 줄 수 있다.
- **역사** - 영화와 텔레비전은 20세기 역사의 일차적 증거 자료로서 매우 중요하다. 또한 과거의 사건들을 픽션인 동시에 기록으로 보는 것은 역사기술(historiography)에 있어 매우 영향력 있는 사례들로서 간주되어야 한다.
- **지리** - 비디오는 지리학습에 있어 매우 광범위하게 쓰이고 있는데 학생들은 지리에 대한 비디오 자료들이 사람들과 공간에 대한 증거로서 어떤 가치를 갖는가에 대해 평가할 필요가 있다.
- **음악** - 음악이 어떻게 시각 이미지의 의미를 더 깊게 하거나 전복시키기 위해 사용될 수 있는가에 대해 탐색하고, 음악이 시각 이미지와 결합하여 장르를 만들고 분위기를 만드는 방식을 탐색한다.
- **미술** - 영화, 비디오와 같은 시간 예술형식의 중요성을 인식하고 다양한 애니메이션을 보고 만들어보는 경험을 갖는다.
- **외국어** - 다른 나라의 문화를 접할 수 있는 핵심적인 역할을 영상이미지가 하고 있다.
- **과학** - 인쇄 매체나 다이어그램보다 영상이미지를 통해 어떤 과정이나 시스템을 탐색할 수 있는 경우가 점점 늘어나고 있고, 학생들의 과학에 대한 지식이 영화와 텔레비전에서 나오는 경향이 두드러지고 있다.
- **시민교육** - 특정 사회그룹이나 정치적 사고에 대한 우리의 생각들을 형성하는 데 있어 영상이미지가 갖는 힘에 대한 검토가 필요하다.

한편, 이 가이드라인에서는 영상이미지를 다루는 기본적인 교수법으로서, 영상 이미지의 규약과 관습(codes and conventions)을 밝혀내고 다양한 범위의 영화와 비디오 텍스트를 사용할 수 있도록 하는 몇 가지 기본적인 테크닉을 강조하고 있다. 이 테크닉들은 모두 영상이미지의 '언어'에 집중하는 것으로, 학생들로 하여금 영상 이미지 텍스트의 요소들을 모두 찾아내 이야기해 보는 가운데 전체적인 의미를 구성할 수 있도록 하는 방법이다. 이는 주어진 짧은 수업 시간에 학생들로 하여금 영상 이미지가 어떻게 작용하는가에 대해 비판적으로 인식할 수 있도록 가르치기 위한 것으로, 교사들 자신이 영상이미지를 좀더 비판적이고 사려 깊은 방식으로 학습에 활용하는 데 있어 자신감을 갖는 데에도 목적을 두고 있다. 여기서 제시되고 있는 교수법으로는 '프레임별로 멈춰 보기', '사운드와 이미지에 주목하기', '숏 하나하나의 편집 과정에 주목하기', '시작과 끝을 체크하기(누가 만든 텍스트인지 확인하기)', '관객에게 어필하는 요소 찾아보기', '장르 변환해 보기', '미디어 간 비교하기', '시뮬레이션' 등이 있는데, 이 중 가장 간단한 '프레임별로 멈춰 보기'와 관련된 설명을 예로 들면 다음과 같다.

프레임별로 멈춰 보기: 영상이미지의 시각 언어에 집중하도록 하기

1. 짧은 영상이미지 텍스트 혹은 그 일부를 멈춰놓고 보면서 토론하기
   ① 멈춰진 이미지 속에서 무엇이 보이는지, 그 이미지의 요소들이 하나의 프레임 안에 어떻게 위치 지워져 있는지, 눈에 보이는 것에 조명과 색채가 어떻게 영향을 주고 있는지 말해 본다.
   ② 카메라와 피사체 간의 거리, 카메라 앵글, 하나의 숏이 진행되는 동안 카메라의 움직임에 대해 이야기해 본다.

③ 얼마나 많은 숏들이 존재하는지, 그리고 그 숏들의 순서가 어떻게 정보나 아이디어나 인상을 만들어내고 있는지 이야기해 본다.

2. 이와 관련하여 좀더 이야기해볼 수 있는 것: 스토리보드 혹은 영상 이미지 소프트웨어를 사용하여 몇 가지 숏의 순서를 바꾸거나 제거해 보는 변화를 만들어 보는 것.

(1) 이러한 테크닉과 관련하여 학생들에게 던질 수 있는 핵심적 질문들

① 왜 이렇게 숏이 구성되었는가? 만약 다른 방식으로 숏이 구성되어 있다면 어떤 차이가 있겠는가?

② 왜 카메라가 이런 위치에 있게 되었는가? 만약 카메라가 다른 위치에 있었다면 어떤 차이가 생기겠는가?

③ 숏의 순서가 달라지거나 몇 가지 숏이 사라진다면 어떤 차이가 생기겠는가?

(2) 이를 통해 학생들이 배워야 할 학습 목표는 다음과 같다.

① 시각 이미지의 모든 요소는 의미를 담을 수 있다.

② 시각 이미지들은 다른 텍스트와 마찬가지로 '읽힐' 수 있다.

③ 이미지 내 요소들의 위치, 사용된 색채와 조명은 모두 해석에 영향을 줄 수 있다.

④ 카메라의 거리(예를 들어 클로즈업, 롱숏 등), 카메라 앵글과 카메라 움직임 모두가 의미에 영향을 준다.

⑤ 숏의 수와 순서가 의미에 영향을 준다.

그리고 이를 영어(모국어) 과목에 적용한 예는 다음과 같다.

학습 목표

- 문학텍스트의 영상이미지 버전이 원본과는 매우 다르다는 점, 어떤 영상이미지 텍스트이든 언제, 그리고 어떤 상황에서 만들어지느냐에 따라 각각 다른 텍스트가 된다는 점 알기.

- 영상이미지 텍스트의 언어와 관습을 '읽고' 분석할 줄 알기.
- 하나의 텍스트의 영상이미지 버전과 문학 버전은 예를 들어 서사 형식과 같은 몇 가지 특질들을 공유한다는 점 알기.
- 영상이미지가 비유, 상징, 알레고리를 사용하는 방식에 있어서는 문학텍스트와 유사한 방식으로 작용한다는 점 알기
- 뉴스나 다큐멘터리, 시사 프로그램 등과 같은 논픽션 영상이미지 텍스트가 현실의 매개하여 보여주는 것, 즉 그 생산자들의 의도가 개입되어 있다는 점(비록 그것이 반드시 성공적이지는 않다 하더라도), 즉 '현실의 그림'이라는 점을 알 것.
- 영상이미지 텍스트에 의해 생성되는 다양한 종류의 즐거움을 인식하고 탐색할 것.
- 다양한 개인들과 수용자들이 같은 텍스트에 대해서도 매우 다른 방식으로 반응한다는 점을 인식할 것.
- 수용자의 영상이미지 텍스트 감상이 그 텍스트의 형식이나 스타일상의 '창의성' 만큼이나 장르적 기대의 충족에 기인한다는 점을 인식할 것.

학습 활동

- 문학 텍스트의 영상 이미지 버전을 하나 이상 학습하고 그 두 가지가 해석적 차원에서 어떻게 다른가를 시각적 관습과 사운드의 관습의 사용, 캐스팅, 작품의 가치를 통해 비교하고, 또 각각의 텍스트가 그것이 만들어진 시대에 의해 어떻게 규정되는가에 대해 학습할 것.
- 영상이미지 텍스트가 이미지와 사운드의 조합을 통해 그 효과를 성취하는 특정한 방식들에 대해 학습하고, 문학 텍스트가 인물의 행위, 배경, 서사적 목소리 등을 해결하는 방식과 대조하는 학습.
- 영상 이미지 버전과 문학적 소스에서 하나의 동일한 서사 구조가 실현되는 방식을, 서사와 저자의 관점, 시간과 사건의 순서 및 플롯 구조의 구성을 통해 비교하는 학습.

- 특정한 영화, 비디오, 혹은 TV 텍스트에서 비유와 상징에 해당하는 것들을 찾아 탐구하기. - 특정한 의미에 대한 신호를 보내기 위해 사물, 조명, 색체를 사용하는 것. 예를 들어 얼굴에 그림자를 드리우는 것은 그 사람의 성격에 문제가 있다는 것을 보여주기 위한 것이다.
- 논픽션 영상이미지 텍스트의 주요 논점과 누구의 위치에서 이야기되는 것인지를 요약할 수 있어야 한다.
- 사실과 의견을 구분하고, 논픽션 프로그램 제작에서 있을 수 있는 구조적 편견에는 어떤 것이 있는지 검토하고, 설득, 주장, 설명을 위해 사용된 영상이미지언어의 요소들을 식별할 수 있어야 한다.
- 특정한 텍스트들이 실제 수용자 혹은 독자에게 제공하는 즐거움을 식별할 것.
- 특정한 영화나 영화군에 대한 수용자에 대한 설문조사 혹은 포커스 그룹과의 인터뷰를 실시할 것,
- 텍스트가 수용자의 기대를 충족시키거나 배반하기 위해 어떻게 구성되어 있는지 검토할 것.

학습 결과

- 영상 이미지 버전을 갖고 있는 문학텍스트를 골라, 문학 텍스트를 영상 텍스트로 구성하기 위한 장면 구성을 해 보고 영상이미지 텍스트와 비교할 수 있다.
- 문학 텍스트의 새로운 영상 이미지 버전을 위한 '패키지'를 구성할 수 있다. 여기에는 캐스팅, 감독, 스크립트, 마케팅 전략 등이 담겨 있어야 한다.
- 어떤 문학 텍스트를 TV 버전으로 줄이기 위한 계획서를 쓸 수 있다. 이 계획서에는 어떤 사건들이 쓰일 것인지, 혹은 제외될 것인지, 어떤 장면들이 강조되거나 배경으로만 등장할 것인지에 대한 설명이 요약되어 있어야 한다.
- 특정한 이슈에 대한 TV 뉴스, 편집된 인터뷰, 혹은 다큐멘터리

장면을 생산할 수 있다.

- 어떤 주제에 대해 관찰하는 다큐멘터리나 '에세이'를 생산할 수 있다.
- '자아정체성'에 대한 표현을 주제로 가족 혹은 친구의 비디오 자서전이나 편집된 인터뷰를 만들 수 있다.
- 특정한 영화나 TV 프로그램이 수용자에게 주는 즐거움의 핵심 요소를 보여줄 수 있는 숏의 목록을 만들거나 그것을 이용한 예고편을 만들 수 있다.
- 같은 텍스트 혹은 비슷한 텍스트에 대한 다양한 반응들을 알아보기 위해 독자/수용자의 시청 다이어리를 만들거나 인터뷰를 수해할 수 있다.(예를 들어 가족에 대한 조사)
- 특정한 텍스트가 어떻게 장르적 패턴을 충족시키거나 이에 저항하는가를 보여주는 플롯, 그래프, 표를 만들 수 있다.

이처럼 범교과적인 차원에서 미디어 리터러시의 교육이 이루어져야 한다는 주장을 구체적인 학습영역과 방법에 대한 교사용 가이드로 만들어낸 것은 2000년대에 들어선 영국 미디어교육의 큰 성과라 할 수 있다. 비록 이 가이드에서 제시한 미디어 리터러시가 영상미디어 분야의 '시네리터러시'에 한정되어 있는 것이 한계로 지적되고는 있지만, 이러한 범교과적 차원에서 미디어 리터러시가 가르쳐져야 한다는 점을 구체적인 교수학습전략에 대한 제시를 통해 보여준 것은 기존의 '미디어를 활용한 교육'으로 미디어교육을 오해하는 이들의 잘못된 인식을 불식시킨다는 점에서도 큰 성과라 할 수 있다. 이러한 범교과적 차원에서의 미디어 리터러시의 교육은, 모국어교육 내 필수 요소로서의 미디어교육 및 독립된 선택 교과로서의 미디어교육과 더불어 영국에서 미디어교육이 학교교육에서 시행될 수 있는 또 하나의 좋은 실천방안을 찾아낸 것으로 평가할 수 있다.

|4| 학교 밖 학습공간/비공식교육기관에서의 미디어 교육

한 가지 다행스러운 것은 비록 학교교육이라는 공식교육의 형태는
아니지만, 학교 밖 비공식교육의 장에서 창의적 미디어 예술 교육(crea-
tive media arts education)의 이름으로 이루어지고 있는 미디어 교육에서
매우 새롭고 의미 있는 실험들이 계속해서 활발히 이어져왔다는 점이
다. 최근 영국영화연구소(BFI)와 영국청소년청(National Youth Agency)이
공동으로 조사해 발표한 연구보고서, <Being Seen, Being Heard>(2002)
에 따르면 5-25세의 영국 어린이와 청소년을 대상으로 영화, 비디오 등
을 통한 영상미디어 교육을 실시하고 있는 비공식교육기관은 약 300여
군데에 달하고 있는데, 이곳들에서 연간 약 17,000명의 어린이와 청소
년들이 미디어에 대해 교육을 받고 있는 것으로 드러났다. 이곳에서
오는 어린이와 청소년들은 앞서 말한 엄격한 공식 학교교육에 의해
'주변화된' 아이들로 전통적인 학습보다는 창의적인 미디어 활동에서
보다 두각을 나타내는 아이들인 경우가 많은데, 이러한 비공식교육기
관들이 학교와 파트너 쉽을 이루어 미디어 교육을 실시하는 경우가 늘
어나고 있다고 한다(Parker, 2002).

사실 영국의 비공식 미디어 교육은 역사가 꽤 오래되었는데, 길게는
1960년대 말 유럽에서 비디오의 대중적 보급을 배경으로 일어났던 문
화운동을 바탕으로 하고 있다. 당시로서는 새로운 미디어였던 휴대용
비디오가 대중의 무기로서 사회에 불어 넣어줄 활기에 대한 기대가 매
우 컸었다. 이러한 생각은 텔레비전과 같은 주류 미디어를 고도의 집
약된 테크놀로지와 이데올로기적 시스템에 의존하고 있는 것으로 보

는 비판적 견해에 근거하고 있었는데, 상대적으로 비디오는 누구에게나 접근 가능한 새로운 문화적 활력소(cultural animator)로 보였던 것이다(Wilener, 1976; Dowment, 1980). 이런 관점에서 비디오 제작을 포함한 미디어 예술 활동은 이전까지 어린이와 청소년을 위한 지역문화센터의 교육활동 대부분을 장악하고 있던 체육활동을 대체하면서, 문화 교육적 여가 활동의 영역을 새롭게 만들게 되었는데, 이는 새로운 미디어에 대한 주변부 청소년들의 문화적 접근성을 높이고자 하는 일종의 퍼블릭 액세스로서의 문화운동적 의미도 지니고 있었다(Nava, 1984).

이러한 비공식 미디어 교육에서는 미디어가 어떻게 현실을 재현하고 재구성하는가에 대해 비판적으로 인식하는 것, 개인보다는 그룹 활동으로 이루어지는 비디오 제작 과정을 통해 어린이와 청소년의 개인적이고 사회적인 성장 및 커뮤니케이션 능력과 사회성을 기르는 것, 일방적으로 주어진 지식을 암기하는 것이 아니라 직접 영상물을 만들어보는 과정을 통해 스스로 배우는 것 등을 강조한다. 이러한 접근법은 아이들이 흥미로워하는 매체를 통해 교육에 접근한다는 점에서는 학생중심의 진보주의 교육과정을, 그리고 새로운 매체를 통해 주류 미디어에 대항하는 대안적 메시지를 생산하게 한다는 점에서는 비판교육학의 전통을 이어받고 있는 셈이다. 비공식 미디어 교육이 제도화된 공식교육과 다른 점은 학습의 결과가 특정한 자격이나 학점 취득으로 이어지지 않는다는 데 있다. 그럼에도 불구하고 이처럼 자유롭게 열린 학교 밖 학습 공간은 엄격한 지식교육과 실용주의적 기술교육으로 양분되어 있는 제도교육 안에서는 시도하기 어려운 새로운 커리큘럼의 실험 공간으로서 점차 주목받기 시작했다.

한편 1970년대 후반 이후 1980년대 중반에 이르는 시기에는, 버밍엄 대학의 현대문화연구소에서 노동계급의 저항문화를 대중문화와 관련해 연구해온 젊은 문화연구자들이, 보수당 정권 하에서도 노동당의 교육정책을 따르고 있던 당시의 런던 지방교육청 산하 문화연구부에 모여 들어 있던 때이기도 했다. 이들은 1978년에서 1984년 사이에 런던 지방교육청 산하의 청소년 극장인 코크핏(Cockpit)을 무대로 하여 활동했는데, 학교에 흥미를 잃고 떨어져나가기 직전에 직업교육반으로 밀려나오게 된 소위 '골칫거리' 학생들을 대상으로 사진교육을 시도하기도 했다. 사진 찍는 '기술'을 가르친다는 명목 하에 직업교육의 외피를 두르고 제도교육 안을 파고들어가는 형식을 취했지만, 실제로는 학교에서 '골칫거리'로 분류된 학생들을 학교 밖 공간으로 데리고 가 비공식교육의 영역에서 아이들에게 맞는 방식의 새로운 커리큘럼 실험을 한 것이었다. 이러한 학교 밖 학습 공간에 참여한 학생은 학교에서 영어 과목을 수강한 것과 동일한 학점을 부여받을 수 있었다. 최근 우리나라에서도 인문계고등학교에 다니는 아이들 중 직업반을 선택하는 고3 아이들은 교육청에서 인정한 직업학교에 나가서 수업을 받는 것으로 학교생활을 대신할 수 있는데, 그것과 비슷한 방식이다. 실제 커리큘럼은 사진 기술 자체를 가르치는 것에 집중하는 것이 아니라 사진찍기 행위를 통해 아이들 스스로 자기가 속한 문화와 개인의 사회적 정체성을 탐구하게 하는 문화 교육적 내용과 방법으로 채워져 있었다. 직업교육의 빈틈에 적극 개입해 문화적 미디어 교육을 시도한 이들의 활동은, 1978년-1984년 사이에 총 14회 발간된 바 있는 <학교교육과 문화(Schooling and Culture)>라는 학술지에 잘 나타나 있다.96)

영국 런던의 대표적 어린이, 청소년 대상의 비공식 미디어 교육 기

---

96) 사진을 통해 청소년 스스로 자신의 문화를 탐구하게 하는 일종의 문화연구로서의 미디어 교육을 학교 밖 학습 공간에서 시도한 결과에 대한 체계적 연구서로는 다음의 두 가지를 들 수 있다(Dewdney & Lister, 1988; Cohen, 1990)

관이라 할 수 있는 WAC 공연예술 미디어학교(WAC Performing Arts and Media College)의 사례는 이런 점에서 참고할 만하다. WAC은 14세 이상 25세까지의 청소년을 대상으로 하는 비공식교육기관인데, 특히 예술분야 교육의 혜택을 거의 받지 못하고 자랐지만 그 방면에서 일하고 싶은 아이들을 주요 교육대상으로 한다. 주말에만 운영하는 주말예술학교로 처음 문을 열었던 것이 1978년이었는데, 1995년부터는 영화, 비디오, 웹디자인, 애니메이션, 컴퓨터 게임 디자인 등 다양한 미디어 교육을 포함하는 방향으로 커리큘럼을 확장했다. 이 '학교 아닌 학교'에서 추구하는 배움의 원리는 청소년 각자의 삶에서 배움이 시작된다는 것인데, 이때 미디어는 개인의 감정과 사고를 표현하고 소통하는 중요한 매개로 간주된다. 물론 일정한 자기표현의 단계가 지나면 미디어 생산이 실제 사회에서 어떻게 이루어지고 있는가에 대해 직접 작업을 해보면서 경험하는 보다 고급단계의 학습으로 이동한다. 예를 들어 '여자 아이들이 만드는, 여자 아이들을 위한, 비폭력적이지만 재미있는 게임'을 만드는 프로젝트, 그리고 글로벌한 시대를 살아가면서 언어와 문화의 경계를 뛰어넘는 십대들이 '보편적 영상 언어'를 만들어보는 프로젝트 같은 것이 그 예이다.[97]

이런 작업에 참여해보는 경험은 아이들에게 뭔가를 해 냈다는 성취감을 갖게 하는 것, 혹은 미디어의 사회적 쓰임에 대해 생각해 보는 기회를 제공해 주는 등의 일회적 문화적 세례를 주는 데에서 그칠 수도 있다. 그러나 이보다 한 단계 더 나아가 아이들에게 개별 미디어 분야의 '장인'들과 보다 자유롭고 가깝게 작업하면서 배울 수 있는 여건을 마련해 주고 이를 통해 실제적인 일에 대한 감각과 진로를 결정하게 하는 데 도움을 주는 보다 장기적인 커리큘럼으로 나아갈 수도 있다.

---

97) 보다 자세한 내용은 Greenwood(2001)과 정현선(2002)을 참조할 것.

이러한 실제적인 커리큘럼을 기획하고 실험하는 데 있어 학교 밖의 비공식적 학습공간은 제도화된 틀을 따라야 하는 학교에 비해 좀더 유리한 듯하다. 미디어 자체가 발달하면서 청소년 스스로 학습할 수 있는 사회적 여건이 점점 더 조성되고 있고, 이와 더불어 청소년에게 개인적으로 의미 있고 적합한 방식으로 학습하게 해야 한다는 구성주의적 학습 원리가 점점 더 설득력을 얻어가고 있는 점 역시, 학교 밖 미디어 교육의 학습 환경에 보다 유리하게 작용하고 있는 것도 사실이다.

이 때문에 영국의 비공식 미디어 교육의 장에서는 어린이와 청소년들에게 창작의 경험을 주는 문화교육과 더불어, 끊임없이 발전하고 있는 미디어 문화 산업 분야로 청소년들이 진출할 수 있도록 하기 위한 실질적인 교육이 기획되고 실험되고 있다. 이러한 비공식교육기관이 허용하는 커리큘럼 실험에 있어서의 유연성은 미디어 교육에 대한 학문적 연구 및 정책 개발을 위한 흥미로운 연구를 위한 장을 제공하고 있는데, 예를 들면 WAC은 런던대학교 교육연구소 및 BFI 등 미디어 교육 연구기관이 청소년의 창의적 문화 생산(Getting Creative: Young People and Cultural Production), 비공식학습과 디지털 문화(Shared Spaces: Informal Learning and Digital Cultures)와 같은 주요한 연구를 수행하는 데 있어 실험실 역할을 톡톡히 해내고 있다.[98]

지금까지 영국 미디어 교육 커리큘럼의 다양한 스펙트럼에 대해 공식, 비공식 학습의 장에서의 실천적 양상을 간략한 역사적 배경을 포함해 소개했다. 이러한 내용을 바탕으로 결론 부분에서는 이러한 다양한 스펙트럼이 갖는 실천적 함의에 대해 논하고자 한다.

---

98) 보다 자세한 내용에 대해서는 http://www.ccsonline.org.uk/mediacentre/Research Projects/를 참조할 것.

|5| 영국 미디어 교육의 실천적 함의

공식교육과 비공식교육의 장을 아울러 다양하게 실천되어 온 영국 미디어 교육의 스펙트럼 속에서 우리가 배울 수 있는 것은 아이들의 관심사와 욕구를 읽을 줄 알고 이들과 소통할 줄 알면서 미디어에 대한 분명한 관점을 가지고 이끌어 나갈 수 있는 교육철학과 방법을 갖춘 교사들이 자율적으로 커리큘럼을 실험하고 연구 개발할 수 있는 환경이 미디어 교육의 실질적 발전을 위해 매우 절실히 요구된다는 점이다. 아이들과 소통할 수 있는 교사가 의미 있고 유익한 미디어학습의 환경을 조성할 수만 한다면 그 환경이 공식적인 제도교육의 장이든 혹은 학교 밖 비공식교육의 장이든 크게 상관이 없을 것이다. 그러나 국가주도의 교육과정과 표준화된 전국 단위의 학력평가가 도입되면서 지난 15년 사이, 영국 학교의 창의적 실험들이 점차 시들어가고 있는 안타까운 현실을 주목할 필요가 있다고 본다. 왜냐하면 이러한 영국의 학교교육 현실이, 입시교육에 찌들어 어떤 창의적 교육과 새로운 커리큘럼의 실험도 일어나기 어려운 현재의 한국 학교교육 현실과 너무나 닮아있기 때문이다. 이런 현실에서 학교교육 안에 미디어 교육을 어떻게 성공적으로 도입할 수 있을 것인가 하는 점은 너무나 큰 고민이다.

이와 관련하여 개인적 경험을 하나 이야기할 필요가 있을 것 같다. 영국으로 유학을 가기 전 나는 서울의 어느 중학교에서 국어를 가르치는 짧은 임시교사로 있었는데, 이 때 나는 몇 년 후 사회적으로 유행어가 되다시피 했던 '교실 붕괴'를 경험하게 되었다. <문학에서 문화연구로>, <문화연구입문> 등과 같은 '문화연구' 입문서들을 읽고, 민예

총 문예 아카데미에서 개설한 문화비평 강좌를 들으러 다니던 대학원
생 시절, 진정한 '소통의 언어'를 가르치고 배우는 교과로서 국어교육
이 어떻게 거듭날 수 있을 것인가에 대해 고민하고 있던 나는, 이런 이
론들을 교육현실에 어떻게 적용할 수 있는지 탐색하고자 임시교사를
자원했었다. 그러나 막상 내가 학교에서 부딪친 것은 '상관하지 마'하
는 듯한 표정으로 교실 한 구석씩을 차지하고 앉아, 마치 자기 영역을
완고히 구축한 채 누가 선생이 되었든 자기 영역 안에 들어올 수 없도
록 굳게 빗장을 쳐버릴 듯한 아이들이었다. 이런 아이들이 교과서 대
신 패션 잡지를 열심히 뒤적이거나 자신들만의 소곤거림에 빠져 있곤
하는 교실에 수업을 하기 위해 들어서는 일은 그 자체로 늘 긴장의 연
속이었다.

　사회언어학자들이 이야기했듯이 교실이라는 사회공간이 합리적인
소통의 공간이 되려면 적어도 45분 동안은 말을 시작하고 질문을 던지
고 내 말에 귀 기울이라고 요구할 권리가 내게 있어야 한다. 그러나 그
러한 지식/권력 관계에 대한 '사회적 약속'을 아이들은 전혀 아랑곳하
지 않고 있었다. 자신들이 이미 구축해 놓은 영역을 임시교사 따위에
게 점령당할 수는 없다고 결심해 버린 듯 한 아이들에게 내가 가르쳐
야 했던 것은 내가 중학생이던 시절에도 교과서에 있었던 그다지 재미
있지 않은 어느 기행문이었다. 수업이라는 '언어 게임의 법칙'을 이미
숙지하고 있는, 소통을 거부하는 아이들 앞에서 내가 선택하지도 않은
교재를 가지고 가르쳐야 했던 나는 무력감을 느낄 수밖에 없었다. 그
로부터 벌써 8년이 흘렀고, 나는 격세지감을 느끼며 사범대학 국어교
육과에서 개설한 '매체언어와 국어교육'이라는 강좌를 가르쳤고, 또 교
육대학의 '다매체 시대의 언어와 삶'을 가르치고 있다. 이처럼 '매체언
어'는 이름으로 미디어 교육을 끌어안으려는 '공식교육(informal education)'

내의 작은 움직임을 느끼는 것은 매우 반가운 일이다. 다만 학교 현장에서 경험하는 입시의 중압감과 교사와 학생 간의 소통 단절 현상을 극복하려는 노력이 함께 이루어질 때 보다 자유롭게 다양한 매체를 통한 소통의 문화를 만들어 갈 수 있을 것이라 생각한다.

그러나 여러 가지 현실적 한계에도 불구하고 최근 학교교육에서의 미디어 교육에 대한 이런저런 논의가 많이 생겨난 것은 매우 반가운 일이다. 물론 교사와 학생들이 미디어 문화에 대한 학습을 매개로 진정한 소통과 대화를 경험하기 위한 보다 구체적인 방법론들이 구안될 필요가 있다. 미디어 교육의 목표, 접근법, 이를 실현할 교사가 갖추어야 할 지식과 능력을 포함한 커리큘럼 논의는 한국의 교육 현실에 미디어 교육이 어떻게 개입할 것인가에 대한 보다 큰 그림을 그리면서 진행되어야 할 것이다. 제도로서의 학교 교육에서뿐 아니라 청소년 미디어 교육을 위해 열려 있는 비공식 미디어 교육 공간에서 적절한 커리큘럼 실험을 하는 한편, 지금까지의 현실을 학문적인 언어로 고찰하며 서로 가르치고 배우는, 조금은 더딘 행보가 필요한 듯하다.

강내희(1993), '욕망이란 문제설정', <문화과학> 제 3호, 1993년 봄호

강대석(1986), <니체와 현대철학>, 한길사

강현재(1991), '시교육의 수용론적 방법 연구', 서울대 대학원 석사학위논문

경규진(1993), '반응중심 문학교육의 방법 연구', 서울대 대학원 박사학위논문

구인환 외(1988), <문학교육론>, 삼지원

구인환·구창환(1987), <문학개론>, 삼지원

김대행(1994), '터무니없음: 유사성 창조의 문화적 의미', <국어교육연구> 창간호, 서울대 국어교육연구소

김대행(1995), '시와 노래', 유종호·최동호 편저, <시를 어떻게 볼 것인가>, 현대문학

김대행(1997), '영국의 문학교육: 평가를 통한 언어와 문학의 투시', <국어교육연구> 제4집, 서울대학교 국어교육연구소

김동욱·김열규·김태준(1990), <뉴코스 문학 자습서>, 동아출판사

김상욱(1994), '문학교육의 목표 규정을 위한 시론', <국어교육연구> 창간호, 서울대학교 사범대학 국어교육연구소

김용직(1988), <현대시원론>, 학연사

김윤식 엮음(1993), <이상문학전집 3: 수필>, 문학사상사

김윤식(1973), '한국문학연구 방법론: 뉴우 크리티시즘에 대하여', <근대한국문학연구>, 일지사

김윤식(1986), '레몬의 향기와 멜론의 맛', <문학사상> 1986년 6월호

김윤식(1987), <이상연구>, 문학사상사

김종길(1995), '시의 언어'(유종호·최동호 편저, <시를 어떻게 볼 것인가>), 현대문학

김중신(1997), <문학교육의 이해>, 태학사

김창남(2003), <대중문화의 이해>, 한울

김 현(1993), '유와 꿈', 황동규 편, <김수영의 문학>, 민음사

김흥규(1982), <조선 후기의 시경론과 시의식>, 고려대 민족문화연구소

남민우(2003), '현대시교육과 성장시 : 기형도, 이상, 윤동주의 시를 중심으로', <국어교육학연구>, 제 16집

노명완 외(1988), <국어과교육론>, 갑을출판사

문교부(1988), <고등학교 교육과정>

문교부(1989), <고등학교 교육과정 해설>

문학교육연구회(1987), <삶을 위한 문학교육>, 연구사

문화교육위원회(2002), <21세기 문화교육선언문>, 문화개혁을 위한 시민연대

문흥술(1991), '이상 문학의 주체 분열과 반담론', 서울대 대학원 국어국문학과 석사학위 논문

민족문학교육회 편(1991), '문학 교과서의 교재 구성 분석', <문학교육의 방법>, 한길사

박길자(2003), '영화 텍스트에 나타난 "의미" 분석: <친구> 영화에 대한 수용자의 해독을 중심으로', <질적 연구의 영상적 접근: 영화로 읽는 교육 이야기>, 한국교육인류학회 2003년도 춘계학술대회 자료집

박인기(1996), '시교육과 평가', 김은전 외, <현대시교육론>, 시와시학사

박현수(2003), <모더니즘과 포스트모더니즘의 수사학: 이상문학연구>, 소명출판

서유경(2003) '국어과 교육과정과 정보통신기술(ICT)의 통합을 위한 내용 체계 고찰', <국어교육학연구> 제 17집

스가야 아키코/ 안해룡, 안미라 옮김(2001), <미디어 리터러시: 미국 ,영국, 캐나다의 새로운 미디어교육 현장 보고>, 커뮤니케이션북스

양왕용(1990), '시는 가르칠 수 있는 것이 아니라는 주장에 대하여', <시
　　문학>, 1990년 10월호

오세영(1986), '후반기 동인의 시사적 위치', 이동하 편, <목마와 숙녀와
　　별과 사랑: 박인환 평전>, 문학세계사

오세영(1990), '현대시 연구의 현황: 한국 현대시 연구의 성과와 반성', <시
　　문학>, 1990년 9월호

유재천(1986), '김수영 시 연구', 연세대 대학원 국어국문학과 박사학위 논문

유종호(1994), '인문주의의 허실', <세계와 문학> 1994년 여름호

윤재근(1990), <시론>, 둥지

이동순 편(1991), <박인환 시선집>, 미래사

이미순(1992), '이양하의 리챠즈시론 수용 양상', 한국현대문학연구회 편,
　　<한국현대시론사>, 민음사

이병곤(1997), '세계의 고 영국편: 고교의 자율평가, 대학이 믿는다', <중
　　등 우리교육>, 1997년 11월호

이병곤(1998), '노동당 정부 교육 정책으로 몸살 앓는 영국 초등교육', <초
　　등 우리교육>, 1998년 6월호.

이병곤(1998), '실패한 학교 명단 공개와 교육 권력의 중앙집중화: 개혁의
　　칼끝 '학력 제고'에 맞추다', <초등 우리교육> 1998년 2월호

이병재(1992), '미셸 푸코의 권력 분석에 대한 비판적 고찰: 근대성에 관한
　　논의를 중심으로', 연세대 대학원 정치학과 석사학위 논문

이성원(1993), '무엇이 고전인가? 왜 고전인가?', <고전읽기 활성화 방안
　　연구>, 서울대 인문과학연구소

이승영(2001), '일러스트레이션의 문화적 기호: 인터넷 가상공간에서의 엽기
　　코드를 중심으로', <디자인학연구집> 제 7권 제 1호, pp.465-476

이승훈 엮음(1989), <이상문학전집 1: 시>, 문학사상사

이용주 외(1993), '국어교육학 연구와 교육의 구조', <사대논총> 제 46집,
　　서울대학교 사범대학

이재오(1992), '상징주의와 김억의 시론', 한국현대문학회 편, <한국현대시

론사>, 민음사

이정예(2001), '학습자 중심의 시 교육을 위한 교수-학습 모형 연구', 부산 대학교 교육대학원 석사학위 논문

이주영(2001), '퍼블릭 액세스의 한국적 실험: KBS 열린 채널', <영상미디 어센터 발전 방향에 대한 토론회 자료집, 한국독립영화협회, 영화진 흥위원회, 2001년 12월 6일

이형기(1990), '이미지라는 표현 장치', <문학사상> 1990년 3월호

장동찬(1994), '8종 문학 교과서 점검 및 분석', <함께 여는 국어교육> 제 14호

전해자(1990), '권력의 재생산/변혁에 관한 담화이론 비교 연구: 푸코와 페 쇠를 중심으로', 서강대 대학원 사회학과 석사학위 논문

전형대 외(1988), <한국고전시학사>, 기린원

정승옥(1990), '장-쟉크 루소 연구 서론: <고백>의 양면성 문제를 중심으 로', 고려대 대학원 불어불문학과 박사학위논문

정재찬(1992), '신비평과 시교육의 연관에 대한 비판적 검토', <선청어문> 제 20집, 서울대학교 사범대학 국어교육과

정재찬(1993), '김수영론: 허무주의와 그 극복', <1960년대 문학 연구>, 예하

정재찬(1994), '리얼리즘 시론을 위한 문학사적 반성', 문예미학회 편, <문 예미학 1: 리얼리즘>, 청산

정재찬(1996), '현대시 교육의 지배적 담론 연구', 서울대 국어교육과 박사 학위논문

정현선(1996), '페미니스트들의 비판적 문식성 교육에 대한 고찰', <선청어 문> 제 24집, 서울대학교 사범대학 국어교육과

정현선(2000), '찾아낸 정답, 사라진 교육: 비판적 분석 중심의 미디어교 육', <중등 우리교육> 2000년 5월호

정현선(2002) '성찰적 문화교육으로서의 미디어 리터러시 교육', <국어교육 학연구> 제 14집

정현선(2002), ‘미디어 교육을 통한 직업 창출: 런던지역 청소년센터들’, 조한혜정 외 엮음, <왜 지금 청소년?: 하자센터가 만들어지기까지>, 또 하나의 문화

정현선(2002), ‘성찰적 문화교육으로서의 미디어 리터러시 교육’, <국어교육학연구> 제 14집

정현선(2004), ‘문화교육으로서의 미디어 교육’, 오영수, 김영순 외, <지식의 사회 문화의 시대: 지식 사회, 문화 시대의 세 가지 시선>, 경북대출판부

정현선(Jeong, H-S.) (2001), Theory, Practice and ‘Empowerment’ in Media Education: A Case Study of Critical Pedagogy(unpublished PhD thesis), University of London Institute of Education

주창윤(2003), <영상이미지의 구조>, 나남

천한신·형남규 공저(1990), <뉴코스 국어(上) 자습서>, 동아출판사

최미숙(1995), ‘키치와 문학교육’, <선청어문> 제 23집, 서울대학교 사범대학 국어교육과

최인자(2002) ‘다중문식성과 언어문화교육’, <국어교육> 제 109호

최지현(1994), ‘한국 현대시의 담론 분석’, 서울대 국어교육과 석사학위논문

한국현대문학연구회 편(1992), <한국현대시론사>, 민음사

황동규 편(1983), <김수영의 문학>, 민음사

황정규(1985), <학교학습과 교육평가>, 교육과학사

Alvarado, M., Buscombe E., & Collins, R.(1993), *The Screen Education: Reader-Cinema, Television, Culture*, London: Macmillan.

Andrews, R. (ed.) (1992) *Rebirth of Rhetoric : Essays in Language, culture and education*, London and New York: Routledge.

Aronowitz, S., and Giroux, H. (1991) *Postmodern Education: Politics, Culture, and Social Criticism*, University of Minnesota Press, Minneapolis.

Austin, J. (1962), *How to Do Things with Words*, Oxford: Clarendon Press

Ayton, J. (1992), 'Storyboards', *Media Education Magazine*, no.17

Barrett, A. J. B. (1998), *Audit of Media in English*, London: British Film Institute

Barthes, R. (1970), *S/Z*, (trans. by Richard Miller, 1974), New York: Hill and Wang

Bazalgette, C. (1991), *Media Education*, London: Hodder & Stoughton

Beach, R., (1993), *A Teacher's Introduction to Reader-Response Theories*, National Council of Teachers of English

Beeler, K. (1998) 'Metapmorphosis: Teaching and Studying Contemporary Canadian Literature on the World Wide Web', *Educational Media Journal*, vol.35, no.3

Bennett, W. (1984) *To Reclaim a Legacy: A Report on the Humanities in Higher Education*, National Endowment for the Humanities, Washington D.C.

Bloom, A. (1987) *The Closing of the American Mind: How Higher Edu- cation Has Failed Democracy and Impoverished the Souls of Today's Students*, Simon and Schuster, New York.

Bourdieu, P. / 문경자 옮김 (1994), <혼돈을 일으키는 과학>, 솔

Bowers, C. A. (1987) *Elements of a Post-Liberal Theory of Education*, Teachers College Press, New York.

Bowker, J. (ed.) (1991), *Secondary Media Education: A Curriculum Statement*, London: British Film Institute

Bradbury, M. & Macfarlane, J. (1976), *Modernism 1980-1930*, Penguin Books

Brantlinger, P. (1990), *Crusoe's Footprints: Cultural Studies in Britain and America*, Routledge

Buckingham, D. & Grahame, J. (1998), 'English and Media Ten Years On Teachers Talking', *The English and Media Magazine*, no. 39.

Buckingham, D. & Sefton-Green, J. (1994), *Cultural Studies Goes To School: Reading and Teaching Popular Media*, Taylor & Francis

Buckingham, D. & Sefton-Green, J. (1996), 'Cultural Studies Meets Action Research in the Media Classroom', *Educational Action Research*, vol.4, no.2

Buckingham, D. (1987), *Media Education*, Milton Keynes: The Open University Press

Buckingham, D. (1990), 'English and Media Studies: Making the Difference', *The English Magazine*, no. 23

Buckingham, D. (ed.)(1990), *Watching Media Learning: Making Sense of Media Education,* London, New York & Philadelphia: The Falmer Press

Buckingham, D. / 기선정, 김아미 옮김, <미디어교육>, JNBook

Buckingham, D. / 정현선 옮김, <전자매체 시대의 아이들>, 우리교육

Burbules, N. C. & Rice, S. (1991), 'Dialogue across Differences: Continuing the Conversation', *Harvard Educational Riview*, vol. 61, no.4

Calinescu, M. / 이영욱・조한경・오무석・백지숙 옮김 (1993), <모더니티의 다섯 얼굴>, 시각과 언어

Cazden, C. (1988), *Classroom Discourse: The Language of Teaching and Learning*, Portsmouth, N.H.: Henemann,

Christian-Smith, L. K. (1993), *Texts of Desire: Essays on Fiction, Feminity and Schooling*, The Falmer Press

Christie, F. (1989) 'Language Development in Education', in Hasan, R. & Martin, J. R. (eds), *Language Development: Learning Language, Learning Culture*, Norwood, N.J.: Ablex

Cicco, E., Farmer, M., & Hargrave, J. (2nd edition) (2001), *Using the Internet in Secondary Schools*, London: Kogan Page

Cohen, L., Manion, L. & Morrison, K. (5th edition) (2000), *Research Methods in Education*, London & New York: Routledge

Cohen, L., Manion, L. & Morrison, L. (2000) (5th edition), *Research Methods in Education*, London & New York: Routledge

Cohen, P. (1990), *Really Useful Knowledge: Photography and Cultural Studies in the Transition from School*, London: Trentham Books.

Cook-Gumperz, Jenny (1986) 'Literacy and Schooling: An Unchanging Equation?' in Cook-Gumperz, J. (ed.) *The Social Construction of Literacy*, Cambridge: Cambridge University Press

Cope, B. & Kalantzis, M. (1990) 'Cultural Differences and Self-Esteem: Alternative Curriculum Approaches', in Kenway, J. & Willis, S. (eds), *Hearts and Minds: Self-Esteem and the Schooling of Girls*, London: Falmer Press

Cope, B. & Kalantzis, M. (eds.) (1993), *The Powers of Literacy : A Genre Approach to Teaching Writing*, The Falmer Press

Cope, B. (1987) 'Racism, Popular Culture and Australian Identity in Transition: A Case Study of Change in School Textbooks Since 1945', in Radha, Rasmussen and Andrew Markus, *Prejudice in the Public Arena: Racism*, Centre for Migrant and Intercultural Studies, Monash University, Melbourne

Cuban, L. (1984) *How Teachers Taught: Constancy abd Change in American Classrooms, 1890-1980*, New York: Longman

D'Souza, D. (1991) *Illiberal Education: The Politics of Race and Sex on Campus*, New York: The Free Press

Delpit, L. D. (1988) 'The Silenced Dialogue: Power and Pedagogy in Educating Other Peaople's Children', <u>Harvard Educational Review</u>, vol.58, no.3

Denzin, N. K. & Lincoln, Y. S. (eds.) (1994), *Handbook of Qualitative Research*, Thousand Oaks, London & New Delhi: SAGE

Dewdney, A. & Lister, M. (1988), *Youth, Culture and Photography*, London:

Macmillan

Dewey, J. (1916) *Democracy and Education*, The Free Press, New York (reprinted 1966)

Dewey, J. (1938) *Experience and Education*, Macmillan, New York (reprinted 1956)

Dewey, J. (1990a) *The School and Society*, University of Chicago Press, Chicago (reprinted 1956)

Dewey, J. (1990b) *The Child and the Curriculum*, University of Chicago Press, Chicago (reprinted 1956)

Dewey, J. and Dewey, E. (1915) *Schools of Tomorrow*, New York: E. P. Dutton and Company

Easthope, A. / 박인기 옮김 (1994a), <시와 담론>, 지식산업사

Easthope, A. / 임상훈 옮김 (1994b), <문학에서 문화 연구로>, 현대미학사

Edwards, A. D. & Westgate, D. P. G. (1994) (2nd edition), *Investigating Classroom Talk*, London & Washington, D.C.: The Falmer Press,

Edwards, D. & Mercer, N. (1987) *Common Knowledge: The Development of Understanding in the Classroom*, London: Methuen

Eliot, T. S. / 황동규 옮김 (1978), <엘리어트>, 문학과 지성사

Elliot, J. (1991) *Action Research for Educational Change*, Milton Keynes: Open University Press

Ellsworth, E. (1989) 'Why doesn't This Feel Empowering? Working through the Repressive Myths of Critical Pedagogy', *Harvard Educational Review*, vol.59, no.3.

English and Media Centre (1994), *Production Practices*, London: English and Media Centre

Fairclough, N. (1989) *Language and Power*, London & New York: Longman

Fairclough, N. (1992), *Discourse and Social Change*, Oxford: Polity Press

Ferry, L. / 방미경 옮김 (1994), <미학적 인간>, 고려원

Fiske, J. & Hartely, J. (1978), *Reading Television*, Methuen

Foucault, M. (1972), *The Archeology of Knowledge* (translated from the French by Sheridan. A.), London: Tavistock Publications

Foucault, M. (1977), *Discipline and Punish: The Birth of the Prison* (translated from the French by Sheridan. A.), London: Allen Lane

Foucault, M. (1979), *The History of Sexuality (vol.1)* (translated from French by Hurley, R.), London: Allen Lane

Foucault, M. (1982, 84), 'The Order of Discourse', in Shapiro, M. (ed.) *Language and Politics*, Oxford: Basil Blackwell

Foucault, M. (1986), *The History of Sexuality (vol.2)* (translated from French by Hurley, R.), Harmondsworth: Viking

Foucault, M. (1990), *The History of Sexuality (vol.3)* (translated from French by Hurley, R.), London: Penguin

Foucault, M. / 이규현 옮김 (1990), <성의 역사 1: 앎의 의지>, 나남

Fowler, R. (1981) *Literature As Social Discourse: The Practice of Linguistic Criticism*, London: Batsford Academic And Educational Ltd

Freire, P. & Macedo, D. (1987) *Literacy: Reading the World and the World*, Bergin and Garvey, South Hadley, Mass.

Geertz, C. (1973), *The Interpretation of Cultures: Selected Essays*, New York: Basic Books

Giddens, A. (1984) *The Condition of Society*, Cambridge: Polity Press

Gilbert, Pam (1989) *Writing, Schooling and Deconstruction*, Routledge and Kegan Paul, London.

Giroux, H. (1997), *Pedagogy and the Politics of Hope: Theory, Culture and Schooling: A Critical Reader*, Boulder & Oxford: Westview Review,

Giroux, Henry A. (1988) *Schooling and the Struggle for Public Life: Critical Pedagogy in the Modern Age*, University of Minnesota Press, Minneapolis.

Gleason, H. A., Jr (1965) *Linguistics and English Grammar*, Holt, Rinehart and Wnston, New York.

Goodman, K. (1986) *What's Whole Language?*, Heinemann, Portsmouth, N.H.

Goodwyn, A. (1992), *English Teaching and Media Education*, Buckingham & Philadelphia: Open University Press

Goudsblom. J. / 천형균 옮김 (1988), <니힐리즘과 문화>, 문학과 지성사

Graff, H. (1987). *The Legacies of Literacy: Continuities and Contradictions in Western Culture and Society*, Indiana University Press, Blooming- ton and Indianapolis.

Grahame, J. (ed.) (1991), *The English Curriculum: Media Ⅰ: Years 7-9*, London: The English and Media Centre

Graves, D. M. (1983) *Writing: Teachers and Children at Work*, Heinemann Educational Books, Exter, N.H.

Greenwood, C. (2001), '학교 밖 교육의 등장과 학습 원리, 21세기적 전망: 영국의 사례', <열린 공간, 움직이는 학습: 사는 곳 어디나 배움터입니다> (제 1회 대안교육 심포지엄 자료집), 서울시 대안교육센터, 2001. 11. 1.

Grice, P. (1975), 'Logic and conversation', in Cole, P. & Morgan, J. (eds.), *Syntax and Semantics, vol.3*, New York: Academic Press

Grossberg, L. (1993), 'The Formations of Cultural Studies', Blundell, V., Shepherd, J. & Taylor, J. (eds.) *Relocating Cultural Studies : Developments in Theory and Research*, Routledge

Grossberg, L. (1994), 'Introduction: Bringin' It All Back Home-Pedagogy and Cultural Studies', in Giroux, H. & McLaren, P. (1994), *Between Borders: Pedagogy and the Politics of Cultural Studies*, Routledge

Habermas, J. / 홍유미 옮김 (1990), '모더니티와 포스트모더니티', 김욱동 편저, <포스트모더니즘의 이해>, 문학과 지성사

Hall, S. (1980), 'Encoding/decoding', in Center for Cultural Studies, *Culture, Media, Language: Working Papers in Cultural Studies 1972-79*, Hutchinson

Hewson, L. & Hughes, C. (2001), 'Generic Structures for Online Teaching and Learning', in Cockwood, F. & Cooley, A. (eds.) *Innovation in Open & Distance Learning: Successful Development of Online and Web-based Learning*, London & Sterling, V.A.: Kogan Page

Hirsh, E. D. (1988) *What Every American Needs to Know*, Vintage Books, New York.

Hooks, B. (1994), 'Towards a Revolutionary Feminist Pedagogy', ed. by Richter, D. H. *Falling into Theory: Conflicting Views on Reading Literature*, Bedford Books of St. Martin's Press, 1994.

Hopkins, D. (1993) (2nd edition), *A Teacher's Guide to Classroom Research*, Buckingham & Philadelphia: Open University Press

Hopkins. D. (2nd ed.) (1993), *A Teacher's Guide to Classroom Research*, Buckingham & Philadephia: Open University Press

Kalantzis, M., Cope, B. & Noble, G. (1991) *The Economics of Multicultural Education*, Working Papers on Multiculturalism, Office of Multicultural Affairs, Department of the Prime Minister and Cabinet, Canberra.

Kalantzis, M., Salde, D. & Cope, B. (1990) "Minority Languages and Mainstream Culture: Problems of Equity and Assessment," in De Jong, J. H. A. L. & Stevenson, D. (eds), *Individualising the Assessment of Language Abilities*, Clevenson, England and Philadelphia, P.A.: Mulilingual Matters.

Kowaltzke, A., Lavelle, M. & Stewart, C. (2001), *Media and Meaning: An Introduction*, London: BFI

Kress. G. (1989), *Linguistic Processes in Sociocultural Practice*, Oxford: Oxford University Press

Labov, W. (1972) *Language in the Inner City: Studies in the Black English Vernacular*, University of Pennsylvania Press, Philadelphia.

Lave, J. & Wenger, E. (1991), *Situated Learning: Legitimate Peripheral Partici-*

pation, New York: Cambridge University Press.

Lockwood, F. & Gooley, A. (eds.) (2001), *Innovation in Open and Distance Learning: Successful Deelopment of Online and Web-Based Learning*, London & Sterling, V. A.: Kogan Page

Luke, A. (1993), 'Series Editor's Introduction', in Christian-Smith, L.K. (ed.), Texts of Desire: Essays on Fiction, Feminity and Schooling, The Falmer Press

Lunn, E. / 김병익 옮김 (1988), <마르크시즘과 모더니즘>, 문학과 지성사

Lusted, D. (ed.) (1991), *The Media Studies Book*, London: Routledge

Macdonell, D. / 임상훈 옮김 (1992), <담론이란 무엇인가>, 한울

MacKay, A. (1869) *Facts and Dates*, William Blackwood, Edinburgh.

Martin, J. R., Wignell, P., Eggins, S. and Rothery, J. (1988) 'Street English: Discourse Technology in a Junior Secondary School', in Leeuven. T.V. & Gerot, L. (eds), *Language and Socialisation: Home and School*, Report of the 1986 Working Conference on Language in Education, School of English and Linguistics, Sydney: Macquarie University.

Masterman, L. (1980), *Teaching About Television*, London & Basingstock: The Macmillan Press,

Mayer, J. S. (1990) *Uncommon Sense: Theoretical Practice in Laguage Education*, Heiemann, Portsmouth, N.H.

McLaren, P. L. (1988) 'Culture or Canon? Critical Pedagogy and the Politics of Literacy', *Harvard Educational Review*, vol.58, no.2

Moffett, J. (1968) *Teaching the Universe of Discourse*, Boston: Houston Mifflin.

Murray, D. M. (1982) *Learning by Teaching: Selected Articles on Writing and Teaching*, Montclair, N.J.: Boynton/Cook

National Curriculum for English, Key Stage 3 Reading "Knowledge, Skills and Understanding"(http://www.nc.org.uk)

Nava, M. (1984), 'Youth Service Provision, Social Order and the Question of Girls' in McRobbie, A. & Nava, M. (eds.) *Gender and Generation*, London: Macmillan

NECT (1994), *Information Technology Work!? Stimulate to Educate*, Coventry: NCET

Oldfather, P. et al (1999), *Learning through Children's Eyes: Social Constructivism and the Desire to Learn*, Washington, D.C.: American Psychological Asso- ciation

Ong, W. / 이기우, 임명진 옮김 (1995), <구술문화와 문자문화>, 문예출판사

Pachlet, N. (1999), 'Theories of Learning and ICT' in Leask, M. & Pachler, N. (eds.) *Learning to Teach Using ICT in the Secondary School*, London & New York: Routledge

Panda, S. & Jena, T.(2001), 'Changing the pattern: towards flexible learning, learner support and mentoring', in Lockwood, F. & Gooley, A. (eds.) *Innovation in Open and Distance Learning: Successful Deelopment of Online and Web-Based Learning*, London & Sterling, V. A.: Kogan Page

Parker, D. (2002), *Being Seen, Being Heard*, London: BFI

Potter, J. & Wetherell, M. (1995) 'Discourse Analysis' in Smith, J. A. & Harre, T. & Longenhove, L. V. (eds), *Rethinking Methods in Psychology*, London: Sage

Potter, J. & Wetherell. M. (1987) *Discourse and Social Psychology: Beyond Attitudes and Behaviour*, London: Sage

Ravitch, Diane and Finn, Chester (1988) *What Do Our 17 Year-Olds Know?*, Harper and Row, New York.

Rigg, Pat and Kazemek, Fracis E. (1985) '23 Million Illiterates? By Whose Definition?', *Jounal of Reading*.

Roberts, P. (1995), 'Defining Literacy: Paradise, Nightmare or Red Herring?',

British Journal of Education Studies, vol. 43, no. 4

Ross, A. (1998), *The Language of Humour*, London & New York: Routledge

Rossman, G. B. & Rallis, S. F.(1998), *Learning in the Filed: An Introduction to Qualitative Research*, Thousand Oaks: Sage

Scott, D. (1996) 'Methods and data in educational research', in Scott, D. & Usher, R. (eds.), *Understanding Educational Research*, London: Routledge

Simons, M. & Mike, R. (1981), 'Where We've Been: A Brief History of English Teaching', <u>*The English Magazine*</u>, no.8

Simons, Michael (ed.) (1996), *Where We've Been: Articles from the English & Media Magazine*, London: The English & Media Centre.

Stafford, R. (2002/3), 'Reading Film and Media: An Overview of Text-books and Their Contexts', <u>*The English and Media Magazine*</u>, no.47, Winter 2002/3

Stake, R. (2000), 'Case Studies' in Denzin, N. K. & Lincoln, Y. S. (eds.) (2nd edition) *Handbook of Qualitative Research*, Thousand Oaks: Sage

Storey, J. / 박모 옮김 (1994), <문화연구와 문화이론>, 현실문화연구

Swan, W. D. (1844) *The Grammar School Reader; Consisting of Selections in Prose and Poetry, with Ecercises in Articulation; Designed to Follow the Primary School Reader*, Part Third, Improved Edition, Thomas, Cowperthwait and Co., Philadelphia.

The New London Group (1996), 'A Pedagogy of Multiliteracies: Designing Social Futures', *Harvard Educational Review*, vol.66

The New London Group (1996), 'A Pedagogy of Multiliteracies: Designing Social Futures', <u>*Harvard Educational Review*</u>, vol.66,no.1

Todorov, T. / 김치수 옮김 (1988), <러시아 형식주의: 역사와 이론>, 이화여대 출판부

Turner, G. / 김연종 옮김 (1995), <문화연구입문>, 한나래

Usher, R. (1996), 'A Critique of the neglected epidemiological assumptions of educational research;, in Scott, D. & Usher, R. (eds.), *Understanding Educational Research*, London: Routledge

Van Peursen, C. A. / 강영안 옮김 (1994), <급변하는 흐름 속의 문화>, 서광사

Walsh, P. (1993), *Education And Meaning: Philosophy in Practice*, Cassell

Weiler, K. (1991), 'Freire and a Feminist Pedagogy of Difference', *Harvard Educational Review*, vol. 61, no. 4

Wenger, E. (1998) *Communities of Practice*, Cambridge, Cambridge University Press

Willener, A. *et al.* (1976), *Videology and Utopia: Explorations in a New Medium*, (translated and edited by Burfield, D.), London: Routledge & Kegan Paul; Dowmunt, T. (1980), *Video with Young People*, London: Interaction

Williams, R. (1965), *The Long Revolution*, Harmondsworth: Penguin

Willig, C. (1999), *Applied Discourse Analysis: Social and Psychological Interventions*, Buckingham & Philadelphia: Open University Press

Willis, P. (1990), *Common Culture*, Open Univrsity Press

Wimsatt, W. K. (1954), *The Verbal Icon: Studies in the meaning of Poetry*, Univ. of Kentucky Press

Winter, R. (1989), *Learning from Experience: Principles and Practice in Action-Research*, London, New York & Philadelphia: The Falmer Press

Wolff, J. / 이성훈 · 이현석 옮김 (1986), <예술의 사회적 생산>, 한마당

Wood, L. A. & Kroger, R. O. (2000) *Doing Discourse Analysis: Methods for Studying Action in Talk and Text*, London: Sage

Wood, L. A. & Kroger, R. O. (2000) *Doing Discourse Analysis: Methods for Studying Action in Talk and Text*, London: Sage

∥ㅅ∥···

사실 85, 95, 96, 97, 102
사회 구조(social structure) 27, 28, 110,
  230
사회적 행위자 25, 55
상황학습(Situated Learning) 157
생산성 30, 31, 32
선호된 해독(preferred reading) 129, 149
소통(communication) 27, 43, 55, 76, 78,
  81, 82, 141, 143, 144, 145, 146, 156,
  157, 194, 196, 197, 251, 289, 290,
  291
수용자 97, 105, 106, 119, 120, 124, 128,
  129, 130, 131, 132, 137, 144, 145,
  147, 148, 149, 153, 156, 198, 200,
  222, 223, 236, 241, 242, 244, 245,
  247, 251, 252, 255, 256, 257, 260,
  264, 265, 266, 269, 271, 272, 274,
  275, 276, 281, 282
수행평가 173, 249, 260, 263
시적 언어 54, 63, 65, 67, 69, 70, 71, 75
신화론(mythology) 148
실험 집단 207, 209, 210, 212

∥ㅇ∥···

양적 연구 205, 206, 207, 209, 211, 212,
  214, 215
양적 평가 91, 92, 96
엘리어트(T.S. Eliot) 73, 74, 80
여성주의(feminism) 99, 100, 101, 106, 108,

109, 111, 114, 118, 119, 234
연구방법 58, 81, 92, 149, 186, 203, 207,
  210, 212, 214,
연구방법론 203, 204, 205, 206, 209, 212,
  213, 214, 215, 216
영국영화연구소(BFI) 143, 253, 257, 267,
  276, 277, 284
영상 미디어 141, 187, 206, 212, 213
영어교육 101, 102, 104, 105, 125, 165,
  166, 167, 168, 169, 170, 184, 210, 252
영어미디어센터 170, 183, 184, 267, 276
윌리엄스(R. Williams) 55, 127, 133
이상 29, 34, 35, 37, 38, 43, 44, 45, 46,
  47, 52, 55, 58, 191, 192, 193, 195,
  196, 199, 200, 201
인문주의 25, 26

∥ㅈ∥···

작가 27, 29, 31, 37, 38, 42, 51, 60, 61,
  77, 79, 81, 107, 108, 113, 147, 154,
  164, 175, 178, 179, 192, 255, 256,
  278
저항적 해독(oppositional code) 128, 149
정체성 32, 107, 109, 123, 124, 132, 133,
  134
지배적 독해 179
지배적 이데올로기 128, 129, 130,
진보주의 교육(progressivism) 101, 102, 103,
  104, 105, 106, 125, 126, 167, 226, 285
질적 연구 92, 204, 205, 206, 209, 212,
  213, 214, 215, 216, 219